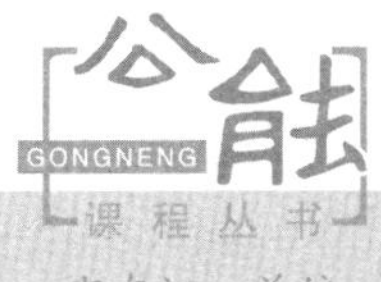

课 程 丛 书

班东江 总编

课程与学科

邬学青 主编

CURRICULUM AND SUBJECT

天津社会科学院出版社

图书在版编目（CIP）数据

课程与学科 / 邬学青主编 . -- 天津 : 天津社会科学院出版社, 2019.11（2021.5 重印）
（“公能”课程丛书 / 班东江主编）
ISBN 978-7-5563-0591-9

Ⅰ . ①课… Ⅱ . ①邬… Ⅲ . ①基础教育—课程建设—研究—南开区 Ⅳ . ① G632.3

中国版本图书馆 CIP 数据核字 (2019) 第 259245 号

课程与学科
KECHENG YU XUEKE

出版发行：天津社会科学院出版社
出 版 人：张　博
地　　址：天津市南开区迎水道 7 号
邮　　编：300191
电话 / 传真：（022）23360165（总编室）
（022）23075303（发行科）
网　　址：www.tass-tj.org.cn
印　　刷：永清县晔盛亚胶印有限公司

开　　本：787 × 1092 毫米　　1/16
印　　张：19.5
字　　数：315 千字
版　　次：2019 年 11 月第 1 版　2021 年 5 月第 2 次印刷
定　　价：68.00 元

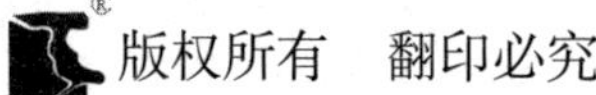

前言

走向课程自觉

这是一个焦虑的时代，每一个人都忙忙碌碌；这是一个无坐标的时代，大家都不知身处何方；这是一个看不见路的时代，我们不知该如何去面对新的情境和未来；这是一个跟着感觉走的时代，对很多事我们缺乏了应有的自觉和反思。

著名社会学家费孝通先生倡导“文化自觉”。在他看来，文化自觉是生活在一定文化历史圈子的人对其文化有“自知之明”，并对其发展历程和未来有充分的认识。换言之，文化自觉就是文化的自我觉醒、自我反省、自我创建。

面对这样一个时代，我们要提升学校课程品质，需要有起码的文化自觉，这个文化自觉就是课程自觉。这是天津市南开区基于立德树人根本任务的实现，自觉推进学科课程建设给予我们最重要的启示。

什么是课程自觉？我以为，课程自觉是人们基于对课程的理性认识，为着课程品质的提升而有清晰的目标意识和科学的路径观念，自觉参与课程变革实践的理性之思与理性之行。

课程自觉是一种有密度的自觉，它不是一个简单概念，而是一种思想、一种行动、一种文化，包含课程自知、课程自在、课程自为、课程自省以及课程自立等基本构成。面对课程变革，我们需要怎样的课程自觉呢?

一是清晰的课程自知。课程自知是人们对课程情境的自觉理解，对课程理念和愿景的清晰判断，对课程内容和框架的基本认识，对课程实施路径和方位的整体把握。认识课程，认识自我，这不是一件容易的事。对一位校长来说，课程自知意味着对学校课程规划的整体理解，自觉研判学校文化与课程建构的关系、育人目标与课程架构的关系、资源调配与课程实施的关系；对一位教师来说，课程自知意味着对学科课程群建设的自觉思考，自觉跳出“课程即科目”“课程即教学内容”等狭隘的课程观，建立与立德树人要求相适应的崭新课程观。

二是透彻的课程自在。萨特说：“存在先于本质。”他曾将存在分为自在的存在和自为的存在，自在的存在是物体同其本身等同的存在，自为的存在是同意识一起扩展的存在。课程自觉需要深刻理解课程自在的文化，需要完整把握课程自在的处境，需要清晰认识课程变革的制度环境和现实可能，进而意识到哪些是可为的、哪些是不可为的；哪些是必须做的，哪些是可选择的；哪些是自己即可为的，哪些是需要制度支持的。

三是积极的课程自为。按照萨特的观点，“自为的存在是自我规定自己存在的。”意识是自为的内在结构，自为的存在就是意识面对自我的在场。对课程变革而言，课程主体按照课程发展规律，通过自身的自觉行为和实践，实现课程品质的提升就是课程自为。课程自为意味着我们对课程自在的不满足，意味着我们开动脑筋思考课程变革的空间，意味着我们通过直面本己的课程实践培育新的课程文化，意味着我们在积极的卷入中推进课程深度变革。

四是深刻的课程自省。课程自省即课程反思。杜威（1933）曾将反思解释为“思，我所思（thinking about thinking）”，他鼓励专业人士审思每一个专业判断之下的潜在逻辑。课程变革是一种反思性实践，需要对实践进行反思，再将反思带到新的实践中去。反思性实践是一种主动且持续地审视理论、信念和假设的过程，它可以帮助我们在课程实践中更好地理解自我与他人，选择合适的方式应对可能的情境。课程反思是凌驾于思维之上的更高层次的反思。当你站在既定的框架里去检查这些规则的时候，是无法发现这些规则的问题的；如果你可以跳脱出来，不带评判和预设地去分析这些规则，其中的不妥之处就会被你看到。课程反思是一种能力，当你掌握了这项能力的时候，你就像“觉醒”了一样，一样的世界，你却会有不一样的“看法”。这就是哈贝马斯所谓的“沟通理性”概念，提升课程品质特别需要这样一种理性：反省、批判和论证的能力。

五是持守的课程自立。《礼记·儒行》：“力行以待取，其自立有如此者。”每一个人只有在自己的行动中，才能发现自己，才能向世界宣布他具有怎样的价值。课程自立是一个人认识到课程变革是自己的事，要有自己的立场、自己的创见，自持自守，不为外力所动，不随波逐流，进而“回到粗糙的地面”（维特根斯坦语），自觉参与到课程变革中来。课程自立本质上是在课程自知、课程自在、课程自为以及课程自省的作用之下，依靠自己的自觉和力量对课程实践有所贡献，并在此过程中逐渐提升自己的课程能力和专业成熟度，确证自己的“课程人”地位，成为“自己的国王”。

费孝通先生告诉我们：“文化自觉是一个艰巨的过程。”天津市南开区教师们突破“课程就是教材”“课程就是学科”观念的束缚，课程意识从“睡眠状态”“迷失状态”到“自觉状态”的发展，也是一个艰难而痛苦的过程。面对多元文化激烈交汇，教师们在课程变革实践中不断反思自己的课程行为，逐步使自己课程意识处于“自觉状态”。可喜的是，今天他们已经拥有了清晰的课程自知、透彻的课程自在、积极的课程自为、深刻的课程自省以及奋进的课程自立的状态，他们迎来了课程变革的新时代。

杨四耕

（作者系上海市教育科学研究院研究员）

2020年2月

以学科特色为抓手，助推特色学科课程从规划走向深度实践，从理论研究、规划设计到鲜活实践研究，为教师更好地进行课程实践提供参考，提升教师的课程执行力，促进教师专业发展，变非理性教育为理性教育。

学科知识是指一个学科领域的主题内容，作为知识的一种形式，它是许多种知识基础的融合，所有知识基础促成了最丰富的学科知识的生成与发展，所有的知识核心整合在一起构成知识的多维度。

第三章　学科能力——课程之法　/109

学科能力是学生学业成就的关键组成部分。各种学科能力表现指标及其重要性程度不是一成不变的，学科课程表现的变化性、差异性决定了学生能力培养的多元化。

第四章　学科思维——课程之术　　/177

学科思维以学科的视角来积极整合多方面的教育资源，努力探索最适合班级学生的课程，从而促使学生在丰富多彩的课程活动中收获经验，体验成功，享受幸福。

第五章 学科品格——课程之质 /243

学科品格是基于知识，在理解和认同的一系列课程学习活动中逐渐形成的。它的形成是一个逐渐演进和融合的过程。学科品格实质就是学生通过学校的系统学科教育，将学科文化的精髓内化于心、外现于行的一种自觉和自信。

“公能”课程思想建构与实施

一、“公能”课程建构的背景

2012 年，党的十八大报告提出“把立德树人作为教育的根本任务，培养德智体美全面发展的社会主义建设者和接班人”。2014 年，教育部颁布的《关于全面深化课程 改革落实立德树人根本任务的意见》指出：课程是教育思想、教育目标和教育内容的主要载体，集中体现国家意志和社会主义核心价值观，是学校教育教学活动的基本依据，直接影响人才培养质量。

近年来，我国广大教育工作者也在以高度的热情积极探索推动核心素养落地与落实的方式和途径。那么，区域教育如何才能更好地服务于学生核心素养的培育呢？在我们看来，提供优质的课程无疑是关键所在。这是因为：在学校的育人系统中，课程是育人目标和办学理念的直接载体，也是开展一切教学、管理、评价工作的前提和基础，学校对于学生发展的顶层设计必须通过课程这一“中介”才能进入到真实的教育领域。从某种意义上说，只有改变课程，才能从根本上变革教育。

新的历史时期，天津市南开区教育系统在发展中转型，在转型中发展。为贯彻落实党的十八大对教育提出的立德树人根本任务，我们将区域课程建设作为学生核心素养培育的载体，传承区域 30 多年学科德育理念，凸显“教育”之教与育的对应与融合，基于国家课程政策、学生成长中存在的问题以及南开区课程建设的经验和实际情况，探索国家课程校本化实施及区域拓展型和研究型课程的实施，开始更加注重走向立德树人的区域“公能”课程体系构建与实施的研究。

二、“公能”课程思想的提出

作为天津城市的发祥之地和中国近代教育的发轫之地，南开区不仅有着丰厚的人文资源和文化底蕴，更因百年南开学府和南开学子精神而蜚声中外。在新时代，如何推动南开区教育的高位均衡发展呢？我们将课程改革作为着眼点和突破口，正式提出了“公能”课程的建设思想。“公能”凝缩了南开教育历史的精髓，集中体现了当下南开教育人的教育情怀与育人追求。

首先，“公能”课程是传承历史的课程。“公能”是“允公允能”的凝缩，“允公允能”语出《诗经·鲁颂·泮水》，“允文允武，昭假烈祖”，强调为人既要有公德，又要有能力，要力争做到德才兼备。对此，张伯苓先生曾做出深刻的诠释：允公是大公，而不是小公，小公只不过是本位主义而已，算不得什么公了，惟其允公，才能高瞻远瞩、正己教人，发扬集体的爱国思想，消灭自私的本位主义；允能者，要做到最能，要建设现代化国家，要有现代化的科学才能。上世纪 20 年代，在严修先生和张伯苓先生的共同推动下，“允公允能”被正式确立为南开学校的校训，表明南开学校致力于培养学生爱国爱群之公德以及服务社会之能力。此后近一百年的时间里，“允公允能”成为无数南开学子和南开教师的教育价值追求。可以说，在南开，“公能”不仅是最广泛的教育共识，而且是最坚实的教育信仰，是南开教育的精神和灵魂。

其次，“公能”课程是立足当下的课程。在新的历史阶段里，世情、国情、民情都在发生着深刻的变化，这对教育事业的战略定位、历史使命和目标任务提出了更高的要求。党的十九大高瞻远瞩地提出要培养能够担当民族复兴大任的时代新人，这为我们开展课程建设工作指明了方向。我们提出的“公能”课程不仅着重关注课程对年轻一代价值取向的引领和塑造，而且也突出强调课程要力争赋予年轻人建设家园、报效祖国、贡献世界的本领和胸怀。我们将“公能”课程的时代内涵具体定位为：坚持德育为本的思想，推动学科德育向学科素养的深度转化，将新时期立德树人的要求融合贯穿各学段、学科及领域，全面实现学校、家庭、社会等课程资源的有效整合，创新课程实施方式，贯彻全人教育宗旨。

再次，“公能”课程是面向未来的课程。众所周知，课程的核心使命是解决个体经验和人类社会历史经验之间的矛盾，即努力将人类社会的精神文明成果转化为学生个体生命发展的持久禀赋。我们用“公能”的思想统领区域课程建设，就是希冀我们能为未来社会建设者提供丰盛的“营养配餐”，以帮助他们获得全面个性的最优发展。因此，对于当下的南开教育人来说，“公能”课程指明了方向，即不断探索课程建设与发展的新方案和新方法；“公能”课程亦绘制了向往的愿景，即为学生开发和构建多样、适配、丰富的成长资源；同时，“公能”课程也表征了其与时俱进的精神境界，即通过变革课程形态、完善课程结构、增强课程功能来培养具有家国情怀、世界眼光的高素质人才。

三、“公能”课程的规划设计

（一）“公能”课程建设思想

“公能”课程建设思想可以概括为：明确“1”个根本任务：立德树人（将核心素养作为课程育人价值的集中体现，让每一个心灵真正经历自己的课程，促进学生在课程建构中全面而有个性地发展）。确立“2”个实施维度：允公允能（精神层面），日新月异（实践层面）。制定“3”项实施保障：政策制度保障，人力资源保障，资金使用保障。做好“4”个实践关注：关注核心价值引领，关注学科本质，关注学生发展指导，关注学生综合素质评价。全力落实“5”条育人途径：文化育人，实践育人，楷模育人，活动育人，学科育人。

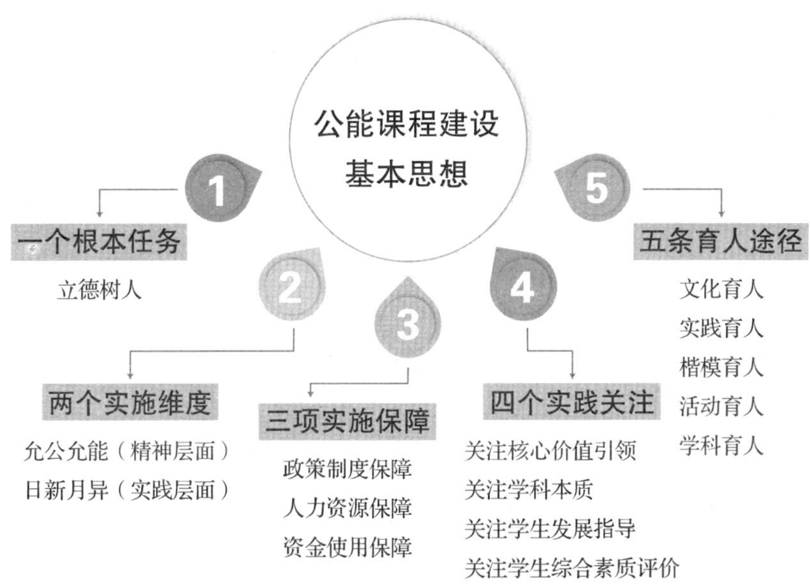

（二）“公能”课程建设体系

在实践层面，一方面积极倡导对学科课程进行深加工，用“公能”思想浸润学科课程的点滴细节；另一方面积极推动区域所辖学校个性化地构建习惯养成课、综合实践课、传统文化课、核心价值观课、心理健康课等五大主题课程，从而在学科拓展、能力提升、核心素养培育等方面对国家课程进行有益补充。

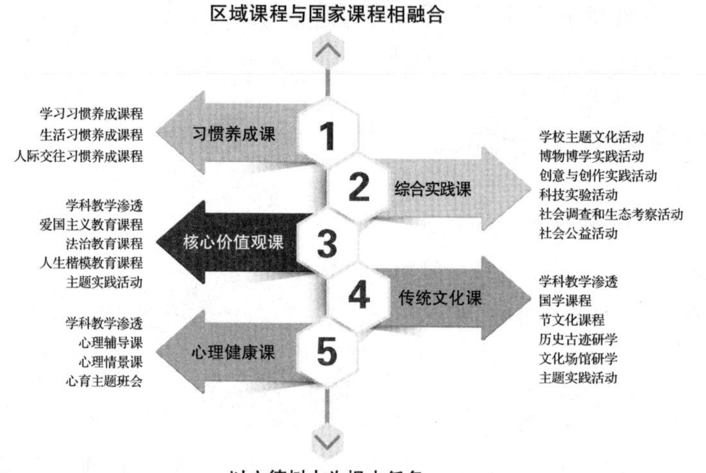

目前，在区教育局、教研部门的整体推动和各基层学校的全力落实下，“公能”课程建设思想已经得到了有力的贯彻，它对实践的指导作用正在逐步彰显。

（三）“公能”课程组织机制

紧紧围绕“公能”课程思想，提出从学校课程规划力、校长课程领导力、教师课程执行力三个层面打造学校课程建设的组织机制，最终力求通过“三力合一”为区域学校课程建设提供坚实的保障。

首先，培育学校课程规划力。一直以来，与教学工作相比，学校的课程规划意识相对薄弱。为了适应课程改革的要求，南开区于2015年全面启动课程建设工作。几年来，先后出台五个意见与一个标准，如《学校课程建设指导意见》《学校课程建设实施意见》《南开区新优质教育课堂教学评价标准》《南开区中小学课堂教学常规》《南开区普通高中学生发展指导实施意见》等，为学校课程规划提供理论、政策与机制保障；围绕课程建设举办了五次校长高级研讨班及四次教育教学中期推动会，通过校长论坛、学术研讨与经验分享，提供学校课程规划典型样例与规范。2017年8月，南开区成立课程建设研究室，致力于区域课程建设的指导与推进，先后完成了《区域高中学校课程建设现状与需求的调研报告》《南开区小学课程建设现状的调研》《高中选课走班现状的调研报告》。报告反映出：学校对于学校课程规划做什么、如何做，已经形成了较为完整的认识，形成了较为系统的学校课程建设方案。

其次，提升校长课程领导力。一个好校长，就是一所好学校。对于学校课程改革，校长的课程领导力在很大程度上决定着改革的行动效率和改革的实际效能。南开区从 2012 年开始启动校长课程领导力的定期培训活动。我们将提升校长课程领导力纳入重要的常规工作，以南开区名优校长为引领，分别建立市级、区级课程改革种子学校、试点学校与联盟学校，进行先行先试，通过“请进来走出去”抓实此项工作。一方面，让校长走出去，选派部分校长深入上海、浙江等先行省市近距离、深层次地学习与了解课改动态，为更好地制定和优化本校课程改革方案积累经验；另一方面，把专家请进来，开办“思想文化大讲堂”，举办以课程为专题的专家报告，通过专家指导—帮扶—跟踪—实践、修改完善学校课程建设方案，进而提升课程规划水平。

再次，增强教师课程执行力。教师是课程建设的主力军，他们主观能动性的发挥将直接影响课程改革的推进。为提高教师的课程意识、转化课程角色、激发课改动力、强化课改责任，南开区启动了教师卓越领导力提升工程，组建了“特级教师导师团”，重视发挥骨干教师的学科领航作用。此外，我区组建了中小学各学科研修基地，围绕学校课程改革的课程重组、学生生涯发展需求的课程选择、学生选择和课程重组的课程设置

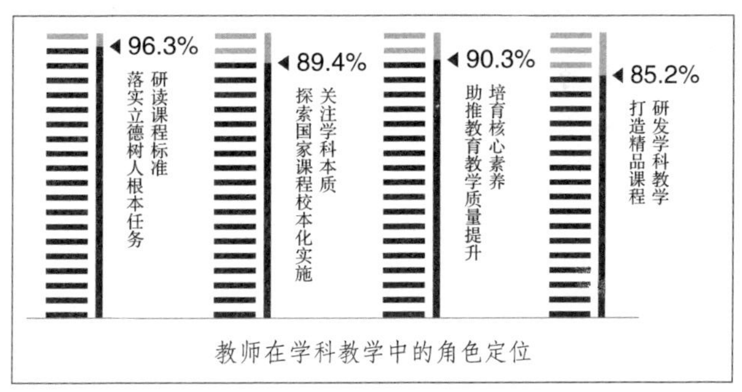

教师在学科教学中的角色定位

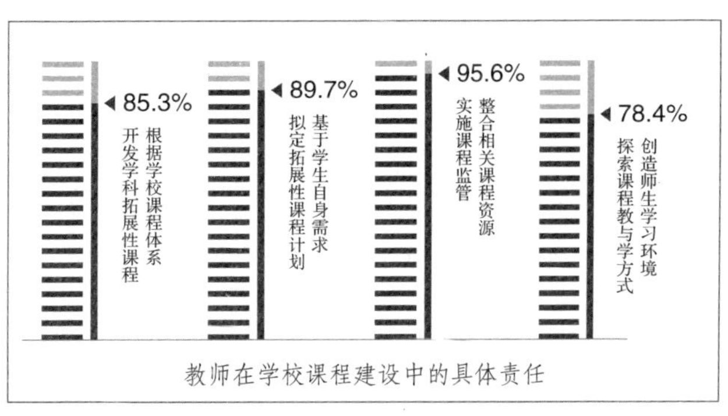

教师在学校课程建设中的具体责任

与综合素质评价、学生选择和课程重组的课程管理与实施、学生生涯发展需求的教师角色转变五大主题开展教师集中培训。培训之后的追踪性调查结果显示：教师深化了对“课程”内涵的理解，增强了课程改革的职责与权利意识。

“三力合一”成为南开区“公能”课程建设的组织机制，更成为区域课程建设的制度保障。未来，我们将进一步探索“三力合一”的优化路径。

四、“公能”课程的实践探索

课程实施是课程建设的最终落脚点。两年来，我区各学校围绕课程实施，全面展开创造性的探索，课程变革已经从 1.0 点状碎片化堆砌进入了 2.0 线性发展阶段，特色得到彰显，很多学校正逐步向 3.0 联动性课程迈进，即将课程、教学、评价、管理以及师生发展融为一体，通过“三学一堂”的建构推进实施。同时，课程建设的效果和课堂面貌都发生了很大的变化。

（一）课程与学科：寻求课程结构创新，助力学校特色发展

南开区组织开展课程建设“一校一品”工程，倡导学校根据国家课程标准以及国家和地方的课改政策，在分析学校课程优势和办学特色的基础上，用集成化的思维组织课程结构，用集约化的思维加工课程内容，科学规划建构了以校为本的多元课程体系，彰显学校办学特色。如南开中学的“义工制”社区服务课程体系，中营小学的“勤朴敏健 强基铸魂”课程体系等，别具特色的学校课程架构层出不穷。

各校经过一定时间的探索，已经在课程结构创新方面有所进展。如天大附中依托高校优质资源，建构了“求实、求真、求新”的课程体系，一级目标分为求实、求真、求新三个维度，二级目标分为立德、立言、立功三大领域，并将素质、德育、体育、美育、生涯规划及语数外科学人文等必修课程、选修Ⅰ和选修Ⅱ课程进行了分类整合。总体来看，通过创新课程结构，助力学校特色发展，这种课程建设思路已为我区很多学校所认同和践行。

（二）课程与学科：精研课程内容模块，创建学科优势品牌

课程建设的重点和关键是学科课程与学科课程群的建设。各校在准确把握国家课程标准的基础上，出台了《学科课程校本实施纲要》，确立了“学科核心素养—学科课程标准—学科课程体系—学业质量标准—学科课程资源”五位一体的

课程内容建设思路。同时，南开区高度重视发挥教研员的引领作用，帮助学校不断研磨课程的价值定位与目标导向，教研员积极研发网络研修课程，基于学科关键问题与学科重难点来定位课程建设的逻辑起点，完成学科教学内容的整合，实现教师线上线下教研互通，满足不同学科、不同水平教师课堂教学需求。

发挥基层学校改革的主体作用，如第四十三中学从学科课程体系建设、学科特色课程群建设、学科课堂教学改革、学科特色活动、学科课程资源建设与学科教科研团队建设六个方面开展了“六位一体”学科综合建设，全面落实了课程改革中一直倡导的“统筹”理念。

对于课程内容建设而言，我们一直坚信：立足学科课程，创新国家课程的校本化实施方式，打造学科优势品牌，这应始终成为学校课程建设的根本立足点与核心，只有做好学科内容的深度打磨，课程改革才会有生命力。

（三）课程与学生：丰富课程资源类型，服务学生优质发展

课程改革的最终目标不是课程建设，而是为学生发展提供更为丰富的课程资源与选择，释放课程的最大效能。在学校课程建设中，课程资源就是学生的精神源泉，它直接关乎课程效能的孕育与释放。那么，如何能够为学生提供更为丰富的精神营养呢?

南开区各校基于国家课程校本化实施，努力研发学科拓展型课程与研究型课程，通过“选课走班”的科学规划与合理运行，力求让每一个学生都能拥有一份适合自己发展的课程表，提供真正适合每一个学生发展的教育。

南开区将课程资源建设置于教育供给侧改革的重要位置，积极借助先进的信息技术，开辟互联网+教育的新型学习空间，于 2015 年规划、2017 年正式启动“云动”课程资源平台建设，全面开启小学、初高中师生课程选修功能。截至目前，南开区“云动”课程资源平台有 52 所学校的师生参与学习，产生 190 多万访问量，总选课量达 13437 人次；参与建课教师 439 人，教师建设章节总数 2714 章，章节资源总数 3379 个。“云动”课程资源平台将学习管理、教学管理、生

活管理、师生互动、家校合作等有机连接起来，实现了学生跨空间、时间的学习，增强了学生的课程选择性与自主性，帮助学生完成对自我学习过程的监测和分析，提高了学习效率与效能，让学生在丰富的课程中幸福成长。

为学生提供丰富课程选择的同时，我区非常关注对学生发展的指导。其一，组建了南开区学生发展指导团队，积极开展探索活动。如绘制了学生生涯发展通关地图，构建了“解读生涯罗盘—拓展生涯视野—勾勒生涯愿景—专注生涯修炼”的生涯指导框架，并打造了“量表支持—数据支持—学情支持—教师建议”的“四位一体”的学生生涯指导模式。其二，建立了“班主任 + 导师制”的工作机制。如南开翔宇学校围绕“生命高素养教育”理念，引领教师转变自身教育定位，全面关注学生各个阶段的成长需要，提供全面、细致、准确并贴近学生个体实际的兴趣引导、学业辅导、心理疏导和生涯指导，真正为学生的优质发展服务。

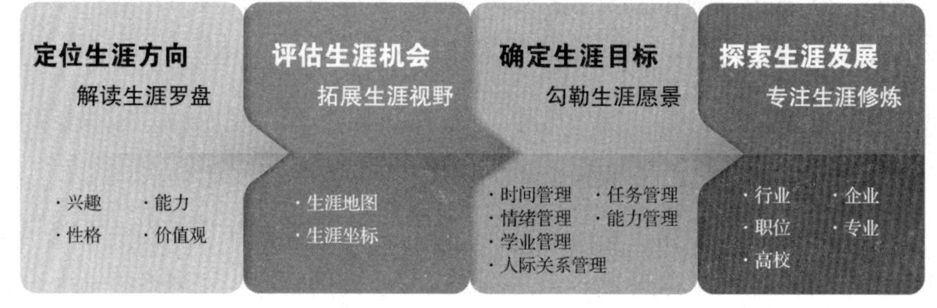

（四）课程与课堂：深耕课程价值空间，奠基课堂教学转型

课堂教学是课程价值得以实现的主渠道，抓不好课堂教学，一切先进的理念都不可能落地，也就更谈不上落实。

2017 年，陈宝生部长在全国高中攻坚会议上提出：中国的教育需要理念创新，决不能把老师变成分数统计师，把学生变成流水线上的产品。教育要从为了知识的教育转化成通过知识获得教育。南开区努力构建以学生为中心有温度的课堂。这样的课堂依据学生需求提供更加丰富的资源，提升课程内容的深度与广度，通过教师教得激情、学生学得热情、师生互动得融情以提升课堂的效度。

为此，南开区致力抓好三个方面的工作。一是精准发力。自 2014 年起，南开区启动中小学课堂教学改革行动计划。各校基于国家课程校本化实施，认真定位课堂教学发展方向，并以此确定学校样本课教师与团队，推出体现学校课程定位的学科样本课。区教育中心开展专项调研工作，通过深入课堂观察与诊断，基于问题与师生需求，用事实与数据说话，通过实证研究，抓住课堂教学关键问题，进以促进课堂教与学方式变革。二是协同聚力。我区积极借助教学联合体、教师教育资源联盟等平台将外省市的先进教学理念和教学方式请进来，以平台为桥梁，通过同课异构、教学设计研讨等方式，为教师的教学改进创造条件，提供指导帮助，使他们努力形成自我教学风格。三是技术助力。信息时代教学质量的提高离不开技术的支撑，党的十九大强调要以教育信息化推动教育现代化。我区各校都在创新信息化教学方式，自主开发、选购多种教学软件与评价软件，利用平板技术，通过直播、慕课、翻转课堂等形式，创新大数据时代的教与学方式，如 Moodle 直播、校园云桥、空中课堂、O2O 一体化等新型教学方式应势而生，为学生自主、合作、探究学习提供了保障。

总而言之，尽管我区课程建设启动的时间不长，但各校正以积极的姿态迎接新时代的挑战。尽管学校、学科、学生、课堂的变化还只是初露端倪，但是学校应对改革的决心和信心已经坚定。

五、“公能”课程建设的思考与瞻望

几年的探索，使南开教育人对实践有了更深刻的认知与体悟。课程建设只是刚刚起步，我们面临的问题依然很多，今后的道路仍旧充满各种挑战。但是，行动要继续，创造要继续，思考更要继续。面对未来，我们认为需在以下四方面做出更多探索。

（一）全面释放课程育人活力，关注学生均衡发展

课程建设的目的绝对不只是简单地为了提高学生的高考成绩，课程建设的根本使命是为了满足学生的多元发展需求和核心素养的提升。通过赋予学生更多的教育选择帮助学生成长，培养学生成为对国家和社会有贡献的未来建设者。目前，不少学校和教师仍然未能超越“分数”的狭小视界，工作的重心没有全面转向学生的均衡发展。因此，转变学校和教师的思想观念，真正使“全人教育”的思想落到实处，还亟须我们在思想动员和理念宣传方面进一步做好推进工作。

（二）把握课程建设核心矛盾，提升课程研发效能

课程建设工作需要抓主要矛盾，解决关键问题，只有这样才能真正见“实效”。当下，在课程建设中，还有少数学校简单地以兴趣小组活动或德育类主题活动充当校本课程，导致课程体系建设没有摆脱“穿新鞋走老路”的局面。还有一些学校没有充分考虑学段的特殊性和此阶段学生发展的具体需求，把大量的精力投入到开设素质拓展类校本课程，对国家课程的校本化实施及学科拓展类课程重视不够。这些现象都在警示我们：课程开发工作还尚未走上“集约化”的发展道路，课程质量的提升仍任重道远。

（三）重视信息技术深度融合，优化课程管理方式

在“数字化生存”的时代里，借助信息化手段优化管理方式已成为必然选择。我区很多学校已经搭建了智能选课平台、智能分班系统、课程管理系统、数据分析处理系统等，基本实现了智能校园、智能课堂、智能学习功能。但是，技术便利的同时，也带给我们很多新的挑战，如何规避技术风险、如何优化人机协同等问题都需要我们在今后的课程研发过程中加以持续关注和探索。

（四）保障课程改革深度推进，推动机制体制创新

在课程建设过程中，机制体制的障壁依然大量存在。如学校管理机制还比较僵化，一些教师的能动性仍然没有得到充分激发，教师对职能角色转变仍然缺乏自觉性和紧迫感，这在很大程度上制约了学校课程改革的步伐；又如学校缺乏相应的激励机制，很多教师在完成常规教育教学工作之外，承担了大量的课程研发任务，但是学校的绩效评估体系却没有同时跟进，这极大地影响了教师的工作积极性；还有教师的人事管理机制也亟待改革，有些学校的课程开发工作虽然初步完成，但是教师数量不足或是人员配置不均衡，尤其是能够有效驾驭学科拓展型课程的教师明显不足。没有相应的机制体制做保障，课程的深度改造就难以推进。创新机制体制，仍是一项紧迫任务。

总之，课程是学校教育系统最为重要的组成部分，课程建设要始终坚持以学生为本，把促进学生最优化发展作为一切具体工作的出发点和最终归旨。新的时代、新的思想、新的战略、新的征程，党的十九大为我们指明了教育改革全新的历史使命与发展方向，我们将砥砺前行，推动区域教育优质、均衡、高位发展。

第一章 学科特色——课程之本

以学科特色为抓手，助推特色学科课程从规划走向深度实践，从理论研究、规划设计到鲜活实践研究，为教师更好地进行课程实践提供参考，提升教师的课程执行力，促进教师专业发展，变非理性教育为理性教育。一是着力将学科特色打造成学科优势，注重社会发展需要和自身传统优势，将学校最有特色的学科培育成最好的特色优势学科，进而发挥其引领、凝聚和辐射作用，带动其他学科发展。二是要以优势特色学科为纽带，构建特色学科群，整合学科资源，形成特色学科群，营造良好的学科生态，整体提升学科质量水平。

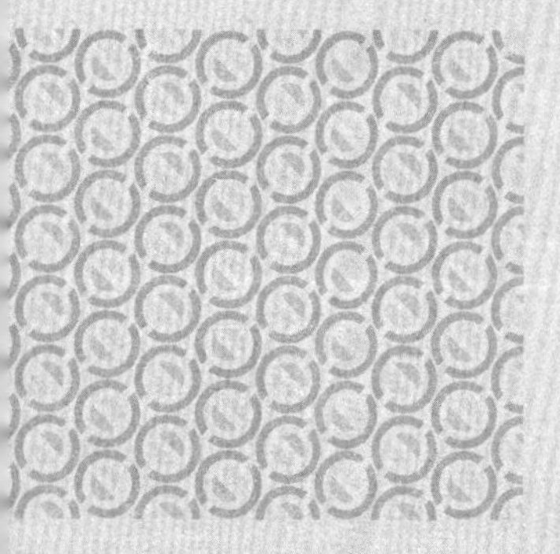

学科核心素养培育视域下的区域学科特色课程的建构与实施

《特色学科课程指南》项目的内涵与价值

《特色学科课程指南》项目的基本原则

《特色学科课程指南》项目的具体实施

依托“课程群”建构理念　推动特色学科课程建设

学科核心素养培育视域下的区域学科特色课程的建构与实施

文 / 邬学青 卢 琪 郝春闻 张亚亚

随着课程改革的不断推进，在由学科本位向素养本位转化的教育理念引领下，南开区公能课程建构关注如何将区域及学校自主的课程文化和学科课程统整来促进学生全面发展，探索出一条特色学科建设的新路，充分体现学科建构的区域特色与文化，最大化满足学生发展需求与多样选择的课程建设，促进区域教育优质发展。

一、区域学科特色课程建构的背景分析

（一）时代背景

21 世纪以来，经济合作与发展组织（OECD）率先提出了核心素养课程结构模型，自此，核心素养成为世界各国教育改革的热点。2014 年，教育部颁布《关于全面深化课程改革，落实立德树人根本任务的意见》指出：教育部将组织研究提出各学段学生发展核心素养体系，明确学生应具备的适应终身发展和社会发展需要的必备品格和关键能力。这是我国首次以文件的形式明确提出发展学生的核心素养体系，并成为新课改研究的主要方向。

近年来，我国教育者积极探索核心素养的落地载体，努力研究基于核心素养的区域学科课程。为更有效落实国家课程标准，培养学生的核心素养，必须将课程区域化、校本化，根据各学科的优势、特色进行筛选，形成以人为本、以学生为本的学科课程。只有这样，才能真正的使学科核心素养得以实现。

新时代，伴随着新课改，国家、地方、校本课程三级课程管理体系开始形成，在课程中如何落实立德树人的根本任务，如何使学生的学科素养得以发展，如何形成适合本校学生的特色理念，区域学科特色课程的建构与实施势在必行。

（二）教育背景

随着知识经济时代的到来，仅仅基于国家的课程体系远远不能满足当前对人才的培养要求。区域学科课程正是立足于国家课程标准，强调课程建设和模式的改革，开发出适合时代发展和符合社会人才要求的课程。

开发特色区域校本课程有利于发掘学生的潜力，发展学生的特长，让学生的潜力或特长有施展的空间，对未来培养各类人才有积极作用。区域学科的建构依托学校教师开发，对教师专业素养的提高也有很大的促进作用。因此，开发区域学科课程无论对学生还是教师教育作用是不言而喻的。

此外，区域学科课程的建构对有效落实立德树人，培养学生核心素养有重要的推进作用。随着新课改、新高考改革的要求，国家越来越注重人才多元化，而在学科核心素养培育下的区域学科课程致力于开发出适合学生的、让学生有兴趣的、有价值的课程，以促进学生学科素养的全面发展，适合未来社会、国家对人才的要求。

（三）区域背景

以实现立德树人根本任务为指导思想，以培养学生核心素养为目标，以课程改革为基石，以国家课程标准为依托，天津市南开区出台了《中小学学科课程建设实施指导纲要》，对学科与课程的关系进行了深入探究，为南开区新优质教育提供了方向。

学科核心素养，即学科＋核心素养，是核心素养在学科中的具体化。区域学科课程的建构根据南开区自身发展过程中的实际情况及特点，探索培养全面发展的人的校本化课程，致力于打造“学府南开、课程育人”的区域学科课程。随着高考改革、选课走班制度等在天津市的实施，提供突出区域特色、学科特色，提高学生对学科兴趣的学科特色课程势在必行。对于学科特色课程的建设，南开区始终立足学科课程；创新学科课程，引领学科课程，带领全区教师打造最优质的学科课程。

二、学科特色课程建构的哲学思想

学科特色课程建设的哲学思想，可以从教育性功能和知识性功能两方面来体现。

（一）学科特色课程的教育性功能

学科课程的开发是随着新一轮课程改革而生的，是对学校文化的重塑，是新课改中的创新、亮点。课程的根本目的是为教育服务。它是在学科核心素养的理念下建构的，目的是为了激发学生个人的潜能，开阔学生视野，从而促进学生全面发展。在学生素质形成的过程中，教育是最重要的，而实现教育的功能，课程就成了最重要的途径之一。学科课程是根据本校实际情况，优化、整合各种优势资源，由本校和教师共同开发研制，其目的就是为了激发学生的学科兴趣，培养学生的学科素养。

学科特色课程隶属校本课程的研究领域，是国家课程计划中重要的一部分，可以充分满足本校师生的独特性，是对国家课程和地方课程的有效补充，可以最大程度促进学生的发展；最大限度地满足教师专业发展，实现教师教育理想，形成自己的教学风格；更好地突显学校特色，充分利用、优化资源，充分发挥各学科的育人价值，使学生在不同领域得到充分发展，更好地实现课程的教育功能。

（二）学科课程的知识性功能

学科课程历史悠久，我国古代“六艺”、古希腊“七艺”，都是最早学科课程的表现形式。学科是科学知识的一种表现形式，是从各个学科、实际生活中凝练、提取、加工出来的，具有高度概括性、抽象性，是系统地将知识体系加以总结。因此，学科知识有利于教师有效、科学地教授知识；学生也能够高效、系统地学习知识。

学科课程强调知识本位，注重知识之间的逻辑，是以知识为表征的课程，其具有以下特点：以学生掌握知识为主，强调社会的价值；分科课程注重知识之间的结构，强调教学的认知功能；不同的学科侧重点不同，发挥的作用不同，可以使学生在多方面得到发展。

三、区域学科特色课程建构的特色理念

南开区以公能课程思想为引领，秉承“公能”之要意，推进区域学科课程建设。公能课程以落实立德树人根本任务，培育学生核心素养为己任，重视课程顶层设计和整体架构，以区域教育整体发展为核心，有序、有效引领基层学校实施课程思想，引领区域内每一所学校、每一名教师探索核心素养培育与学科思想的结合点，同时在公能课程中融入区域最新的教育教学研究成果，如基于核心素养发展的课程研究、教与学方式变革研究、教育教学资源建设研究、区域校本研修研究、学业评价与指导研究、教师研修课程建构与实施研究等。

南开区公能课程重视学科统整的思想，即在公能课程思想引领下统整所有学科，全盘规划整体布局，聚焦学生能力的发展，重视明确内在逻辑和与时俱进的关系。具体而言，南开区公能课程重视全人教育，即整合所有可以利用的资源促进学生整体发展；重视全面教育，即德智体美劳的教育和中国学生核心素养指向的教育；重视全员参与，即学校各学科的教师都要参与；重视全科教育，即各学科思想的融合；重视全程贯穿，即中学、小学学段衔接的贯穿以及教育和教学的贯穿；重视全息学习，即学生要随时随地学习，学习无处不在，没有边界；重视全领域学习整合，即不仅在学习领域而是在各领域整合。

南开区公能课程理念重视聚焦学科教学关键问题解决，建构公能思想引领下的区域分科教研课程；重视盘活学科课程资源，推动“公能”思想引领下的活动课程区域化发展；重视依托“课程群”建构理念，推动区域特色学科课程建设。

四、区域学科特色课程建构的基本原则

（一）整体性原则

学科课程作为学校课程建设促进学生学科核心素养的重要载体，必须有整体的规划。对于学科课程本身而言，无论课程目标、课程内容、课程实施、课程实施、课程评价都要有系统性，这样才可以保证教师教学的顺利进行。对于学校而言，开发系列学科课程，需要调动学校团队共同研究，做系列学科课程，补充校本课程，才能保障对学科核心素养的培养。学科特色课程要在学科核心素养培育视域下统筹全局，整合学科核心素养与课程发展的关系，促进区域学科课程的建构实施。

（二）综合性原则

构建区域学科特色课程既要立足学科内，又要关注学科间融合，体现学科素养，这是课程构建实现核心素养的必然趋势。注重学科间知识的贯通和整合，体现综合性。借用 STEAM 等课程理念，体现了学科内知识衔接，学科间知识整合，如果运用得当，效果突出能凸显跨领域知识整合。学科特色课程除了要体现学科间的整合，还应结合课程与核心素养的理念，充分开发和利用现实生活和社会实践资源，形成跨学科课程，使学生的综合能力得以提升。学科课程可以综合开发，因地制宜、因校制宜，结合本校办学理念和师生发展现状，关注每个学生的发展。

（三）开放性原则

区域学科课程的构建与实施依据国家课程标准，是由本校自主开发或选用的课程，因此具有开放性。在确保国家课程有效实施的前提下，由本校教师进行开发，给教师很大的自主性，课程面向每一个学生的兴趣与个性发展，尊重每一个学生发展的特殊需要，只要能够促进学生学科核心素养的提升，其课程目标、课程内容、活动方式等方面都应具备开放性，使学科课程可以更好地建构与实施。

（四）实践性原则

区域学科特色课程是根据教育教学中遇到的实际问题和真实情景，通过全体参与探究、体验活动等方式来发现问题、解决问题，让各学科知识能够真实贴近生活，让学生增加社会体验感，从而提高学生的学科核心素养。

五、区域学科特色课程建构目标

发展公能课程与区域学科建设，首先需要明晰课程与学科的辩证关系。公能课程包括学科课程和活动课程，可以说学科课程是课程体系的一个重要方面，它包括学生为未来生活所需要学习和掌握的知识、技能，同时也包括道德情感等重要内容，学科建设的好坏直接决定着课程体系的良性发展，确立学科课程目标是建构区域公能课程体系的基础。

（一）学科特色课程建设的总体目标

知识是学科课程的基础，能力是学科课程的关键，思维是学科课程的本质，品格是学科课程的核心。公能课程学科课程建设的总体目标是让学生掌握学科核心知识、学科关键能力，学会用学科思维方法思考问题，培养学生的学科品格。为此，我们依据国家各学科的课程标准和指导纲要及区域实际教育教学情况确立了各学科建设具体的课程目标，包括学科核心知识、学科关键能力、学科思维方法、学科品格四个具体目标。

（二）学科特色课程建设的具体目标

1. 掌握学科核心知识。核心知识是指蕴含同一个基本的、反映学科本质特征的主要内容或关键内容， 这些本质特征往往能反映共同的学科学习方法、学科观念和思维方式等，是一组内容或一类内容组成的知识群，指向人的精神、思想情感、思维方式，以及价值观的生成与提升。正如李润洲教授所指出的，从结果来看，知识是由事实或概念性知识、方法性知识与价值性知识构成；从过程来看，知识是由价值旨趣 + 问题 + 方法（论）+ 事实或概念性知识构成的顺序结构。学科核心素养的培育需基于学科知识的层级性，用学科思想或价值观引领教学；基于学科知识的顺序性，让知识学习成为学生发现之旅；基于学科知识的层核性，以意义获得统御各种教学方式。所以，教师需要探索学科的知识体系，把握学科核心知识，按照以上的标准进行精细化选择并且考虑到学科知识应用的综合性。

2. 掌握学科关键能力。要掌握学科关键能力就要注重学科关键能力的生成，就要关注学生在学科的学习中是如何形成和发展学科关键能力的。学习者通过客观知识转化为个体知识来形成学科关键能力。学科知识在学习中的表现形式为知识理解、知识迁移、知识创新三种形态，这三种学习形态分别对应学科关键能力的三级水平。所以，在学科建设过程中要深刻理解学科内涵，重视知识理解、迁移和创新能力。如在植物组织培养及其他繁殖方式特色课程中，使学生掌握专业名词的描述与理解能力，掌握植物无性繁殖技术过程中常见问题的分析判断能力，具备组培试验方案的设计能力就是这门特色课程的关键能力。化学魔盒课程中学生初步学习运用观察、分析等方法获取信息，能用简单的化学语言表述相关信息以及增强获取信息和利用资源的能力是这门课程的关键能力。

3. 学会学科思维方法。每个学科都有其独特的思维方法，教学者必须关注学科思维方法的独特性、新颖性、抽象性、概括性和延展性等特点结合具体教学内容训练学生的学科思维方法。学生能否运用本学科思维方式发现问题、分析问题和解决问题能够检验学生核心素养的发展水平。如 3D 打印课程中，引导学生运用 3D 技术进行科学创新，通过了解创新模式、学习创新方法、体验创新过程，促进由分析、设计、评估、批判等形成创新思维体系，实现个性化、差异化的学习实践，提升了学生的思维水平。

4. 培养学生学科品格。新课程标准结合了学科特点和学生的年龄特征，在学科教学中强调培养价值观、传统文化、法律意识和民族精神。课程只有把品格教育和学科教学融为一体，才能更好地发展学生学科品格。如快乐学古诗课程，通过让学生诵读古诗感受中国文化的文学之美，体会故事中所蕴含的中华民族的胸怀、风骨、智慧、情趣，提升学生学科品质。

六、学科特色课程建构的体系框架

学科课程构建的框架有课程目标、课程功能、课程图谱、课程内容。其课程目标是意图，课程功能是作用，课程图谱是构架，课程内容是具体形式。

（一）课程目标

课程目标指的是通过课程本身要完成具体目标和意图。是学校课程的出发点和归宿点，是对学生学习一段时间之后的预期效果。目标引领方向，现代课程理论之父泰勒在《课程与教学的基本原理》将课程的建构确立为四个基本环节：课程目标、课程内容、课程实施、课程评价。在课程编制的过程中，并不是漫无目的地撒网，而是基于目标、有目的、有针对性地建设学校的课程体系。

在建设学科课程目标的设计实践中，需要根据学校本身的办学理念，学校特色和学生的兴趣需要，通过系统的规划、全方位的设计建构学校的课程。具体而言：首先，确定学校的育人目标必须以国家教育方针、教育政策为依据，紧紧围绕立德树人的根本任务，培养德智体美劳全面发展的社会主义建设者和接班人，同时结合学校的办学理念、校园文化、学校特色确定育人目标。其次，要考虑课程目标的生成性。课程目标的建设是由学校和教师规划设计，同时也需要将学生因素考虑在内。因此，学科课程目标是在师生互动下完成的。此外，还需要考虑课程目标的价值取向。课程归根到底是为学生的发展，确定课程目标要以学生的全面发展和个性发展为本位考虑的。

（二）课程功能

课程是教育教学理论与实践的媒介，是每门学科知识的科学系统的安排。学科课程具有以下功能：

1. 文化功能。课程的文化功能是学科课程功能的彰显。学科课程在建构的过程中要把有价值的内容加入课程。首先是德育，在学科课程中无时不体现学科的德育，即德育为先，能力为重。其次，课程具有科学性和人文性。科学性是自然科学等现实性的知识体系，人文性则是强调人之本的问题，两者结合能达到理性与人文精神的统一，更有助于实现课程的文化价值。

2. 育人功能。课程作为教师进行教学的媒介，在育人方面的功能不可忽视，爱国主义情感、辩证唯物主义、审美等等都在学科特色课程中有所渗透。学科特色课程建构的基础是学生，彰显学生的主体地位是新课改后课程功能的又一大突破。首先，情感表达以学生的需要为出发点，注重学生情感能力的提升和巨大潜力的开发。其次，思维表征，各门学科课程在组织与实施的过程中都给学生留有空白，让学生有思考的空间，让学生在老师的指导下能够提出问题、思考问题、解决问题、形成思维表征。最后是目标达成，目标达成属于课程教学效果层面，判断目标达成情况，需根据课程目标判断学生学习情况是否达到预期效果，这是课程功能的另一体现。

（三）课程图谱

课程是浓缩的世界图景，课程图谱是以构建图谱的形式来体现学科课程的体系。时代的发展使得课程的内涵越来越丰富，课程呈现的形式也越来越多样，而课程图谱就是在这种情况下应运而生，人们由原来的看字时代转向看图时代，由原来的抽象的文字叙述转向结构清晰、形象鲜明的课程图谱。

学科课程的图谱建构需根据学科实际情况，构成学科框架，它并不是凭空想出来的，而是学校教师集体智慧的体现。学科课程的构建需要有两大依据。第一，根据学科知识体系。在构建时应该加强学科内容体系的研究，使得图谱的设置更具有合理性，包括各学科的知识框架，确定学生学什么、怎么学，将这两大领域相结合最大限度地促进学生的发展。第二，根据各学科的核心素养与学科的要求构建课程图谱。课程的不断发展归结到底是为了学生可以更好地发展，避免只关注成绩而忽视兴趣，避免出现填鸭式教学。学科核心素养还规范教师的教学方式，通过课程图谱可以让教师更加清晰教学任务，使学生明确学习任务，师生共同构建学科课程体系。

（四）课程内容

课程内容是课程呈现的具体形式，是课程目标的内容化和具体化，是教师教学的工具、学生学习的对象。它源于生活，并随着社会的发展而不断更新。新课程改革后，课程内容呈现了新的趋势。

第一，实用性和发展性相结合。新课改中提到要密切内容与时代的联系，对繁、难、偏、旧的内容加以删除，更加注重学生的兴趣和需要。随着时代的迅速发展，课程内容必须与时代相结合才能培养学生新时代的思维，提高学生的价值。两者相结合通过培养全面发展的人来实现社会价值。第二，学科化与生活化相统一。学科课程在内容再选择上以各学科为依据，新课程改革加强了内容的综合性，注重与学生的实际生活相联系，两者结合让课程内容更加适合学生的发展。第三，过程性与结果性相统一。在课程内容中，以探究为主的知识称为过程性知识；探究的结果则是结果性知识，例如概念。新课程改革中改变学生接受学习的方式，倡导学生主动探究知识，将两者结合则可以兼顾过程和结果。

七、区域学科特色课程建构的实施路径

区域课程建设思想要想扎实落地并掷地有声，必须依靠科学合理的组织运行机制。

（一）学科课程和主题课程统筹协调，促进课程的全面发展

南开区在实践层面，一方面，积极倡导对学科课程进行深加工，用“公能”思想浸润学科课程的点滴细节；另一方面，积极推动区域所辖学校个性化地构建习惯养成课、综合实践课、传统文化课、核心价值观课、心理健康课等五大主题课程，从而在学科拓展、能力提升、核心素养培育等方面对国家课程进行有益补充。学科课程和主题课程的统筹协调发展促进了课程转化为师生能力的有效提升。

（二）教师发展和教研培训齐头并进，提升学科课程的质量

在学科建设中，教研是学科教学质量提升的必备途径。南开区摒弃了随机化教研，实现教研课程化，努力构建教师发展研培一体化课程体系：即以教师发展为课程建构主线；以教师人文素养、师德素养、职业素养、专业素养、信息素养五大核心素养培育为指标，建构分模块课程群；以教学联合体、学习共同体、学科研修基地、特级教师导师团等项目为途径，借助国家及市区级教育教学专家构建基础培

训、专项培训和骨干培训三级，教坛新秀、校级学科带头人、区级学科带头人、区级名教师、区特和市特教师六层的“三级六层”的教师教育研培课程体系。

（三）学科教研课程体系要全面打造，提升课程的整体质量

在区域学科建设中，教研课程体系的建构异常重要。教研员基于学科关键问题及教学重难点教学设计建构课程体系，历经如下四个阶段：第一阶段是学科教研理念确立阶段，即通过将新课程标准的学习与学科教师对教学观念、教学手段的再认识相融合，建构本学科教研思想与理念，形成学科教研主线。第二阶段是学科知识体系建构阶段，即以业已形成的本学科教研思想、学科核心素养为依据，以学科关键问题及教学重难点教学设计为知识点，用结构化思想建构学科教研知识树。第三阶段是学科教研深化阶段，即引领教师整合多种教学资源，努力进行教学手段、方法的创新，将教研成果转化为课堂教学生产力，将教学个性化与专业化相结合，确立自主发展道路，努力进行课堂教学尝试。第四阶段是学科教研联动阶段，即将教研课程与校本研修、课堂教学、学生学习、教学评价有机结合，形成“教—研—评”一体化的教研课程体系，最终提升课程的整体质量。

（四）学科知识向学科核心素养转化，提升学科课程的内涵

从知识授受走向学科核心素养培养是南开区公能课程适应时代发展和社会发展对于教育教学的新需求的必然途径。基于时代、社会、家庭对教育的全新需求，我们用全新的思想与发展战略重新定位了教师教育教学策略，教师不仅要做好教学指导，更要引领教学研究；不仅要研究教与学，更要关注育人为本，发挥教育传承民族优秀文化，培育社会主义核心价值观的重要社会功能。

（五）师生发展的需求进步全力满足，探索提升课程有效性

学科建设需要满足师生发展的需求：教育的根本是促进师生的幸福成长。南开区学科课程建设植根于师生发展，树立以人为本的理念，探索以课堂教学为渠道的促进师生发展的教与学方式变革。通过引领性地开展基于课堂提问、课堂反馈等专项区域调研，更要指导各校基于国家课程标准，认真定位课堂教学发展方向，在学科教学中落实素养培育。南开区在课程建设中广泛深入课堂观察与诊断，基于问题与师生需求，用事实与数据说话，通过实证研究，抓课堂教学关键问题解决，进而促进课堂教与学方式的深刻变革。南开区公能课程思想与区域学科建设始终坚持以学生为本，把促进学生全面发展作为一切工作的起点和归宿。公能课程思想为区

域学科建设指明了发展方向，特色化的学科建设也凸显了南开区教育教学的区域特色。

八、区域学科特色课程建构的保障要素

（一）机制保障

学科特色课程建设是一个民主决策的过程，而且也是一个不断进步的过程。在课程建设中，制定较为规范的组织制度是保障学科课程建构的重要条件。制定学科课程制度，首先，应制定学科课程标准。标准是课程教学内容的指导性文件，它包含了所教的维度，深度，进度和难度，为课程建设指明了方向。

其次，为了保障学科课程的顺利进行还应制定学科课程指南。在课程实施中学科指南为教师提供依据，结合具体的情况，制定切实可行的学科课程指南，对教师把握课程理念，更加科学的实施有巨大的帮助。

最后，还应建立课程评价制度。课程评价是对课程目标的检测，是根据一定的标准用科学的方式进行价值判断。学科课程评价则是对自身开发与实施的质量检测。评价制度的建立需明确指标和评价主体。课程评价应从全局着眼，制定评价的指标，我区课程评价指标从校本特色、教学设计、教学过程、资源开发、学科整合、教学效果出发，在每个指标中有具体的平价要点，每个要点对应具体的分数，这让教师在教学设计时可根据相应的要点进行安排，有据可依，有理可循。评价是为了更好地建设，课程评价除了需专业人士进行评定，教师作为课程建设的主体，还应学会自我评定，最终建设自身评价体系。

（二）师资保障

教师是学科课程建设的主要成员，作为最了解所教学科特色、了解学科课程发展的人，在学科课程建设中首先应做到认同。认同学科课程建设的理念，课程理念是教师选择什么样的内容最有价值、怎样定位学科课程目标的依据。认同教师作为开发的主体，教师不仅是课程的执行者，课程开发建设也不仅是专家的事，只有当教师真正认同课程建设是自己的事，提高建设意识和积极性才能使学科课程有所发展。

此外，教师在课程建设中应当能够胜任，仅仅有开发的意识和积极性还不行，教师还必须具备课程开发的能力，提升综合素质才能保障学科课程建设的质量。教

师综合素质的高低是决定学科课程能否顺利进行的关键因素之一，教师要善于在教学中总结学生需求和学科特点来确定学科内容。此外，教师还需有驾驭教材的能力以及创新的能力。学科课程的建构绝不是一个老师或几个老师的事情，需要教师团队合作，共同建构学科特色课程。

（三）课时保障

学科课程的实施不仅要体现在学校开发的校本课程中，更需要在国家课程中的课时比例中有所体现。首先，校本课通过对课程结构的变革，对内容进行选择、增加与补充，促进学生的学科核心素养的发展。其次，素拓类课程也是不可缺少的，素拓课程即素质拓展课程，是以培养学生的思想政治素质为核心，培养学生的创新精神和实践能力为重点的课程，素拓类课程是培养学生核心素养不可缺少的课程。团队活动，小组活动是体现学生为主体的外在形式，在学科课程课时分配上，应留有时间给学生探讨活动的时间。此外，学科课程也可以在平时中加以渗透。如在各门学科上课时每节加入 5 分钟，长期坚持，最终形成课程文化特色。

（四）教学保障

新课改后，教师教的方式和学生学的方式都发生了转变。传统的教学以传授知识为主，以学生掌握知识为主。新课改下的学科课程以学生提高学科核心素养，使学生全面而有个性地发展。更新教与学的方式，可以从以下方面着手：

一是根据学科本身特点，激发学生学习兴趣。每门课程都有自己独特的优势，教师可以在教学中根据学科本身的优势来让学生对学习感兴趣。如历史课上，教师在讲解时可利用视频等让学生了解背后的故事，使他们对历史产生兴趣，更好地激发学生的学习积极性。二是问题设计引领思考，促进学生思维发展。教学中带着问题出发，使学生在学的过程中有目的地听课，训练学生的探究性思维，用课堂引领思考型的问题，引入深度思考，促进学生的思维发展。三是合理利用信息技术，有效融合课堂教学。随着时代的发展，教学辅助工具越来越丰富，使得课堂教学可以呈现多种形式。实践证明，在课堂中增加现代信息技术，课堂的容量、质量、效率都得到突破性的提升，学生学习不仅提升了兴趣还提高了效率。

（五）资源保障

区域特色学科课程根据学校的办学理念和本校实际情况，利用本地特色资源进行建构，学科课程建设中要根据学生的需要和兴趣充分利用身边的自然资源、文化资源、社会资源，做到用现有的资源创建新的资源，有效利用校内外课程学习资源辅助课堂教学。

建设特色课程资源需要健全资源开发体系。首先，教师应有资源开发意识，主动参与课程资源的开发，合理利用身边资源，掌握信息技术等教学辅助手段，与课堂教学有效融合。其次，应该拓展资源空间，仅仅利用学校的资源会让课程研究受到局限。走出校门，让学生感受实际社会、生活中的资源，找到自己的兴趣点。最后，应结合当地的特色文化，突出课程特色。学科课程的最终目的是为了提高学生的学科核心素养，结合当地的特色文化，可以使学生更加热爱自己生活的地方，也可以使学校被赋予自己的特色，促进资源建设。

天津市南开区教育中心

《特色学科课程指南》项目的内涵与价值

文/卢　琪

特色学科课程属于校本课程研究领域，囊括学科拓展与研究型课程。《特色学科课程指南》其字面意义可理解为：教师或其团队为进行特色学科课程实施所提供的指导性文本资料。从本质上谈，《特色学科课程指南》是特色学科课程规划与纲要的具体化，是特色学科课程实施的依据与指导。

《特色学科课程指南》其要素大体可包括：学科概况、课程哲学、课程理念、课程目标、课程图谱、课程架构、课程内容、课程实施、课程评价与课程保障。其中，课程哲学与课程理念、课程目标属特色学科课程文化范畴；课程图谱、课程架构属课程系统范畴。《特色学科课程指南》各部分间具有一定的逻辑关系，学科概述是背景与基础，课程哲学是理论支持，课程理念是引领，育人目标是归宿，课程目标是方向，课程图谱是线索，课程架构是体系，课程内容是根本，课程实施是关键，课程评价是增值，课程保障是基石。各要素构成相互支撑的特色学科课程整体，相辅相承而又相互作用。

《特色学科课程指南》不仅为教师在基于国家课程标准而进行的学科拓展或研究型课程上提供可操作性的课程目标、体系、内容、步骤及课程评价等具体要求与方法，帮助教师在生动实践中明确课程方向，有据可依，有章可循，少走弯路，进而高效生动地开展课程实践。结合国家课程标准与特色学科课程纲要，编写科学有效的《特色学科课程指南》是课程实施必不可少的环节。其价值有如下几点：

一、助推特色学科课程走向基于国家课程标准的校本化表达

国家课程、地方课程、校本课程，此三类课程虽然在课程的属性、价值与内容上有所不同，但它们却拥有共同的育人目标，都是以落实立德树人为根本任务，以学生核心素养培育为旨向。国家课程反映着国家意志，其在基础教育中的统领地位毋庸置疑。与其配套的国家课程标准，是国家课程实施的基本纲领性文件，是国家对基础教育课程的基本规范和质量要求。地方课程与校本课程是对国家课程的有效补充与完善，可理解为是服务于国家课程的，进而国家课程标准也毋庸置疑地成为地方课程与校本课程编写与实施的基本纲领。

《特色学科课程指南》的编制需要以每一门课程所属学段、学科相应的国家课程标准为依据，结合本学科国家课程教材，立足学科核心素养培育，从关键能力、必备品格与学科知识角度，在本校、本班学生学情分析下，界定好本学科校本课程的属性、目标与学习内容，整体体现本特色学科课程元素。

基于国家课程标准的《特色学科课程指南》使国家课程校本化表达真正落实到每一位教师的课堂中，进一步凸显了三类课程的有效融合。

二、特色学科课程规划细化为生动教育实践的使用说明书

特色学科课程规划更多基于宏观的顶层设计，其理论性、系统性较强；而《特色学科课程指南》则更趋向于微观的落地实施，其操作性、指导性更强。它为特色学科课程的顶层设计与落地实施间建立了有效通衢。打个比方，如果说《特色学科课程规划》是一张实施蓝图，那么《特色学科课程指南》则是使用说明书。它不仅明确了特色学科课程理念及其思考由来，更知晓如何在课程实践中渗透特色学科课程理念，它不仅可使师生在特色学科课程架构中找到自己年级（甚至班级）本学科的课程内容，更可清晰地找到自己学习生活与教学工作所处在课程图谱中的具体位置。

《特色学科课程指南》通常采用通俗易懂的文字，关注“怎样做”的层面，是一本有效指导教师将特色学科课程理念转化成教育教学生产力的指导性资料。它从学科整体课程架构到课程定位、课程目标、课程内容、教与学方式、课程评价等方面简明扼要地作出清晰阐述，成为教师课程实施必不可少的说明书。

三、科学有效指导学生“学”与教师“教”的行为准则

《特色学科课程指南》不仅解读了学生如何选课、学课；更规定了教师该如何教、何时教、用何教、怎样评的行为标准。

《特色学科课程指南》落实国家课程标准，提升教学质量，尤其是培育学科核心素养细化为具体的课程目标与内容，有助于教师更好地认识自己所教学科的育人功能、把握标准，运用本学科适合于学生开展学习的方式开展教学活动。

《特色学科课程指南》不仅服务于教师，其编写也依靠于教师，整个编写过程即是教师运用国家课程标准对标本团队研发的以校为本的特色学科课程，深度审视自己所执教课程的过程，不仅培育了教师的新课程观、育人观，更提升他们的课程执行力，促使教师专业成长，变非理性教育为理性教育。

综上所述，《特色学科课程指南》在一定意义上助推了特色学科课程从规划走向深度实践，是特色学科课程由理论研究、规划设计到鲜活实践研究不可缺少的载体。它的功能如同国家课程标准，为教师更好地进行课程实践提供参考。

天津市南开区教育中心

《特色学科课程指南》项目的基本原则

文 / 卢　琪

《特色学科课程指南》在特色学科课程建设中具有举足轻重的作用，它决定着课程实施的规范性与科学性。因此，学校在组织相关人员进行课程指南编写时，需要按照一定的程序，遵守必备的准则，以确保《特色学科课程指南》在日后特色学科课程实施中的指导地位。

一、科学性原则

《特色学科课程指南》是特色学科课程实施的指导性资料，具有导向与标尺作用，科学性是首要原则。其科学性指课程思想观点、价值导向的正确；学段、特色学科课程标准的明确、具体；课程内容符合学科本质，不失科学性；课时安排，课程结构，教师安排合理、清晰；课程评价以表现性、过程性评价为主，树立科学的质量意识等。

二、主体性原则

《特色学科课程指南》的编写要坚持以人为本的理念，基于师生课程学习与教学需求，编制真正服务于师生的课程指南。学校在编写前可通过广泛开展问卷调查或访谈等了解需求，并充分发挥学科骨干教师领航作用，以学科组为单位，基于本特色学科课程多次进行基于主题的研讨活动，发挥教师群体的主观能动性，让更多的教师参与到编写任务中来。

三、整体性原则

特色学科课程是由诸多要素相互关联、相互作用组成的，课程具有系统性与整体性，需要统筹安排，整体推进。《特色学科课程指南》的编写需要从全局着眼，关注师生间教与学的关系；课程间相互联系与整合的关系；课程目标知识、能力与情感态度价值观间的关系；课程结构横向与纵向发展间的关系等，运用统筹思想，立体思考，发挥课程的整体效应。

四、校本化原则

各校要因校制宜，体现学校课程建设特色，满足师生的个性化需求，丰富和完善课程教与学方式，为师生的终身发展服务。《特色学科课程指南》在编写中要充分体现学校元素，彰显学校文化背景与历史传承，充分挖掘优势学科、优质教师的课程资源，尤其是对地方文化课程的凸显与弘扬。同时，在课时安排等环节，基于校情、生情，要有本土化实施的具体策略与方法。

五、可行性原则

《特色学科课程指南》的编写要关注可行性，至少从两个方面体现：所阐述课程具体可实施，各类课程目标可测评。课程内容与实施环节编写得越具体，教师通过阅读就越好进行课程实践，可具体到各类课程的学段目标、学段学习内容、学习时间、学习方式、学习活动。课程目标可测评需要教师在编写目标时，尽量采用过程性目标、发展性目标或表现性目标的描述方式，利于教师进行课程教学测评。

六、可弹性原则

《特色学科课程指南》在一定程度上，不仅规范教师课程执行标准，而且是灵活多变的标准。根据本班学生具体学习情况，以及教师个人教学习惯或风格，基于《特色学科课程指南》大方向，在国家课程标准的指导下，教师可以个性化地对课程指南中部分课程内容进行增补或删改，亦可通过教学优化，开展更适合本班学生的课程活动与课程评价。因此，《特色学科课程指南》在编写中，某些环节，尤其是课程实施中可设留白或开放内容。其可弹性原则，能更好地满足教师个性发展需求，提供更适合于学生的教育。

七、可读性原则

《特色学科课程指南》其读者群体主要为教师与学生。其编写意图为指导课程实施，其编写最终目的是学生会学、教师会教。由此，编写要力求文字简洁明了、通俗易懂、条理清晰、便于操作。

总而言之，按照一定的标准与规范编写出的《特色学科课程指南》一定会是符合国家教育方针，符合师生教与学发展规律，适合校情、生情，利于操作的课程丛书，是师本的、生本的课程指南。

天津市南开区教育中心

《特色学科课程指南》项目的具体实施

文/郑　洁

《特色学科课程指南》是课程建设落地实施的重要依据。其在特色学科课程建设的顶层设计下，指明了具体的开展思路和实施策略，提供了操作的行动方法和实施步骤，集中了教师的集体智慧及优秀经验。《特色学科课程指南》的制定可以按以下思路进行：

一、学校概况

学校概况为《特色学科课程指南》的制定提供了建设背景，为《特色学科课程指南》的形成提供了萌发土壤。学校概况可以从历史传统、学校规模、办学条件、学校特色、班级数量、师资情况、教师水平、优势学科、学校资源等方面进行阐述，客观地分析学校的历史沿革与现今状况，理性地梳理学校的优势与不足，有利于把握特色学科课程建设脉络，定位特色学科课程发展走向。

总结起来，学校概况的梳理大致可以从三个角度进行：其一，物质基础，从学校规模、教学资源、办学条件、专用教室等方面进行归纳。其二，人力资源，从教师专长、优势学科、优秀团队、学科融合等方面来分析。其三，成果特色，从学校历史积淀的优秀教育传统中挖掘学校精神，从学校办学实践的丰富教学经历中提炼办学成果，从学校发展目标的准确办学定位中归纳学校特色。

二、课程文化

课程文化的实质是提升学生的核心素养，增强教师的凝聚力，提升学校的综合实力。许多学校已经意识到课程文化建设的重要作用，但是并没有把握住课程文化建设的实质。课程文化的构建可以从四方面进行，即课程哲学、课程理念、育人目标和课程目标。

（一）课程哲学

在教育发展史上，涌现出许多课程哲学流派，其课程哲学思想对特色学科课程建设有着深远的影响。学校可以结合本校实际，从已有的课程哲学中提取关键要素，形成特有的课程哲学。

（二）课程理念

课程理念是特色学科课程建设的方向引领，特色学科课程理念的建立与学校的发展历史和校园文化是一脉相承的。

特色学科课程理念的形成可以从以下方面进行归结：第一，文化背景。包括学校的历史传统、办学条件、文化资源，这是特色学科课程建设的客观基础，是课程开发的重要依据，也是特色学科课程理念形成的出发点。第二，办学理念。办学理念是学校办学的一系列指导思想，是教育观念、教育思想和教育价值追求在学校发展中的体现，学校的办学理念为特色学科课程理念的形成提供了方向性指引。第三，课程设置。特色学科课程的顶层设计与整体规划，特色学科课程的设置与跨学科之间的连接，特色学科课程的广度、深度与特色化是提炼课程理念的源泉。第四，存在问题。要客观分析特色学科课程建设面临的问题，如学校现有课程体系中，课程理念、课程目标、课程构架之间的逻辑性是否严密？特色学科课程的顶层设计与落地实施是否一致？课程之间是否具有逻辑和思维的联系？厘清这些问题，才能准确地判断《特色学科课程指南》实施迎接的挑战，揭示课程本质，高度提炼课程理念，制定出符合校情的课程指南。

（三）育人目标

育人目标是教育教学工作要达到的预期结果，是统领一切教育教学工作的终极目标。育人目标的确立要注意以下三点：第一，以学生的发展为本，为学生的终身发展服务。第二，促进人的身心和谐发展，培养和塑造真善美统一的全面发展的人。第三，充分发挥学生的主体地位，调动学生的积极性、主动性和创造性，为学生提供更多的选择机会。

（四）课程目标

课程目标可以说是根据学校的育人目标和教育教学规律提出的课程的具体价值和任务指标，通过课程方案来体现，通过具体学科来落实。因此，从某种意义上说，学校的育人目标要以课程为载体才能实现，育人目标中的要求要在课程中得以体现。课程目标规定了某一教育阶段的学生通过课程学习后，在知、情、意、行等方面期望实现的程度，它是确定课程内容，选择教学方法，组织课程资源，实施课程评价的依据，是指导整个课程编制过程最为关键的准则。

如何确定课程目标呢？首先，要明确课程目标与育人目标的衔接关系。其次，要重视社会需要与综合发展的现实需求。再次，要关注学科体系与核心素养的培养目标。最后，要考虑学生兴趣与个性发展的相辅相成。一门课程目标往往由一般性的总体目标和阶段性的目标组成，学校可以把课程目标进行细化形成不同年级的课程目标，从低、中、高几个层次体现进阶式的上升与深化，使课程实施更具可行性。

总之，课程文化是一所学校文化建设的重要部分。其中，课程哲学是理论支持，育人目标是归宿，课程理念是引领，课程目标是方向。课程文化具有学校独特的属性和特有的标志，是其他学校模仿不来、复制不了的。课程文化是在学校发展现状的基础上，经过不断地探索与积淀，在课程常态化实施过程中逐渐形成特色，持续地坚持特色进而形成的文化。

三、课程体系

课程体系包括：课程图谱与课程构架。课程图谱是课程建设的线索，课程构架构成课程建设体系。

（一）课程图谱

课程图谱是以表格、框图等形式从整体上把握各门学科间的相互关联与影响，分领域对必修与选修科目、模块进行总体系统设计，形成结构清晰的特色学科课程框架。

课程图谱的编制步骤可以参考如下：第一，以课程群为纽带进行板块划分，形成分图谱，分图谱之间既各有侧重，又相互联系。第二，分图谱可以根据知识层次的不同与学生接受能力的差异，再细分为基础型与发展型两大部分。第三，基础型内容以国家课程为主，同时学校可以根据学生可持续发展的需求补充学科拓展性课程。第四，在发展型内容上，学校可以采用研究性学习、项目学习的方式自主开发融合课程、综合课程。

（二）课程构架

课程构架是课程各部分的配合和组织。它是课程体系的骨架，主要规定了组成课程体系的学科门类，以及各学科内容的比例关系、必修课与选修课、分科课程与综合课程的搭配等。

课程构架的设计原则遵循以下四点：第一，科学性。科学地构架特色学科课程体系，将各类课程按一定主题或线索进行分类，避免重复杂糅。第二，系统性。从整体上考量课程构架，理性地分析各种教育要素对学生发展的地位和作用，形成一个完整均衡的课程体系结构。第三，选择性。在创设基础性国家必修课程体系的基础上，注重校本课程的开发与实施，满足不同学生的需求。第四，综合性。在设置特色学科课程的基础上，开发综合课程、跨学科特色课程，提倡研究性学习、项目学习、STEAM 学习方式，培养学生的核心素养及思维品质。

学校的课程构架，在横向上，聚焦课程的分类，方便学生把握完整的知识体系；纵向上，由简单到复杂，从知识培训到能力提升，勾勒出一个适应不同年龄阶段学生的连贯课程阶梯。横向与纵向交接螺旋，最终形成基于核心素养层面科学而又严密的特色学科课程体系。

如天津大学附属中学高中课程体系的基本构架，纵向分为求实、求真、求新三个维度，层层递进，推动学生的综合素质不断提升；横向分为立德、立言、立功三大领域，将素质、德育、体育、美育、生涯规划及必修课程、选修Ⅰ和选修Ⅱ课程整合分类，形成整体知识脉络。横向与纵向交接点的设计，使课程构架更加简明合理。横向与纵向交接点的设计体现在三个方面：

一是求实课程横向。学习内容主要侧重于语文、数学、英语、科学（物理、化学、生物、地理、信息技术、通用技术）、人文（历史、政治）等四大领域的国家必修课程的学习和各学科学习方法的指导，以及学生道德品质、美育、体育与健康、劳动技能等综合素质的培养，是每位学生都应认真学习的基础性课程。

二是求真课程横向。学习内容侧重于各学科具有典范性、权威性的作品、著作、实验、定律等学科核心内容的深入解读和探析，力求引导学生构建知识体系，对应自己的专业理想进行选择学习，并深入探究。三是求新课程横向。求真课程主要包括：创新课程和实验课程，依托天津大学的优质资源，开拓视野，锻炼学生的思维与动手能力，为进入高等学府进行研究学习做好准备。

四、课程内容

课程内容往往以教学材料为载体，在一定的活动中使用，课程内容的多样化、选择化、个性化和探究性是课程建设的发展方向。基于此，学校在课程内容的选择上需要注意以下三点：第一，基础性。在选择课程内容时，除了基础知识和基本技能外，还要考虑学生以后继续学习所必需的技能和能力，注意到学科知识的广度与深度之间的平衡。第二，生活化。课程内容的选择要源于社会，不仅要注意与现实社会的联系，还要注意与未来社会的相关性。第三，适合性。既要注意学生的需要与能力，又要考虑学校现有资源及师资力量水平，将学生学习兴趣、发展需要与教师专长有机结合。

学校在课程宏观设计之后，需要对课程进行细化，按照课程目标将课程进行分类、分层、分项设计，做好年级课程横向的思考和特色学科课程纵向的设置，规划好课时和学分。课程内容的横向组织，关注的是不同课程内容之间的横向联系，需要注意课程内容之间的联系性与整合性，经验课程、核心课程、综合课程各自不同的学习方式为实现课程内容的整合提供了有效途径。而课程内容的纵向组织，关注的同一主题课程的递进关系，由简到繁、由易到难、由已知到未知，按照学生认知的发展规律阶梯式进行组织和排列。

五、课程实施

课程实施是通过教学活动将课程计划付诸实践的过程，是实践课程理念、达到课程目标、反思课程构架、落实课程内容、实现教育结果的手段。如天津市第四十三中学课程实施从以下四个途径来进行。

一是探索国家课程实施的有效途径。进行课程建设的重点在于提高国家课程实施的有效性，对国家课程资源进行二次开发，创造性地实施国家课程，基于学科课程标准，服务于学生核心素养的形成，服务于学生生涯发展需求。为此，需要做好以下工作：完善、内化学科教学模式，提高国家课程的实施质量；以学科组为单位坚持用好集体智慧和经验合作开发，体现学科统领和资源共享；在国家课程的基础上，进行拓展、提高和整合，开发模块化课程。

二是探索课程体系优化的有效途径。课程体系优化的策略可归纳为：其一，移植应用课程。移植应用国家课程、大学学科初级课程、应用性课程、学科发展前沿课程、网络课程、地方课程。结合学生需求和基础实际，从课程内容的优化、课程配套资源的建设等方面对引进课程进行特色开发。其二，重组整合课程。为了提高课程开发效率，结合学校原有课程实际，对原有课程进行重组和整合，使之适应实施课程改革的需要。其三，自主开发课程。根据学校多样化发展和特色学校建设的需要，结合学校发展目标和学生培养目标，组织教师自主开发特色校本课程。其四，合作开发课程。充分利用各类社会资源，积极开发选修课程。

三是探索教学方式变革的有效途径。探索促进学生多元发展的多样化教学方式，将教学方式的变革与课程目标相统一。坚持对学科教学模式进行深度研究，发挥学科教学模式对课堂教学的规范作用，鼓励更多的教师在固定模式的基础上形成个性化优质课堂。抓实教学常规，为课堂质量稳步提升保驾护航，加强教学研究和成果交流，鼓励形成学科特色。挖掘线上线下一体化学习方式，逐步实现在线上完成选修课程，发挥信息技术对教学的助力作用，促进信息技术与教育教学的深度融合。

四是探索课程资源建设的有效途径。以学科组为单位，逐步实现特色学科课程资源的系统化，探索课程资源向精品化转型。不断更新学校文本图书资料和电子图书资料，线上线下资源建设同步推进，完善教学资源库，进行数字化课程建设的实践，建立网络资源库。

六、课程评价

课程评价对课程的开发和实施起到监督和促进作用，合理有效的评价方式可以保证课程的实施质量，提高课程的内涵和品质。努力构建多元评价体系，采用多种评价方式，可以更好地促进教师的发展和学生的成长。

课程评价可以从以下三个维度进行：第一，学生评价。结合学生在课程学习中的主动性和参与度，可以采用测试、学习档案袋、活动表现等评价方式构建评价系统，培养学生的思维品质，提高学生的能力水平，发展学生的核心素养。第二，教师评价。为激励教师开发、实施课程，促进教师的发展，对教师在课程实施中的表现进行定性分析，并给予层次认定。第三，课程评价。通过对课程开发指南、课程纲要、课程设计、学生选课情况、学生作业、学生问卷等过程性资料的审阅，以及课程展示、成果汇报等方式，综合评价、考量课程的科学、合理性，评选出学校的精品课程，以促进特色学科课程的健康发展。

七、课程保障

课程保障是基石。课程管理是教育行政部门和学校在整体上对课程编制、实施、评价等工作的组织与控制，是对课程采取的管理措施。课程管理着重从以下三个方面开展。

（一）组织保障

一是学校成立以校长为组长，业务领导为组员的课程领导小组。领导小组要依据学校办学理念和办学目标，拟定特色学科课程发展规划和建设思路，制订并颁布“特色学科课程方案”，统筹领导特色学科课程建设实施的总体工作。在经费使用、教学设施设备的投入、教育教学管理制度的建设与完善、课程资源的开发与建设、师资队伍建设与培训提高、课改理论宣传等方面提供保障，保证新课程的实施质量。二是构建管理实施小组，管理实施小组对领导小组成员目标责任达成情况实施监督、评定。

（二）制度保障

为了保证特色学科课程建设扎实有效地开展，可以建立健全五项基本制度。一是审议制度。教师提出课程申请，提交课程纲要，课程领导小组民主审议后，向申报人反馈审议结果并跟踪指导。申报者修改完善后进行二次申报，二审通过的课程，才能进行实施。二是研修制度。加大教师培训力度，走出去与请进来相结合，主题培训与自主研修相结合，逐步提高教师的课程意识，提高课程研发、课程实施、课程管理、课程评价的能力，更好地发挥教师在特色学科课程建设中的主体作用。三是考核制度。将教师开发或参与一门校本课程建设作为学校绩效考核的内容之一，可以将教师开发课程和实施课程的情况与绩效工资挂钩。四是课程成果展示制度。每学年开展一次校本课程成果展示活动，展示学生们在校本课程中的收获、体验和成长。五是推广制度。定期开展优秀课程评选，通过校内推广、媒体宣传等形式进行展示交流，以点带面促进课程建设全面提升。

（三）经费保障

建立课程建设专项基金，专款专用。配制课程建设所需要的设施设备经费，提供教师培训所需的经费，建立课程建设奖励基金。形成课程开发激励机制，对为课程开发作出贡献的教师给予适当的精神或物质奖励，并作为评优、评先、晋级的依据。

天津市南开区教育中心

依托“课程群”建构理念　推动特色学科课程建设

文 / 刘志英

一、回顾总结，成果与问题并存

新课程改革，全面倡导提升学生核心素养，传统的课程设置已不能满足学校教育教学的需求。近年来，天津市南开区出台推动措施，投入资金，切实调动激发各学校构建校本课程的热情，各学校纷纷开展特色学科课程建设的实践探索，结合本校学情建立了丰富多彩的特色学科课程体系，极大地拓宽了学生的学习视域，提升了学生的学习体验。

天津市南开区第一届品质课堂特色校本课评选活动，可以说是对前期特色学科课程建设与实施情况的一次全面交流与检验。从中既可以看出，南开区取得的累累丰硕，也可以看到目前存在的普遍性问题。经过研讨总结，南开区将问题主要归纳为以下两方面：一是侧重拓展型课程的开发，忽视基础课程的建设；二是缺乏整体设计，呈现拼盘式碎片化特点。许多学校自行开发的各类课程，内容虽然丰富多彩，数量也十分可观，但学校在开发这些课程时缺乏系统性思维，许多学校是有什么样的教师，就开设什么样的课程，关注的是“点”的建设，没有“面”的思考，体现的是“量”的增加，缺少“质”的提升，因此课程建设呈现出碎片化、大拼盘、大杂烩现象，影响课程的品质效果。

二、依托新理念，明确发展新方向

南开区依托“课程群”建构理念，将“课程群”建设作为小学课程建设的发展点、培育点和创新点，全面构建区域性特色学科课程群，整体提升南开区特色学科课程建设品质。

（一）了解“课程群”基本概念

“课程群”是以特定的素养结构为目标，由若干性质相关或相近的单门课程组成的一个结构合理、层次清晰、彼此连接、相互配合、深度呼应的连环式课程集群。“课程群”一方面强调通过增加拓展型课程、研究型课程与学科课程的关联度，对同一学科或不同学科的相关内容进行整合、重组，优化各类资源配置，减少课程设计中简单重复的教学，减轻学生的学习负担，提高教学效率；另一方面，探索课程功能突破，将不同学科的核心素养进行融合，实现跨学科的综合，既注重知识教育又重视方法能力的培养，发展学生进行跨学科综合分析和解决问题的能力，真正落实立德树人的目标。“课程群”构建理念是解决碎片化、拼盘式课程问题的有效工具，是优化特色学科课程建设的有效途径。

（二）厘清“课程群”理念要点

为便于指导南开区的特色学科课程建设，提高操作性，在深入学习挖掘“课程群”概念内涵的基础上，总结提炼出几项要点：“课程群”建设应聚焦核心素养，聚焦育人目标，聚焦课程目标；“课程群”是以多维联动、有逻辑的课程体系为标志的；“课程群”建设的关键在于相关课程之间内容的整合以及功能的优化。

三、区域性策略，促进落地实施

（一）前期调研，聚焦问题

为提升各学校课程建设的规范性、科学性和实效性，推进区域性特色学科课程建设，在全区 32 所小学开展了“南开区小学课程建设现状调研”。围绕学校课程建设的机构、制度、目标、体系、成效、成果等主要内容，对学校课程建设的规范性、科学性、实效性进行调研，着力挖掘学校课程建设的特色、阶段性成果，把握学校课程发展的优势与问题所在。同时，南开区注重课程发展思路研究，把破解影响当前学校课程发展的热点、难点问题，特别是制约课程发展的重大问题贯穿调研过程的始终，以增强课程发展情境研究的宏观性、针对性和实践性，以准确合理的目标体系引导学校课程变革，清晰把握学校课程发展的“起点”。

（二）搭建框架，规范实施

对学校特色学科课程建设提出明确的规范与要求，为学校特色课程建设提供基础框架。

一是目标具体化。仅仅把一些不相关联的课程汇聚到一处，只是一个“课程拼盘”，是一盘散沙。必须设置统一的课程目标，使课程间完成相关整合，成为一个整体，实现课程功能的聚焦与优化。特色学科课程建设目标应密切关注学生的核心素养，目标设置具体可操作，以此统整课程内容。

二是内容系列化。要确定特色学科课程内各门课程的相关性，课程之间纵向衔接与横向联系，形成体系。要从课程内容的内在关系、课程开设先后顺序、课时量等逻辑关系等方面，对课程内容进行合理的组合搭配，整合优化。

三是结构逻辑化。每一所学校都应致力于建构自己的“课程图谱”，即按照一定的逻辑，理顺学校课程纵向与横向关系，这是学校课程变革需要审慎思考的问题。在横向上，将学校课程按照一定的标准进行合理分类；在纵向上，将学校课程按照年级分为不同层级，形成一个适应不同年龄阶段孩子的课程阶梯。

四是教学立体化。著名教育家陶行知主张：生活即教育、社会即学校、教学做合一，反对死读书，注重培养儿童的创造性和独立工作能力。南开区主张教师要将“自主、合作、探究”等学习方式具体化、操作化，倡导实践、沉浸、对话、互动、参与、体验等课程实施方法，鼓励孩子们采用多样的、活跃的学习方式。如行走学习、指尖学习、群聊学习、圆桌学习、众筹学习、搜索学习、聚焦学习、触点学习、实作学习、仪式学习等生活化、不拘一格的学习方式，培养学生的创新精神与实践能力。

（三）专业支持，提供保障

其一，跟踪服务。通过学习、宣传、发动，让学校了解“课程群”建设在课程建设中的重要作用，创设课改氛围，从区域层面推进学校整体课程的规划，带动学校“课程群”的建设。从明确问题到确定主题，从梳理资源到确定内容，从研究设计到实践操作，进行跟踪指导、保驾护航。

其二，专家指导。通过理论学习、专家指导、专题讲座，聚焦问题的现场研讨，开展技术指导，理清思路。邀请市教研室相关教学专家，给予具体指导，促进理论与实践结合，提高可操作性，解决关键问题。

（四）搭建平台，培养队伍

教师是国家课程校本化的参与者，是校本课程建设的主体，是学生课程学习的指导者。学校特色学科课程建设要紧密依靠教师团体，特别是优秀教师团体，形成研发队伍。南开区从区域角度开展“品质课堂”评选活动，一方面给学校和教师们搭建一个交流展示的平台；另一方面，在这个过程中，锻炼队伍，发现人才，便于今后形成不同层次的骨干教师梯队，分层培养，整体提升。

（五）分享经验，汇集成果

南开区充分发挥“云动”课程资源平台的优势，将各学校优秀的课程资源推送到平台上，形成课程区域共享的课程资源。同时，注重经验的即时交流与分享，发现、挖掘、收集优秀的典型课例，汇集成册，在区域乃至更广的范围内进行推广应用。

四、实践引领，成效初显

（一）各具风采，学校特色学科课程品质提升

通过我们下校调研、听课、座谈以及“品质课程”评选活动，对每个学校的每一节课进行即时评课反馈、交流研讨，使“课程群”建构理念不断渗透，被学校领导、教师们领悟并认同，许多学校的特色校本课程从目标理念到内容结构、乃至教法学法也不断得到优化提升。

如天津市南开区东方小学开设的英语绘本阅读课程，目标是增加学生的阅读词汇量，提高学生的阅读能力，为高年级的学习打好基础。该课程紧扣学校校本课程理念——“生根东方，努力培养学生的个性发展”，在课上的学习过程中展示学生的个性。该课程从学生现有的认知水平出发学习，体现学生的听、说、读、写的语言能力，同时通过玩和演等活动途径进行有效的任务性学习，关注学生的个体差异，给学生创设不同的机会展示自己语言或者表演才能。在绘本教学中体现与科学整合的共同学习理念，通过小组合作的方式突破了重难点。

天津市南开区中营小学小学生快乐学汉字课程的设计，坚持以生为本，关注学生的主体性。课堂上注重学生的参与和实践，以学校导学教育的课程理念为本，运用学校特色教学成果“导学式教学法”调动学生的积极性。该课程以大语文教学观进行课程建设，培养学生良好的人格和人文修养；紧紧围绕《课程标准》要求“认识中华文化的丰厚博大，吸收民族文化智慧，培植热爱祖国语言文字的情感”。学生在已有知识的基础上进行深入探究，在过程中走近汉字，深入了解，加深认识，产生兴趣，爱上汉字，这符合学校传统文化浸润式教学的理念。教学设计时积极进行多学科整合。汉字本身来自生活，学习汉字就要回到生活。汉字里有色彩、有科学、有音韵、有历史等，学习汉字绝不可能局限在语文学科的听说读写中。该课程弥补教材中的空白，中小衔接阳光阅读课程抓住阅读教学，抓住经典，渗透文化价值和历史价值。

（二）独步先行，学校特色学科课程群初露锋芒

受“课程群”理念影响，一些学校开始尝试构建校本特色“课程群”。天津市南开区咸阳路小学作为国家级品质课程实践基地，在这方面走在了前列。

咸阳路小学将“课程群”作为学科课程特色培育的着力点，做强学校优势与特色，满足学生个性化、多元化学习的需求。根据学科特点与课程标准、学生学习需求与学校本土实际，深入探索学科课程开发策略，大胆创建相互渗透、相互交叉、相互支持、互相依托的课程群。在学校原有课程体系的基础上，对学校传统优势和特色进行梳理，重点打造两类“课程群”。一是核心扩散式拓展课程群。以学科关键知识为核心，以国家课程内容为主体，进行学科课程的学科内以及跨学科的特色化拓展与延伸。他们以国家基础性课程为基础，将德育课程、特色课程、拓展课程、研究性课程整体融合，开发了“悦动童心，多元发展”为目标的“五心悦动课程群体系”。二是多维聚焦式主题课程群。以实际生活情境为主题，从多学科、多角度出发，采取多种实践探究活动，聚焦问题解决，实现知识的整合与应用。如以培养学生创新能力与素养为焦点，设置科技创新课程、科学实践课程、信息技术能力课程三门探究性课程，形成研究性创心“课程群”。

（三）设计引领，共建区域特色课程群

为集中区域优势资源，事项共建共享，提高区域特色课程品质，在鼓励学校自建校本特色“课程群”的同时，南开区进行整体设计，启动了建构区域特色

“课程群”工程。

南开区采取区域设计引领与学校自主申报相结合的路径，目前已建立起语文、数学、英语、综合实践、STEAM 等五类“课程群”的基础框架。如下为南开区小学课程群分类：

类别	学校	课程主题
语文课程群	勤敏小学	生活中的语文
	川府里小学	书香童年
	汾水道小学	古诗文诵读
	中营小学	小学生快乐学汉字
	西营门外小学	古诗文诵读
	中营瑞丽小学	语文拓展阅读
	中心小学	阳光阅读
	阳光小学	习作训练
	艺术小学	语文课程资源
数学课程群	宜宾里小学	托起美的数学
	咸阳路小学	趣味数学
英语课程群	东方小学	英语绘本阅读
	博瀚小学	英语戏剧表演
	翔宇学校	英语戏剧课程
	水上小学	EDC课程
综合实践课程群	义兴里小学	创意衍纸
	五马路小学	魔法实验室
	师大南附小	创点星球
STEAM课程群	科技实验小学	创客、机器人项目
	勤敏小学	泥人张世家

南开区还通过专家论证、核心团队示范、校级联动、系统调整、提升品质等一系列研发策略，对五类课程群框架进行统筹完善，对各学校课程内容设置间的逻辑关联、科学性、规范性等进行推敲协调，最终形成结构合理、体系完备的区

域特色“课程群”。

“课程群”建设本身不是目的，促进学生的全面发展才是其存在的价值。因此，南开区坚持以发挥“课程群”的育人功能为重心，在将不同学科的核心素养进行深度融合的基础上，探索课程功能的提升，提高课程建设与实施的品质，实现知识教育与能力培养的双重突破，发展学生利用跨学科知识与思维综合分析、解决实际问题的能力，切实提升学生的核心素养和关键能力，落实立德树人的根本任务。

天津市南开区教育中心

第二章 学科知识——课程之道

学科知识体系是一个学科领域主题和问题的组织以及对教学的理解，是教师理解自己的专业知识的形式。课程则是教师帮助学生去理解这些新知识、新技能的架构体系，由事实、概念、技巧、过程、信念和态度组成，是多种知识技能的融合。所有知识培养促成了最丰富的学科教学知识的生成与发展。培根说："知识就是力量。"知识本身并不具备力量，但是获得知识的人，若将知识化为一种具体的行动，那么知识就会产生力量。在课程架构下，学生在学习知识的过程中，要体现学科思维特征及态度，掌握能够适应学生终身发展和社会发展需要的必备知识力量。

感受技术之美　培养技术之魂

魅力语音　助力英语教学

融合乡土地理　培养核心素养

以趣味物理综合实践　助学生发展核心素养

突出科技创新精神　培养知识产权保护意识

以趣味数学　助学生发展

悦动童心　多元发展

群文阅读　乐学表达

开展童谣启蒙　谱写诗意童年

绘出心中最美的画卷

融合信息知识　助力校本课程

走上戏剧舞台　演绎英语课堂

感受技术之美　培养技术之魂

——信息技术课程建设的实践与思考

文 / 杜君毅

一、学科课程开发思路

《课程标准》为信息技术课程确立了根本导向，构建了信息技术学科的核心素养。具体到课程结构，高中信息技术课程由必修、选修一和选修二三类课程组成。通过对课程结构的分析，可以看出必修和选修内容已经包含了大学计算机专业数据结构、计算机组成原理、操作系统、计算机网络、数据库五大部分中的三部分，这体现了课程设置的科学性和连贯性。

根据新课标要求和我校“主体性发展”办学特色，在课程规划上以必修信息技术课程为主体奠基课程，技术类校本课程（“学科融合”主题摄影、机器人、科技 DV）作为融合拓展课程，以社团课程（幻灯片的表现艺术、光影世界、智慧机器人）作为个性发展课程。

二、学科课程哲学

（一）学科价值观

高中信息技术课程坚持立德树人的课程价值观，围绕信息技术学科核心素养，提供形式多样的学习形式和机会，选择、优化信息技术工具和方式使学生参与到沟通、共享、合作与协商中，体验知识的构建过程，理解信息技术对社会发展的作用，增强学生的社会责任感，从而使学生成为具有良好信息素养的合格公民。

（二）学科课程理念

信息技术学科核心素养包括信息意识、计算思维、数字化学习与创新、信息社会责任。信息意识体现了信息技术学科的育人价值。具备信息意识的学生能根据实际需要主动地探寻适合的方式获取和处理信息，能够敏锐觉察到信息现象和信息活动，对信息可能产生的影响进行分析，为解决问题提供帮助。他们在合作过程中，有良好的互动能力。计算思维是信息技术学科的学科本质，在于培养学生解决问题的思维方式。计算思维是一种问题解决方式，这种思维方法可以推广到许多学科领域中。这种普适的思维技能可以改变学生的思维习惯，提高学生处理复杂问题的能力。数字化学习与创新是人们在信息化社会中的学习方式，学习者可以打破传统固有的时空模式，非线性地学习知识。所以，利用信息技术工具和手段进行数字化学习和创新是学生必备的能力。

根据以上信息技术学科核心素养的重要性，并结合我校信息技术学科师资优势，在必修课程内容的基础之上，开设了以培养学生信息意识和计算思维为目的的校本课程和以提升信息技术认同感、培养学生数字化学习与创新能力为目的的社团课程。

三、学科课程目标

信息技术课程建设以立德树人为导向，以培养学生核心素养为根本目的，充分发挥课程在人才培养中的核心作用。

（一）核心知识

学习幻灯片制作方法、摄影技术、视频编辑技术，利用多种信息技术手段处理信息、表达思想。了解机器人技术和人工智能技术，体会电子技术和人工智能技术对信息社会发展带来的强劲动力。

（二）关键能力

以项目为驱动，进行跨学科知识整合，培养学生计算思维能力，激发学生思考的积极性和创作力。

（三）思维方法

提升信息技术认同感，培养信息意识。通过校本课程和兴趣社团，学生深入接触多种信息数字化表达和处理手段，掌握信息数字化处理方法，对利用信息技术处理生活中的问题形成切实认知。在提升学生信息技术手段认同感的同时，培养学生的信息意识。

（四）学科品格

满足学生多样化兴趣发展，丰富学习经历，锻炼数字化学习与创新能力。使学生对信息技术创新所产生的新事物，有积极学习的动力、正确的价值判断。

四、学科课程框架

（一）学科课程结构

“一主两辅”课程结构，具体而言：“一主”为信息技术必修课程，也称为核心课程；“两辅”为融合拓展课程和个性发展课程。融合拓展课程指知识体系结构完整的校本课程，注重知识拓展和知识体系建构；个性发展课程指向以学生兴趣为主导的兴趣社团课程，注重学生兴趣特长发展。

（二）学科课程设置

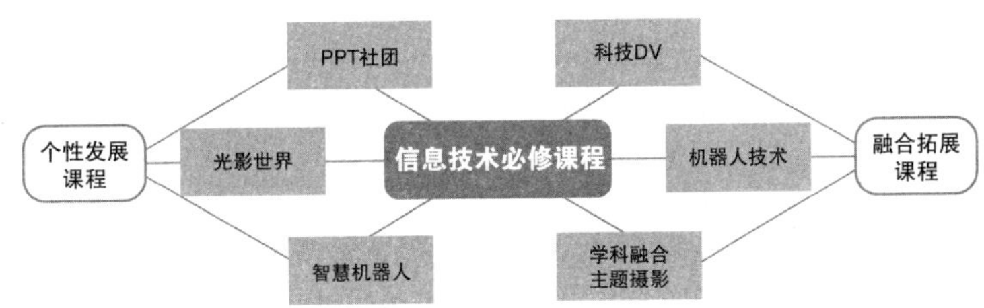

1. 科技 DV 课程：以探索科学现象为线索，以视频拍摄为记录工具。在探索科学现象的过程中，学习视频拍摄的基本技法，并用视频记录现象发生的过程，利用视频这种媒体手段将科普知识传输出去。本课程内容包括介绍视频编辑的基本概念、视频编辑软件介绍、转场特效应用、滤镜特效应用、多镜头特效编辑、视频字幕添加、音频特效基本处理方法等。课程最后以一个实践综合项目作为学习成果的检验。

2.“学科融合”主题摄影课程：摄影与物理（摄影简史、解密相机、虚实探寻）；摄影基础（相机选购计划、曝光三元素、玩转曝光、光影缔造、设计画面中的元素、人眼未达到的视野、丰富多彩的拍摄类型、拍摄辅助器材、化腐朽为神奇的后期、拍摄流程方案制定）；摄影与美术（达利的魔盒——体验超现实主义摄影的奇光幻影，静山的湖光山影集锦册——中国古画与现代摄影的穿越对话，毕加索的几何拼图——拼贴摄影的立体表达，梵高的调色盘——摄影中的色彩表达，调皮的雍正爷——如何让你的相片逗趣十足，伦勃朗的自画像——摄影中的光影人像）；摄影与地理（雕刻山水——镜头聚焦元阳梯田，金海花田——镜头追逐最美油菜花，沽水流霞——镜头记录的北方水都，星河幻影——用镜头仰望星空）；摄影与历史（“青砖古瓦、往事情怀”——镜头下的石家大院，“古迹古色、万种风情”——镜头下的天津建筑，“人已去、水流云在”——镜头下的民国名人，“匠心独运、文化传承”——镜头下的天津民俗）。

3. 机器人技术课程：认识机器人的基本组成零件（机器人齿轮比等基本机械知识、电机使用、认识机器人的“五感”）；机器人基本程序（走直线程序、循环 / 判断 / 分支的学习）；综合实践（寻线机器人的搭建与编程、VEX IQ 竞赛专用机器人的搭建及实践、篮球竞赛专用机器人的搭建及实践）。

五、学科课程实施与评价

（一）学科课程实施策略

融合拓展课程以教师为主导，学生为主体，教师即导师，异质分组，组长带领组员全员参与学习过程始终。该课程充分利用多种线上途径辅助线下教学，激发学生的学习兴趣，提高学习绩效。

科技 DV 校本课程意在培养学生利用视频剪辑语言阐释科学现象的原理，通过镜头视角展示探索科学现象的过程。在掌握视频非线性编辑基本方法的基础上，提升视频编辑技巧，精炼视频表达方式。在实践的过程中，锻炼学生的动手能力，培养学生的科学素养、信息意识和创新能力。

“学科融合”主题摄影课程以摄影为载体与表现形式，将多学科融合到摄影中，摄影本属于人文学科，不是简单的了解相机基本操作和基础知识就可以完全掌握，还需要大量如物理、美术、地理、历史等综合学科知识才能更好的实践。本课题主要目标是给学生建立摄影的体系，让学生了解怎样才能更高效地进行拍照，满足学生的发展需求，更要提升文化基础，做到自主发展、社会参与，促进中学生核心素养的形成。

机器人技术校本课程的教育理念是寓教于乐，将培养学生对科学的好奇心和求知欲作为第一要务，依托于结构主义和多元智能的教学理论，采取“学中做、做中学”的手段，引导学生在学科学的过程中探索研究，追求卓越。该课程面向高一年级学生，普及机器人基础知识，拓展信息科技等技能操作类课程的学习内容，培养学生的动手能力和良好的思维习惯。

个性发展课程以学生为活动主体（自定主题、自主设计、自主制作），教师为活动辅助者（提供建议、技术支持），充分启发激励学生利用多种信息手段分析问题，处理问题。

智慧机器人旨在激发学生学习的兴趣；拓展学生的知识领域，发展学生的个性，促进学生科学素养和动手能力的提高；培养学生的创新精神和实践能力，让学生学会全面地学习发展；进一步丰富学生的知识世界，提高学生的科学技术修养和设计能力，培养学生的团结协作精神和社会实践能力。本课程以科技竞赛项目为依托，学生依照比赛规则自主制定学习和训练计划，在获取比赛成就感的同时，拓展学生的认识和视野。同时结合参观、调查、讲座等多样化的活动方式，提高学生的科学技术修养、设计能力和社会实践能力。

PPT 社团以实际活动项目为驱动，让学生通过真实体验了解真正的 PPT 是怎样的，懂得 PPT 的基本理念和操作规则，文字设计和编排，如何利用图片来突出自己的 PPT，如何巧用颜色来让 PPT 脱颖而出，如何绘制图表呈现魔术般的效果，如何绘制简单而出彩的形状，应用动画多媒体，掌握版式设计原则，如何再利用模板，学会从 PPT 达人作品中拆解攻略。

光影世界由浅入深教授摄影知识与技能，以拍摄身边的故事为线索，拍摄学校活动，记录生活片段，学生自主选定拍摄主题，教师实例讲解。学期课程结束后，要组织摄影作品展览。

（二）学科课程管理与评价

课程评价采用过程性评价与终结性评价相结合的方式。

1. 过程性评价：随堂考勤 30 分，由教师根据学生出勤情况进行给出；学生活动参与度 20 分，由教师和学生根据每位学生参与课堂讨论、主题等活动的质量进行判定。

2. 终结性评价：成果展示 30 分，教师在学期末根据学生的成果质量（如研究报告、研究论文、作品等）给出评定；特别贡献 20 分，教师和学生共同对学生在课程实施、活动组织等方面做出的特殊贡献进行评定。

六、学科课程反思与提升

信息技术学科特色校本课程建设满足了学生多样化发展需求，为学生创造更多可选择、实践的机会，达到了丰富学习经历、拓展学生视野的效果。但是当前的课程设置主要依据在校教师的专业特长，学科课程体系的建设受到局限。课程中一部分内容和学生生活实践贴合不够紧密，内容理论抽象，如何找到契合点还需要在今后的实践过程中进行摸索。

在今后的课程建设中，关注教师的专业化发展，努力培养教师达到“一专多能”，使课程建设实现知识系统体系化、覆盖领域多样化，为学生信息技术学科核心素养的提升提供保障。

天津市第四十三中学

魅力语音 助力英语教学

——英语语音校本课程实践初探

文 / 孙凤英

一、学科课程开发思路

新课程背景下，构建三级课程体系是充分发挥学生个性潜能、保障学生全面发展的基本途径，是培养人才的重要措施。我校一直重视校本课程的开发与实践。基于我校部分学生语音基础较差、英语学习效率低下且常规英语教学课时紧张的实际，我校专门开设英语语音校本课程。笔者硕士毕业于一所重点大学，在校期间多次在英语演讲比赛中获奖，工作后也曾几次负责来我校参加夏令营的美国和苏格兰中学生接待工作，平日喜欢练习原版听力，因此笔者在语音教学方面有一定的优势。本课程遵循科学性、系统性、实用性原则，充分利用现代教育教学技术，将英语语音知识以文本、图像、动画、声音、视频等多媒体的形式表现出来。通过构建轻松的语音教学环境，激发学生对语音的学习兴趣和热情，寓教于乐，在传授知识的同时，注重学生语言能力的培养。

二、学科课程哲学

《课程标准》指出：高中阶段的具体目标是培养和发展学生语言能力、文化意识、思维品质、学习能力等学科核心素养。英语语音教学具有很强的现实意义。语音作为语言学习的重要组成部分，直接影响到学生的听、说、读、写技能的发展。良好的语音基础对学生的语言能力培养发挥着不容小觑的作用，具体体现在听力理解、词汇记忆、口语表达甚至阅读理解、综合写作方面。同时，语言依靠语音实现其社会交际功能。英语语音包括重音、语调、节奏、停顿、连读、爆破、同化等。说话者通过语音的变化表达意义观点，反映其态度、情感等。通过感知语音的表意功能，学生逐步学会恰当地运用语音知识，达到有效交际的目的，从而发展学生跨文化交际能力。

三、学科课程目标

语音教学是英语教学的首要任务，为了满足学生后续英语课程学习的需要，本课程的教学目标分为如下三方面：一是了解并掌握基本的语音知识，准确掌握48个国际音标的发音特点，并准确发音；掌握常见字母及字母组合发音规律，能够快速准确拼读和识记单词；了解英语中的一些发音习惯和常见发音现象，如清辅音的浊化、失去爆破与不完全爆破、省音、同化、连读，提高听说水平。二是具备基本的读音、辨音能力，能够根据重音、语调的变化，理解并表达隐含的意图和态度；形成对语言的感受力，做到正确的停顿、连读，语音语调自然、得体，语流流畅。三是增强学生的自信心和自豪感，培养学生自主、合作、探究精神，形成正确的语言观和跨文化交际意识。

四、学科课程框架

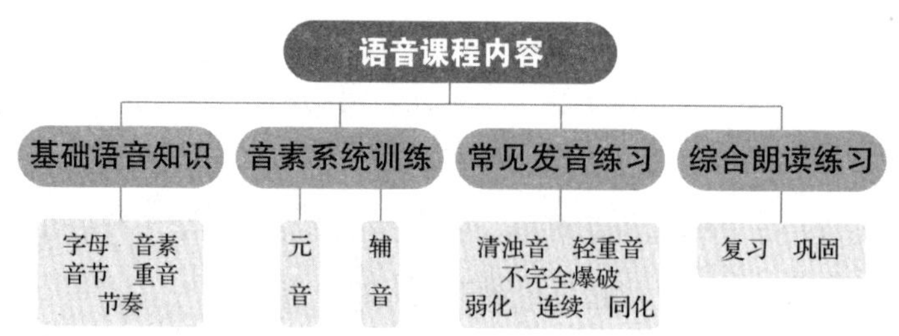

本课程的教学内容主要分为四部分。

第一部分：基础语音知识。包括英语字母、音素、音节、重音、节奏等，从引导学生重新观察和认识26个英语字母和48个音素入手，帮助学生发现英语字母和音素之间的内在联系和变化规律，增强学生“音形”同步学习意识，为英语听、说、读、写做好语音准备。

第二部分：音素系统训练。英语音素共48个，分为元音和辅音。具体教学分为如下板块：认识音标，了解每个音素的准确发音部位，掌握发音方式；发音练习，要求学生在体会正确发音的要领后进行语音练习。练习由易到难，先为单音练习，后进行拼读单词音标和识读单词练习。所选例词均有下划线标记，以加深学生对英语单词“音形”约定的感性认识；音形观察，让学习者在前一部分学习的基础上，通过归纳语音及其字母表现形式，从英语单词组合规律中悟出音形结合的门道，从而提高词汇学习效率；技能巩固练习，学生进行单音练习、音标拼读、音素对比练习、听辨练习、音形识读、跟读练习、听写等，着眼于扎实的语音基本功训练。考虑到学习者互动学习的必要性，课程教学过程中还设计了词汇游戏和小组比赛等互动内容。

第三部分：常见发音练习。帮助学生熟悉英语语音的清浊音、轻重音、不完全爆破、弱化、连读、同化等发音规律。

第四部分：综合朗读练习。针对各种题材和体裁的篇章的朗读练习，要求学生正确运用语音知识和技巧进行综合练习，以训练模仿、理解、连贯、流利等方面的综合朗读技能。

五、学科课程实施与评价

（一）学科课程开发原则

1. 多活动促进学习动机原则。通过展示学校暑期夏令营活动图片，激发学生改善语音面貌、增强语言交流能力的愿望；通过播放高考英语听力，分析常见语音现象，指出高考听力和攻克语音、词汇等难关之间的密切联系，帮助学生坚定学好语音的决心；通过开展单词拼读比赛、绕口令比赛、英语配音比赛等活动，增强语音课堂的趣味性和实用性，维持学生的学习动力。

2. 实用性原则。本课程主要是为我校部分语音基础薄弱的高一学生提供的一种补救性学习课程，旨在通过轻松的语音教学环境、系统有序的语音学习和训练，帮助学生改善他们的语音面貌、掌握英语发音与拼写的关系，解决学生记不住单词的难题；通过多种形式的语音实践活动，引导学生进一步体验、感知、模仿英语的发音，注意停顿、连读、爆破、节奏等，帮助学生形成良好的英语发音和一定的语感，并通过学习相关的语音知识，形成一定的语音意识；通过生动有趣的语音实践活动，使学生逐步学会借助语音知识有效地理解说话人的态度、意图和情感，同时表达自己所希望传递的意义。

（二）学科课程教材

本课程选用教材为我校高中英语组教师精心编写的“国际音标”。本教材的最大特点为简明实用。该书涵盖了48个国际音标的发音方法及发音训练、常见字母与字母组合发音规律实例及训练，以及一些习惯发音现象，如辅音浊化、失去爆破与不完全爆破、省音、同化、连读等，对于我校高中生语音问题针对性较强。

（三）学科教学策略

1. 英语学习活动观。新课程标准倡导指向学科核心素养的英语学习活动观和自主学习、合作学习、探究学习等学习方式。语音课堂上，学生观察、识别、区分音素以及发音练习时多是自主学习，单词拼读比赛、创设真实语境进行重音和语调练习则需要学生进行小组合作，听唱歌曲、吟诵诗词、影视配音则在小组合作的基础上有效发掘学生的探究精神。通过一系列具有综合性、关联性、实践性的英语活动，教师帮助学生学习理解语音知识，应用实践以及迁移创新语音的技能。

2. 文化与资源拓展。《课程标准》指出：教师除了培养学生的语言能力，还要发展学生的文化意识。语言离不开文化，而语音又是语言的重要构成部分。因此，语音教学中除了语音知识的呈现外，还要提供语言背景和一定的语境，如在英语俚语俗语、各种歌曲欣赏、诗词吟诵、绕口令等知识拓展活动中渗透文化知识。语音教学也应该充分利用各种课程资源，拓宽语音学习渠道，本课程中采用的拓展资源包括文本、图像、动画、声音、视频、手机APP等，多方位对学生进行感官刺激。

（四）学科课程评价

本课程评价分为过程性评价（30%）和终结性评价（70%）。过程性评价包括学生出勤情况（20%）和随堂表现（10%）。课堂表现是教师根据学生在单词朗读、短语朗读、句子朗读、篇章朗读、单词拼读比赛、绕口令比赛等课堂活动中的参与情况，进行给分。终结性评价是指在整个课程学完之后，学生参加英语配音比赛，依据发音是否标准、语音语调是否自然、语言是否流利等进行给分。除此之外，学生在学完每节课时后，还要完成一个自我评价表，通过实时评价，反思自己的不足。

六、学科课程反思与提升

本课程基于我校历届高一学生英语常见语音问题开设，实用性强。对于英语基础薄弱的高一学生来说，英语语音课是一门补救性学习课程。学生在学完本课程之后，都能较好地掌握国际音标，大部分学生明显提高了单词拼读和识记的能力，听说水平也有较大进步。基于笔者的教学实际，为更大地提高语音教学效果，笔者总结了如下两点建议：

一是本课程的设计主要是依据我校英语教师从多年积累的教学经验总结出来的学生语音问题而开设，随着近几年我校招生位次的不断提高，生源水平越来越好，为了更好地满足学生的需求，建议在课程开设之初对学生进行语音方面的问卷调查，了解学生语音实际水平和学习愿望，制定更有针对性的教学目标和教学重难点。对于语音基础较差的同学，单音的训练应放在首位，并在进行单音训练的同时培养学生对英语重音和节奏的认识；对于语音基础较好的同学则应将重点放在英语节奏与语调的训练上，以便提高这些学生英语话语的自然和流利程度。

二是学校虽然已经配备多媒体教室，但缺乏专业的语音教室。因此，为了更好地实现语音教学，建议实施小班教学。

英语语音课程是一门实践性很强的课程，在保证学生充足操练时间的基础上，我们还应该认真筛选教学材料，不断改进教学方式，最大限度地激发学生学习热情，保持学生学习兴趣，让学生切身感受到语音的魅力，助力学生英语学习。

南开大学附属中学

融合乡土地理　培养核心素养

——关于高中地理样本课程建设的若干思考

文/钱　芸　王　莹

一、学科课程开发思路

党的十九大明确提出：要全面贯彻党的教育方针，落实立德树人根本任务，发展素质教育，推进教育公平，培养德智体全面发展的社会主义建设者和接班人。在立德树人要求的指导下，新一轮的课程改革势在必行。高中地理学科的地理学科核心素养，包括人地协调观、综合思维、区域认知、地理实践力。要培养学生的地理核心素养，除了依靠国家规定的已有的课程资源，尤其是面对目前只有新课标，没有新教材的特殊情况，学校和教师必须要开发新的课程资源，并且要富有地方特色。因此，我们开发了津门地理探奇校本课程，以加强学科核心素养和学生探究能力培养为特色，旨在促进新课程改革背景下课程资源的更新，更重要的是践行新课程改革，培养全面发展的人才。

二、学科课程哲学

地理学是研究地理环境以及人类活动与地理环境关系的科学，具有综合性和区域性等特点，对于解决当代人口、资源、环境和发展问题，建设美丽中国具有重要作用。该校本课程旨在让学生通过系统学习掌握家乡天津的风土人情和风俗习惯，对天津地理特征形成深层次的把握，理论结合实际，探究生活的城市中存在的实际问题及其形成原因，并能够提出自己的意见和建议，保护家乡。最终目的是使学生形成人地协调观、综合思维、区域认知、地理实践力等地理学科核心素养，学会从地理视角认识和欣赏自然与人文环境，懂得人与自然和谐共生的道理，提高生活品位和精神境界，具备国家情怀和世界眼光，为培养德智体美劳全面发展的社会主义建设者和接班人奠定基础。

三、学科课程目标

（一）核心知识

本课程可以帮助学生了解天津地理环境的主要特征，天津社会经济、文化发展的特色及天津在可持续发展进程中所面临的主要问题。

（二）关键能力

本课程在编写过程中设计了有意义的探究活动，引导学生从现实生活的经历和体验出发，积极探究地理问题，提高学生的自主学习和探究能力。

（三）思维方法

本课程在编写过程中使用了大量的地图及统计图表，体现地理学科特色的同时，可以培养学生的空间思维和综合思维。

（四）学科品格

本课程中始终贯穿人类与地理环境协调的观念，可以培养学生形成关注地方、国家和全球地理问题及可持续发展的意识。

四、学科课程框架

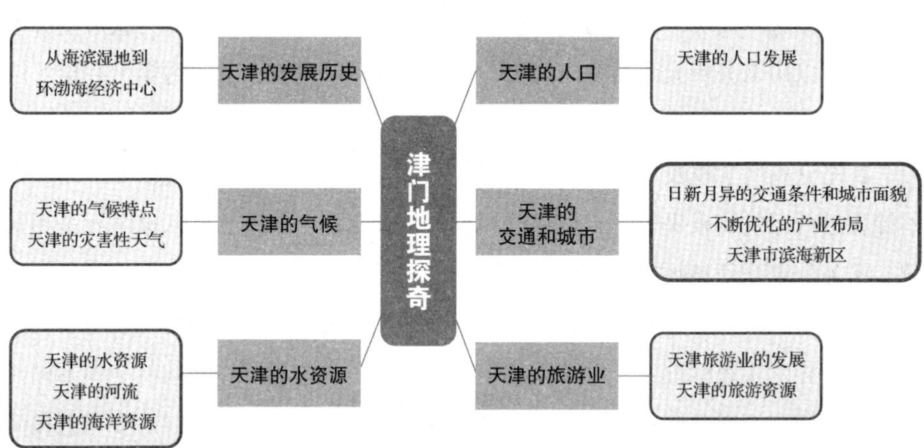

在新课程理念和目标的指导下，结合学校实际，津门地理探奇共编写六章十二课时。在内容的选取上，注重引用天津的历史及现实资料，突出反映天津的变化和发展，力求激发学生学习地理的兴趣，提高地理学习技能，培养积极向上的情操和正确的价值观。该课程理念为："悦动生心，多元发展"。课程目标为："学科核心素养培育立德树人"。

在这样的课程理念和课程目标下，该课程最终的落脚点是学生地理素养及地理学习思维的建构，学生学习能力全面发展。该课程融合了育心课程、实践课程、比较研究课程、课程设计类课程、素养类实施课程，充分体现国家基础性课程、特色课程、拓展课程、研究性课程的相互融合，每一课时都包含了视频、幻灯片、文档等至少三种学习资源，而且还在其中适当的地方设置了相关问题，以求达到让学生学以致用的效果，加深对学习内容的理解。

五、学科课程实施与评价

（一）学科课程实施策略

校本课程的出发点和落脚点是促进地理学科育人价值实现，利用概念同化、任务驱动、决策教学、时空结合等课堂教学策略。在道德价值实现方面，重点利用角色扮演、道德讨论等教学策略；在审美价值实现方面，重点采用明理探源、文化寻踪等教学策略。

1. 日常教学中进行渗透。高中地理课程中蕴含的大多数地理原理和规律都可以运用到天津的地理环境特征及具体问题的分析中，尤其是人文地理知识部分。如"城市"这一模块，其中的城市化、城市的功能分区、地域文化与城市发展等知识都可以用来分析天津的发展历史、交通和城市等内容，这些为学生在学习津门地理探奇这一课程奠定了知识基础。

2. 充分利用学校校本课程。学校在高一高二安排了校本课程选修课，这就为本课程进行课堂实践提供了一个绝好的平台，既有利于学生更深入地学习基本知识，又为生生互动和师生互动提供了机会，我们可以在课堂中组织学生就某一个问题进行讨论、分析、解决，教师也可以适时进行有针对性的指导，利用本校独特的图像导学法教学模式，对课堂教学进行拓展，学生利用校本教材中的不同模块专题，结合地理必修课程的学习，进行图像分析与图像的学习，从根本上提高学生的学习效率。

3. 与科技活动相结合。天津市青少年科技大赛及“美境行动”活动等科技活动每年都会举行，这些活动的很多主题是和课程中相关的环境保护内容相通的，所以我们让校本课程建设与科技实践活动相结合，形成教育合力，让课程中的探究活动真正付诸于实践。学生在实际的收集信息、调查研究、分析数据、撰写报告等实践环节中，对问题的认识会得到深化和升华，既有利于培养地理核心素养中的地理实践力，又可以增强学生的团结协作能力。

（二）课程管理与评价

地理核心素养的提出，要求教师反思日常教学和评价的方式和方法，在继承传统教学优点的基础上，尝试更多地运用学生思维结构评价、表现性评价等，要将过程性评价与终结性评价相结合，用评价引导学生在课程学习中学会认知、学会思考、学会行动。《课程标准》评价方式作出了如下要求：思维结构评价关注地理学习中表现出来的思维结构的个体差异，如提供给学生开放式问题，让学生回答问题的思维过程。每次在常规测试中有意识安排一两道思维结构测试题，思维结构评价可避免以往测试中单纯以知识点为评判标准的不足，从而关注学生的思维结构。表现性评价是指学生在真实情境中完成某项任务或任务群时所表现出的语言、文字、创造和实践能力的评定，也指对学生在具体的学习过程中，所表现出的学习态度、努力程度以及问题解决能力等的评定。如对开放式问题的笔试评价、对成果问题的实际操作过程和展示的评价等。

依照新课改的课程评价要求，该课程设计了多样的评价方法，如学生出勤情况、作业完成情况（各占 30%）以及最终成果评价（40%），其中学生作品以专题作品集、小论文、主题调查的形式上交，成立学生作品档案，形成学科电子档案袋。另外，在学习过程中，设置了调查研究活动，学生自主选择关于天津的话题，进行走访、调查，学生将课下搜集到的资料，自行筛选、整理、归纳、制作、展示，教师全方位、全过程对学生的表现进行评价，评定学生应用知识、整合学科内容，以及决策、交流、合作等能力，从而培养学生的核心素养。

六、学科课程反思与提升

津门地理探奇课程在实施过程中基本上达到了预定的教学目标，但是还存在着许多需要改进的地方。一是课程资源开发不够充分。本课程选取的课程资源主要来自于义务教育阶段的《天津地理》及网络上的相关资源等，资源收集渠道不够丰富，课程内容上也稍显薄弱。二是评价过程还应该再进行细化。本课程评价方式除了之前设定的评价方法，还可以参考新课程改革后的考试制度方案，如考核成绩由出勤情况、课堂学习和实践活动与模块考试组成，在评价主体上，改变评价主体的单一性，建立由学生、家长、社会、学校和教师等共同参与的评价机制，使评价结果更加公平，真正起到正确的引导作用。

天津市南开田家炳中学

以趣味物理综合实践　助学生发展核心素养

——对高中物理趣味课程建设的实践与思考

文/张　辉

一、学科课程开发思路

为落实立德树人根本任务，着力发展学生核心素养，发展素质教育的独特育人价值，推动新课程改革深化已经刻不容缓。由于课时限制与考试考纲要求，物理课堂教学难以兼顾个人发展与时代需求，往往顾此失彼。因而，开发物理学科的辅助性校本课程十分必要。

作为学科拓展性校本课程，趣味物理综合实践课程创造性地以兴趣为动力，以小组为形式，以自主探索、分析、建模、学以致用为主线，以小课题研究方式辅助高中物理课程，培养学生物理学科核心素养。学生逐步形成从物理学视角解释自然现象和解决实际问题的能力，模型建构、科学推理、科学论证及质疑创新等科学思维，能够基于观察和实验进行科学探究，充分认识科学·技术·社会·环境关系。

二、学科课程哲学

物理学基于观察与实验，建构物理模型，应用数学等工具，通过科学推理和论证，形成系统的研究方法和体系。趣味物理综合实践课程旨在辅助学科教学，使学生建立理想信念与社会责任感，发展科学文化素养和终身学习能力，形成自主发展和沟通合作的能力。课程注重选择性，设计多样化课程内容，精选科学实践，激发学习兴趣、唤醒发展潜能，实现学生自主发展、特色发展；课程注重时代性，与生产生活、现代社会及科技发展联系，反映当代科学技术发展的重要成果和科学思想，同时关注物理学技术应用带来的社会问题，培养学生的社会参与意识和社会责任感；课程注重多样化，创设学生积极参与、乐于探究的多种学习情景，引导学生理解物理学科本质，形成科学思维，增强科学探究能力和解决实际问题的能力；课程注重过程评价，关注评价诊断功能和激励功能，帮助学生认识自我、建立自信，改进学习方式，发展核心素养。

三、学科课程目标

（一）核心知识

学生逐渐形成运动与相互作用观念、能量观念等物理观念，并能运用物理知识解释自然现象和解决生活中的实际问题。

（二）关键能力

学生逐渐形成建构模型的意识和能力，能运用科学思维方法，从定性和定量两个方面对相关问题进行科学推理、找出规律、形成结论。

（三）思维方法

学生逐渐形成科学探究意识和能力，乐于合作，尊重他人，能熟练运用多种方法和信息技术手段分析、处理信息，描述并解释探究结果，评估并反思。

（四）学科品格

学生逐渐形成探索自然的内在动力，关注科技发展现状与趋势，了解物理研究和成果的应用应遵循的道德规范，认识科学·技术·社会·环境关系，具有保护环境、促进可持续发展的责任感。

四、学科课程框架

在新课程改革背景和核心素养的导向下，趣味物理综合实践课程从整体框架上将物理科学与技术、社会、环境结合起来，具体表现为物理建模与信息技术关联，物理科普与生活应用关联，科技创新与影视艺术关联，科技成果与道德规范关联等实践活动和课题研究。

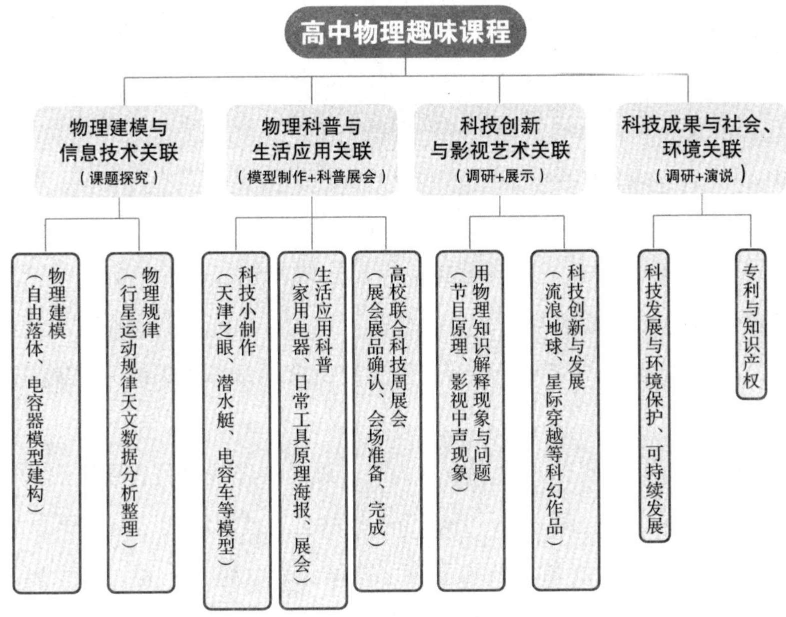

五、学科课程实施与评价

（一）学科课程实施策略

趣味物理综合实践课程以兴趣为动力，以小组为形式，以自主探索、分析、建模、学以致用为主线，以小课题为研究方式来开展。课程形式灵活多变，内容新颖有趣，通过课题研究、模型制作、科普展会、公开演说等一系列实践活动，向学生渗透物理观念、科学思维、科学探究、科学态度与责任等物理学科核心素养，为学生的终身发展、人类科学事业的传承与社会的发展奠定基础。

课程模块一：物理建模与信息技术关联。该模块课程以分组小课题形式开展，课题主要分为物理建模（如自由落体、电容器模型等）与物理规律研究（如行星运动规律等）两类。

课程结合核心素养导向下的教学要求以及大数据时代信息技术的优势，为学生创设真实情景，引导学生将生活情境转化为物理表述、现象或问题，设计实验方案，借助传感器、数据采集器、计算机等工具进行实验，获取更直观、精确的数据信息或图表，并通过软件分析、处理数据，得出合理结论，交流讨论。

该模块课程主要培养学生的科学思维、科学探究能力、严谨的科学态度、信息分析与处理能力、团队合作与交流能力等有助于学生终身发展的关键能力与必备品格。

以“电容器”为例，课程为学生创设真实情境（电容车），引导学生将生活情境转化为物理表述和问题，设计实验方案，借助电流—电压传感器、数据采集器、计算机等工具进行电容器充、放电实验，获取更直观、精确的 I–t 和 U–t 数据信息，并通过软件分析、处理数据，得出合理结论 C=Q/U，交流讨论。该课题研究过程培养了学生的科学思维、科学探究能力、严谨的科学态度、信息分析与处理能力、团队合作与交流能力等与学生终身发展息息相关的关键能力、必备品格。

课程模块二：物理科普与生活应用关联。该模块课程以科普展览形式开展，主要分为科技小制作、生活应用科普、与高校联合科技周展会三类活动。

科技小制作展区的展品主要为天津之眼摩天轮、港澳大桥、潜水艇、录音机、电容车等兼具文化与科技意义的模型，由各小组利用趣味物理综合实践课上时间制作组装完成并展示。模型制作与展示过程丰富了学生对国家发展（航天、深海探索、桥梁）的了解，提高了学生动手能力，辅助高中物理学科课程教学，加深对概念与规律（圆周运动、万有引力与航天、电磁学等）的理解。以摩天轮模型为例，学生亲手制作天津之眼摩天轮模型，体味其文化韵味，深入了解其结构，在展示模型、解说原理中加深对竖直面圆周运动（杆模型）的理解，形成相互作用与运动观念，从物理学视角解释自然现象和解决实际问题。

生活应用科普展区主要包括冰箱、微波炉、空调等家电，指甲刀、花剪等生活用具。原理示意以海报为主，海报制作与解说工作由各小组自主完成，小组同学分工合作完成文稿、配图、排版、印刷、解说工作，综合提高学生核心素养。科普展区包括风筝制作展区，由传统风筝工艺传人现场解说，带领同学们现场制作属于自己的小风筝。

与高校联合进行科技周活动，学生们担任志愿者协助高校教师在中学校区内进行科普进校园活动，开拓视野、增长知识。穿墙而过演示仪、悬浮地球、音乐喷泉等众多演示仪器趣味横生，知识竞赛活动更是让同学们受益匪浅。

该模块从对知识价值的认识（知识价值观）、对学习的直接兴趣（学习兴趣）、对自身学习能力的认识（学习能力感）等多方面提升学生学习动力，为新高考物理学科遇冷破冰添薪，过程中多方位培养学生的核心素养。

课程模块三：科技创新与影视艺术关联。该模块课程以“影视作品中的奥秘”为主题开展，自选影视作品分为A类：用物理知识解释现象与问题（如男生女生向前冲原理、影视作品中声现象等）和B类：科技创新与发展（流浪地球、火星救援、星际穿越等科幻作品）。

课程以小组形式开展，理论结合实际，学生从科学角度审视作品，并针对作品中情境进行分析解释。以《男生女生向前冲》节目为例，学生利用物理学中圆周运动、传送带模型、平抛运动等知识点，揭秘闯关者从平台跳入一个竖直旋转的转盘内、从高台跳上逆行传送带、从水平运动缆车上跳入水中孤立平台过程避免落水的神秘技巧。学以致用，是对学生科学素养的一种检验，也体现了科学、技术、社会、环境（STSE）关系与理念。以星际穿越为例，学生就太空探索过程中展现的虫洞、四维空间、黑洞、空间站等问题，通过网络、书籍等手段进行学习，了解新知识，从客观视角关注未来科技与创新。

当前，世界正在经历百年之变局，新一轮科技革命与技术进步为我们带来挑战与机遇。创新凝聚力量，决胜未来。该模块课程着力培养学生的创新意识、批判思维，使学生能基于强大证据大胆质疑，从不同角度思考问题，追求科技创新。

课程模块四：科技成果与社会、环境关联。该模块课程以演说形式开展，演说内容包含：科技发展与环境保护、可持续发展，专利与知识产权保护。

小小演说家们自主查询资料完成精彩演说，并从中正确认识到科学的本质：科技是第一生产力、科技成果的应用应遵循道德规范、科技发展与环境保护共赢、知识产权保护与发展同步。从国家层面而言，实施科教兴国战略、人才强国战略和知识产权战略，是推进创新型国家建设的必要条件和根本保证。实施知识产权战略，营造良好的知识产权法治环境、市场环境、文化环境，将大幅提升我国知识产权的创造、运用、保护和管理能力，培养创新型科技人才队伍。

（二）学科课程管理与评价

趣味物理综合实践课程采用教学班与行政班并行的管理模式，建立有专用活动教室，教室中配备有组合蜂巢式桌椅、宇宙与航天穹顶等硬件设施，学生在物理天地进行“物理味道”的课程活动。课程评价采用教师评价、学生自我评价与同伴评价相结合的综合评价方式，学生综合评价为个人评价 ×35%+ 团队评价 ×35%+ 教师评价 25%+ 出勤 5%。课程采用主体多元、方式多样的评价方式，关注实践参与过程，关注学生的个体差异，合理利用评价诊断功能和激励功能，帮助学生认识自我、建立自信，改进学习方式，培育核心素养。

六、学科课程反思与提升

趣味物理综合实践课程以学生为学习的主体，以趣味为学习的动力，以课题探究、模型制作、演说、调研等为学习展开的方式，既能够从物理观念、科学思维、科学探究、科学态度与责任四个方面有效培养学生的物理学科核心素养，也能够有效帮助学生学会交流、合作、包容。但从实施情况来看，课程在活动内容安排上缺乏层次性，多数课程内容需要学生“跳一跳”才能完成，部分学生遇难便退。为调动该部分学生积极性，课程将进一步细化，采取分层任务、激励评价的方式，帮助学生树立信心，激发兴趣。

天津市崇化中学

突出科技创新精神　培养知识产权保护意识

——IP-STI 综合实践课程建设的实践与思考

文 / 王利军

IP-STI 综合实践课程是天津市第四十三中学基于学校多年来形成的科技活动特色与全国知识产权试点校经验，经过梳理总结和二次开发的成果。IP 即 Intellectual Property（知识产权）的缩写，是伴随人们法律意识苏醒而出现的一个词汇；STI 即 Science & Technology Innovation（科技创新）的缩写，是原创性科学研究和技术创新的总称。

IP-STI 综合实践课程的开发，既基于学校成为全国知识产权试点校和天津市知识产权示范学校的契机，也契合了高中课程改革的需要。学校着力梳理课程方案，凝练出“一体两翼三层”的课程体系。学校整体课程可梳理为主体奠基类、融合拓展类、研究发展类三个层次。知识产权与科技创新类课程散落在各个层次，思路并不清晰。为此，我们重新梳理了相关课程，整合并两次开发，形成了 IP-STI 综合实践课程。

一、学科课程开发思路

首先，全员普及与特色发展相结合。课程设置既有面向全员的普及性讲座，有全体参与的小课题研究，又有基于个性特长的项目实践，助力学生乃至学校的特色发展。其次，项目实践与课题研究相结合，项目实践借助校本课和社团活动的时空要素，以科技竞赛项目驱动，与学校课程有机整合，同时将与知识产权问题相关的小课题研究贯穿始终，在导师指导下将实践提升到理论层面。第三，校内修习与校外体验相结合，整合校内外资源，更加直观、深入地走入社会，加深对知识产权与科技创新的理解。第四，教师发展与学生成长相结合，不断挖掘教师科学素养，拓宽 IP-STI 教育领域，突出科技创新精神、知识产权保护意识的培养，发展学生核心素养。

二、学科课程哲学

本课程以学校开发为主，学生自主参与完成。基于学生经验，在生活情境和社会实际中发现问题，转化为活动主题，将知识产权知识的理论教育和实践整合在一起。本课程通过探究、服务、制作、体验的方式，培养学生综合素质的跨学科实践性课程。课程评价主张多元评价和综合考察，对学生的活动过程和结果进行综合评价。依据校情、学情，我们对各类活动内涵和要素作了梳理和必要规范，努力践行新课改理念，在活动中普及知识产权知识，培养学生科技创新精神。同时发挥中学知识产权教育的辐射带动作用，通过“教育一个学生，影响一个家庭，带动整个社会”，落实学生发展核心素养，提升综合素质，开拓本课程教学新局面。

三、学科课程目标

（一）核心知识

向学生普及科技创新与知识产权知识，扩大学生的科学视野，初步领会科学的本质，崇尚科学，破除迷信。

（二）关键能力

培养学生的科技创新能力和实践能力，激发学生的科学兴趣、创造能力，树立知识产权意识。

（三）思维方法

使学生在实践活动中体验科学探究的过程，学会一定的科学思维方法，以解决学习、生活、工作和社会决策中所遇到的问题。

（四）学科品格

培养学科品格，引导学生养成关注科学、技术和社会之间相互关系的习惯，正确形成对待科学的态度和价值取向，树立社会责任感。

四、学科课程框架

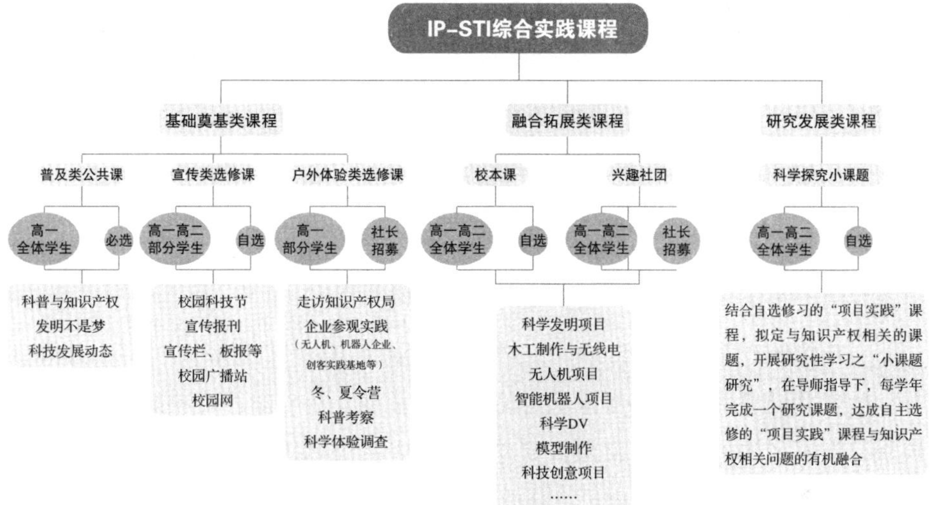

五、学科课程实施与评价

（一）课程实施策略

1. 以普及科学知识为主的知识性科技创新与知识产权教育专题活动项目的实施。一为面向全体学生的基础性课程中的科学领域课程，如物理、化学、生物和地理等学科教学。二为面向科技爱好者和科技方面表现突出者的科技类兴趣型课程。三为实践型课程，如科技报刊与宣传展板的制作与展出、每年校园科技节、科技主题班会、科教片放映、以科技创新与知识产权教育为主题的参观体验活动、建设学校科技创新与知识产权教育网站等。四为学生科技社团的研讨交流活动。

2. 以培养具体技能为主的技能性科技活动项目的实施。一是面向全体学生的基础性课程中的技术领域课程，如信息技术、通用技术的必修课和选修课教学以及科学领域课程的实验教学。二是实践型课程中的科技作品制作和技能操作比武，以及科技发明技法培训和科学试验表演等。三是研究型课程中的科学研究原理、方法培训，以及学生在进行课程研究的过程中的自主学习。

3. 以问题为中心的培养探究能力的科技研究项目的实施。通过研究性学习课程的实施，将学科教学中的教学探索活动和项目实践课程中的体验收获升华为与知识产权、科技创新相关的小课题，在课题研究中提升理论研究水平。

4. 综合运用知识、技能和探究方法的创新性科技项目的实施。以实践型课程中科技节活动的开展为载体，以其他相关课程的开设为基础，激发学生的兴趣，提供必要的指导，在学校科技活动指导教师的组织下，通过学生自主开展知识产权小课题研究活动和发明创新制作活动来实施。

（二）课程管理与评价

包括学生自评、互评、小组评价、教师评价四部分，根据学生活动表现，记录课程基本学分和绩优学分，高一高二学生参加。

1. 基础分。考勤：分值 30 分，教师统计学生出勤情况。活动参与：分值 20 分，师生共同评价。对参与课堂讨论、主题活动、参与学习资料的收集整理、跨媒介资料的辨识性评价、是否具有独立思考的表达等内容在每节课做好详实记录，供评价使用。成果展示：分值 30 分，教师评价。学生可自行组成不超过 4 人的研究小组，整理一学期学习成果，选择共同研讨的某一个话题或者自行选择话题，收集至少 3 种媒介对同一话题的表达，就一个主题进行辨识性评价，形成书面材料（如研究报告、研究论文、作品、小论文和 PPT 等，鼓励跨媒介展示），学期末进行汇报展示。特别贡献：分值 20 分，师生共同评价。在课程实施、活动组织等方面的特殊贡献。

2. 其他分。作品发表和表演等；优秀作品和活动积极分子评选表彰和奖励；推荐优秀创新发明作品和信息技术作品参加省、市创新大赛；学校投入资金请专利公司把关学生优秀发明作品申报国家专利；以上得分最高前三名，获 IP-STI 综合实践课程奖。

六、学科课程反思与提升

（一）学科课程反思

1. 中小学科技创新与知识产权教育的内容与形式要符合学生的认知特点和认知水平，要特别强调选题的探究性、可操作性、应用性、时效性。

2. 积极鼓励学生动手动脑、主动参与实践，体验感受，积累经验。适当组织竞赛活动，建立科学的评价体系与适当的奖励机制，有效地激发学生参与科技创新与知识产权教育活动的积极性和创造性。

3. 知识产权与科技创新教育是为培养创新人才奠定基础的教育，重在开发学生的身心潜能，全面提高学生整体素质和发展学生个性特长。

4. 知识产权与科技创新教育实践活动中，教师既是组织者、指导者，更是参与者，要发挥教师主导作用。导动机、导兴趣、导方法、导思维。但是对应的课程对应自编教材尚需完善，专业型教师队伍的专业能力也有待进一步提高。

（二）学科课程提升

学校开展 IP-STI 综合实践课程的过程，是知识转化为智能的过程。所以本课程的优势特色是发展智能、培养知识产权意识、创新精神与实践能力。学校要深入探究知识产权教育与科技创新教育之间的契合点，将知识产权教育与学校教育深度融合，进一步梳理相关课程群。今后将重点做好三方面课程提升工作：一是挖掘国家课程各学科教学中与知识产权、科技创新相关的内容，梳理相关研究课题，指导学生的研究性学习；二是以学校科创中心建设为契机，在原有校本课、社团活动基础上，形成相关项目实践课程的特色，为学生参加各级各类赛事提供更好的平台，同时进一步提升专利成果的含金量；三是进一步扩大校内外合作，将科技体验活动与学校研学旅行结合，打造常态化、特色化系列体验活动。

天津市第四十三中学

以趣味数学　助学生发展

——小学数学趣味课程建设与实践

文／燕　芬

一、学科课程开发思路

《课程标准》中鼓励地方和学校开发“以提高学生的数学学习兴趣，满足学生的需要为基础的多样化校本课程”。为深化课程改革，南开区“十三五”教育规划中提出：加快推进新课改理念下中小学课程建设，精读细研课程标准，推进国家课程校本化和校本课程的研究开发，加强课程资源体系建设。南开区教育中心为推进此项工作，明确提出各学科要从区域层面开展特色课程项目的培育推进工作。面对生活经验、家庭教育、知识基础、兴趣爱好等存在很大差异的我区各校生源，在小学数学学习中，仅限于同一本教科书，整齐划一地学习相同的内容，显然不能满足学生个性化发展。

笔者带领南开区骨干教师团队开发了小学数学趣味课程。本课程是对国家规定的第一学段数学学科课程的补充，我们根据学生的年龄及认知特点，以发展学生数学核心素养为导向，在整体把握现有小学数学教科书知识体系和结构的基础上，将教材中的数学知识，通过精选、融合、创编、拓展、延伸，研发出适合学生学习的小学数学趣味课程。通过搭建课内外学习平台让趣味课程内容展现在学生的视域里，融入到学生的学习活动中，进而发展学生的数学能力，为后续的数学学习打下良好的基础。

二、学科课程哲学

《课程标准》指出：数学是研究数量关系和空间形式的科学。数学与人类的活动息息相关，特别是随着计算机技术的飞速发展，数学更加广泛地应用于社会生产和日常生活的各个方面。数学作为对客观现象抽象概括而逐渐形成的科学语言与工具，不仅是自然科学和技术科学的基础，而且在社会科学与人文科学中发挥着越来越大的作用。义务教育阶段的数学课程具有公共基础的地位，要着眼于学生整体素质的提高，促进学生全面、持续、和谐发展。

本课程的设计主要凸显三方面：一是遵循学生的认知规律和心理特征、激发学生的学习兴趣，激活学生学习内驱力；二是学生掌握必需的数学基础知识和基本技能的同时，发展数学能力；三是结合数学科学本身的特点、体现数学科学的精神实质，培养应用意识和创新意识，使学生在情感、态度与价值观等方面得到发展。

三、学科课程目标

《课程标准》将九年义务教育划分为三个学段，并设定了每个学段的目标。结合第一学段的课程目标，小学数学趣味课程的主要目标体现如下几点：一是促进学生掌握基本知识、基本技能，获得一定的数学基本思想、基本活动经验。二是体会数学与生活之间、数学知识之间及数学与其他学科之间的联系，不断发展基于数学核心素养的数学能力，数学能力包括语言能力、运算能力、逻辑思维能力、空间想象能力等。三是感受数学的趣味和魅力，接受数学文化的熏陶，了解数学在生活中的价值，提高学习数学的兴趣，增强学好数学的信心，激活学习内驱力，养成良好的学习习惯，不断提升数学素养。

四、学科课程框架

在课程建设过程中，我们注重教材内容与学生经验和社会生活的联系与融合，将课程的内容主要定位在“数与代数”和“图形与几何”两大领域。课程的开发遵循两条路径，一是沿袭现行小学数学教科书编排的足迹，从横向、纵向梳理知识体系，选取教材核心内容进行合理的补充、重组，并结合教学进度设计趣味课程。二是挖掘现行教材内容（如星号题、思考题等）中可适度延伸、拓展的教学内容，来设计研发小学数学趣味课程。

围绕小学数学趣味课程目标，把握学生的需要和认知特点做到精心选材、凸显趣味。通过实践探索，我们从四个板块开发了数学趣味课程内容。 在课程设计过程中，团队成员不断学习与实践，逐渐聚焦如下内容的研究与论证。

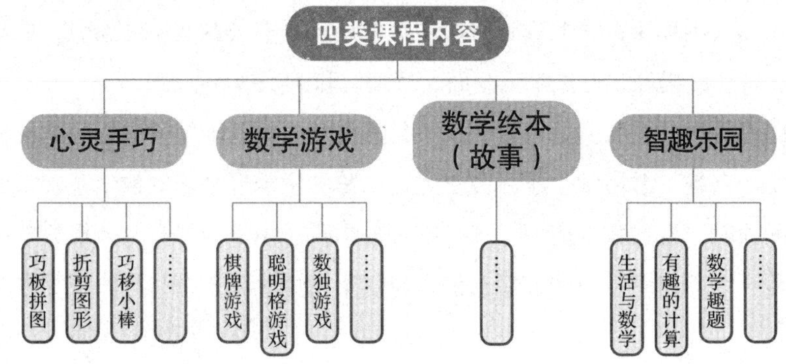

五、学科课程实施与评价

（一）学科课程实施策略

小学数学趣味课程的实施首先由基地校骨干教师及团队成员承担。实践中，结合教学进度与内容，我们不断地将小学数学趣味课程与常规数学教学有效结合，利用数学课时间、兴趣组活动时间等，每周都会选取相应的趣味课程内容进行学习，在此过程中不断创编、完善课程内容。然后在区级教研活动中将成熟的课程进行展示推广，引领更多教师参与课程的开发建设与实践。为了满足更多学有余力的学生的学习需求，我们在“云动”课程资源平台上研发了线上课程。课程学习主要采用如下三种方式：

1. 校内师生互动的课程学习。对于四个板块课程的内容学习，注重师生的互动。以教师的有效引领撬动学生数学思维能力的发展。如开展数学绘本课，即选择与教材内容有很高契合度的数学绘本作为教学资源，通过对数学绘本内容删、改、编，用学生感兴趣的数学情景代替教材情境，开展数学学习。在课程实施过程中要做到基于学情，确定恰当目标，有些内容虽然适用于不同年级，但在目标定位上、难易程度上有所区别。如有趣的七巧板课程，一年级进行选巧板拼认识的平面图形，依样拼图、依影拼图活动；二年级则进行自创作品+故事解读活动。在课程实践中，我们初步形成了一定的教学策略，如在组织游戏课程的实施时，需把握以下几方面，一是明确数学游戏规则。因为只有理解了规则，才能按照规则有序地开展游戏。二是注重在游戏中思考。游戏中要善于引发认知冲突，让学生思考获胜的原因，发现获胜的法宝，通过思考凸显数学游戏的价值。三是设立不同的游戏级别。让每一个学生都能在游戏中“比”起来、“赛”起来。四是游戏活动要灵活安排。受课时所限，没有专门的课时进行趣味课程的学习时，可以结合教学内容、教学过程以及数学游戏的目标、内容、形式，将游戏活动穿插在日常的数学教学中，还可以利用课后服务等时间段组织进行游戏活动。

2. 线上网络课程学习。利用课外时间，学有余力的学生可以采用网络在线的形式进行课程的学习。这种学习方式不受教学进度、教学时间、教学环境的限制，在家长的监督下，学生可以自主登陆“云动”课程资源平台，选择自己感兴趣的课程，在手机、电脑或 iPad 上进行在线学习，满足个性化的学习需求，发展学生自主学习能力。

3. 阅读图书的课程学习。阅读能力的高低，直接影响人的理解水平，解决数学问题的前提就是阅读与理解。随着数学绘本（故事）在教学中的开展，课下教师给学生提供的数学绘本，学生爱不释手，数学绘本课极好地调动了学生阅读的兴趣。为培养数学阅读习惯，教师可以结合各校实际为学生提供阅读书单，如《好玩的数学绘本》《我是数学迷》《数学帮帮忙》《从小爱数学》《李毓佩数学童话集》等数学绘本及数学故事图书，通过在校、区、市图书馆借阅，或本着自愿的原则选择式自购图书进行数学阅读，使阅读从校内延伸到校外，鼓励学生从亲子阅读走向自主阅读。有的教师还组建了数学阅读组，这不仅便于学生交换图书进行阅读，而且有利于学生交流分享阅读收获。这些做法促进着学生从“阅读”走向“悦读”，在提高阅读能力，感受故事带来情感体验的同时，深化对数学概念的理解、数学本质的感悟，从而积累数学经验，发展数学思维，提高学习数学的兴趣。

（二）学科课程管理与评价

数学趣味课程的落实，离不开评价的引导与支持。实践中通过多元评价，考查学生的学习水平，反馈学习成效，不断助推学生的学习热情，推动学生主动、持续地发展。

1. 校内师生互动的课程学习，主要根据学生的课堂表现，进行即时性的评价，评价有师评、生评和自评。力求通过评价激励学生在反思中参与学习。

2. 线上网络课程学习，平台会自动生成学习数据，及时对学生做出学习评价，当学生达到一定的标准，就能获得平台颁发的证书。另外，从区级层面我们会定期结合平台统计的数据，对各学校学生学习情况进行整体反馈。同时也广泛征集师生意见和建议，不断修改、补充、完善课程内容。

3. 在开展各种比赛中完成多元化评价，如数独游戏赛、巧板拼图赛等，在个人进阶赛中获得相应段位；在小组赛、年级赛中，获得奖励积分（小粘贴、小奖章）等，集到一定分值（数量）获得证书（或相应称谓、奖品等）。在开展数学周活动时，组织数学故事大王、数学绘本展演、数学绘本设计等评比活动，学生参与一项活动，可获得一枚印章，并结合获得大家点赞数量的多少，获得相应数量的印章，最终根据集章数量，获得不同的奖励。同时将比赛中获得优秀的作品在展牌上或平台上进行展示，让学生在比赛中获得荣誉感，从而增强自信激发兴趣。

六、课程反思与提升

小学数学趣味课程建设，是课程内容不断创生的过程，较好地解决了校本课程建设中存在的力不从心、发展不均的问题。基地校教师及区级骨干教师，为形成高品质课程资源库，共同努力打造趣味课程，从怎样开发课程，开发怎样的课程，如何评价课程的实施等方面不断实践与探索，由点的辐射、到线的联通，不断改进与完善。

当前，培植开发建设的趣味课程内容已形成典型系列课程，如学科课程建设基地校风湖里小学团队承担的巧板拼图系列课程、南大附小开展的棋牌乐园系列课程、南开中心小学进行的数学故事课程等已在教研活动中进行展示交流推广。

“云动”平台上的 36 节课程资源为学生提供了免费的学习资源，一方面，有利于引领一线教师根据平台上的优质课程资源，结合本校师情、学情，经过本土化取舍、改进、完善，使其成为适合本班学生学习的数学趣味课程资源；另一方面，有利于学生利用云动平台上的资源进行自主学习。可以说这些内容极大的丰富了教师的教学资源，也助推了学生数学素养的逐步提升。

当然，从推广及使用效果来看，还存在很多问题。如存在课程内容设置还不完善、教师重视程度的不同，导致学生课程学习的参与度在校际间存在着很大差距、受学校、教师、家长、学生等多方因素制约，数学绘本课程建设进程较慢等。针对存在的问题，现阶段正在进行分年级的课程细化，后期我们将通过学习、调查、研究找到化解方案，让小学数学趣味课程助力学生数学学习、快乐成长。

天津市南开区教育中心

悦动童心　多元发展

——新形势下小学生涯教育特色课程建设的思考

文 / 杜菲菲

一、学科课程开发思路

开展小学生涯教育是进一步改革和完善基础教育内容的重要举措，是遵循小学生成长规律、对小学生乃至其将来持续发展负责的内在要求，也是推动各类教育均衡协调发展、主动服务经济社会发展的现实需要。其有助于推进核心素养教育深入实施，为小学生适应未来学业生活乃至社会生活奠定坚实基础。开展小学生涯教育，能够帮助小学生更加理性地认识自己，培养自己的兴趣爱好，初步认识社会，了解不同的社会职业，并能学会对自己的人生进行初步规划。

然而生涯教育在国内的发展尚处于探索阶段，目前主要在大学、中学阶段开展，小学阶段基本没有涉及关于生涯的教育。但是，引导学生正确认识生涯的概念，在人生的早期阶段适时地进行生涯教育，在生涯认知、生涯选择规划方面进行初步的启蒙，这对学生自我认知与人生的发展具有重要的意义。

笔者带领咸阳路小学骨干教师团队开发了小学生涯教育特色课程。本课程的开发是在生涯理论的指导下，结合学校“悦动童心，多元发展”的办学特色，在充分考虑学生的需求和学校的资源基础之上进行的一次探索与尝试。本课程以“和谐统一”为目标，通过身与心的和谐统一，理想与现实的和谐统一，学习与生活的和谐统一，生命与生涯的和谐统一，同学关系、师生关系、亲子关系的和谐统一，五个维度设计了自我认识、人际交往、热爱生活、学习与时间管理、社会初探、生涯初探六个板块的生涯教育课程，帮助学生厘清人的发展与自我、学校、家庭、社会环境等多个要素之间的关系，满足学生多元生涯发展，为学生提供精神动力和人文关怀，提高生存与发展的质量，提升个人在生涯发展中的幸福感，为学生的长远发展打下坚实基础。

二、学科课程哲学

《中小学德育工作指南》《中小学心理健康教育指导纲要》指出中小学心理健康教育的主要内容包括：普及心理健康知识，树立心理健康意识，了解心理调节方法，认识心理异常现象，掌握心理保健常识和技能。其重点就是认识自我与尊重生命、人际交往与情绪调适、升学择业与人生规划、学会学习与适应社会生活。

本课程的设计主要凸显：一是指导学生增强对自我和人生发展的认识与理解，认识自我、发展兴趣；二是使学生掌握选择、主动适应变化的能力；三是引导学生树立正确的价值观，培养目标感和生涯规划的初步能力。课程目标以培养"有能力、会生活、讲道德的幸福人"为导向；课程开发面向学生的个体生活和社会生活；课程实施注重价值导向、活动体验和综合培养。

三、学科课程目标

（一）核心知识

认识自我与尊重生命、人际交往与情绪调适、升学择业与人生规划、学会学习与适应社会生活方面的相关知识是小学生涯教育课程的核心知识。

（二）关键能力

通过本课程的学习，学生可以掌握学习和生活的能力，提升生命的价值，提高自主自助和自我教育能力，增强调控情绪、应对挫折、适应环境、分析问题、解决问题、以及成就今后幸福人生的能力。

（三）思维方法

小学生涯教育能让学生看到一生的发展，能让他们领悟到行为与后果的因果联系，培养了因果思维方法；小学生涯教育能让学生见识到社会中各种职业，培养了开放性思维；小学生涯教育能让学生正确地认识自我，培养正确的自我思维；小学生涯教育能让学生更加乐观积极，培养正向的思维方式。

（四）学科品格

小学生涯教育其独特的学科品格是培养有能力、会生活、讲道德的幸福人。

四、学科课程框架

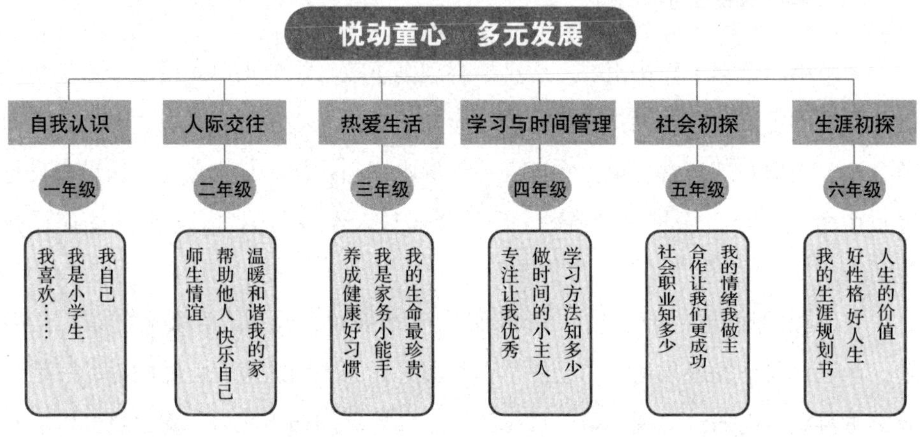

本课程共分为六个板块，共有 18 课时教学内容。

第一板块：自我认识，内容包含我自己、我是小学生和我喜欢。通过活动使学生初步认识自己，发现自己的优点，缺点，接受自己、喜欢自己。第二板块：人际交往，内容包含温暖和谐我的家、帮助他人快乐自己和师生情谊。活动目标是初步认识生活中不同角色的相互关系，感受生活中的爱。第三板块：热爱生活，内容包含我的生命最珍贵、我是家务小能手和养成健康好习惯。通过活动使学生珍惜今天的幸福生活，懂得生命的重要，提高自己的生存能力，从小培养自己的责任意识。第四板块：学习与时间管理，内容包含学习方法知多少、做时间的小主人和专注让我优秀。通过实践活动集中学生的注意力，提高学生的自控能力。第五板块：社会初探，内容包含我的情绪我做主、合作让我们更成功和社会职业知多少。活动目标是使学生认识到情绪对生活工作的重要意义，认识到合作的重要性和激发其学习的心理动机，初步规划自己的未来。第六板块：生涯初探，内容包含人生的价值、好性格好人生和我的生涯规划书，通过活动帮助学生认清生活中最有价值的东西，让学生了解自己的性格及能力，根据自己的理想和对未来职业的期望，初步设定自己的职业目标并尝试根据自己的情况设计生涯规划书。

五、学科课程实施与评价

（一）学科课程实施原则

1. 注重价值导向，即本课程在实施过程中是要帮助学生厘清自己的价值观，给予正确的价值导向，引导学生的价值观尽量符合社会主流价值观。

2. 注重参与体验，即学生在活动体验中进行反思，从而改变自己原先的思想认识和行为。

3. 注重综合培养，即从多方面着力进行教育。小学阶段的生涯教育更多的是生命教育，促使孩子学会尊重生命、理解生命的意义，学会积极地生存、健康地生活与独立的发展，并通过彼此间对生命的呵护、记录、感恩和分享，由此获得身心灵的和谐，事业成功，生活幸福，从而实现自我生命的最大价值。若想达到这样的目的，便不能从单一方面入手，课程的实施应涵盖学习、生活、休闲、职业、社会等多方面。

（二）学科课程实施途径

1. 课上与课下相结合。利用每周心理课时间，定期完成课上的生涯辅导课教学内容，利用课下时间进行相应课时的小学生涯教育微课。这个系列的微课程，是我校教师根据生涯教育校本资源编录而成的，对课程起到辅助教学和课后延伸的作用。

2. 生涯课与学科课相结合。由于课时限制，其教育效果会由于时间间隔太长而大大减弱。因此，我们组织学科教师进行集体教研，找到本学科与生涯教育课程的契合点，帮助学生寻找学科优势，挖掘个人潜能。如学科教师可以引导学生了解在哪些领域是必须运用该学科知识，学习本学科对自己现在和未来有哪些好处等。

3. 主题活动与实践活动相结合。教师利用课上和课余时间开展相关内容的主题活动，活动内容围绕生涯教育校本资源开展，并可加以拓展。同时利用素质拓展课、社会实践活动开展各种综合实践活动，如志愿服务、职业体验、参观学习等。学校会根据不同年级的教育主题组织学生参与校外实践活动，班级也可结合本班特点申请班级实践活动，由班主任向德育处申请后，便可组织学生到校外进行实践学习。

（三）学科课程评价

生涯教育不同于其他的学科教育，教师不能仅以成绩来衡量学生发展水平。所以通过生涯成长册进行综合评价是本课程主要评价方式之一。成长册主要分为爸爸妈妈对我说、个人档案、我的骄傲和成绩、精彩瞬间、我进步了、我的社会实践、我的志愿服务等项目。综合性的成长记录册有利于教师客观全面地分析、关注学生的发展变化，也有利于学生看清自己的成长轨迹、正确认识自己、随时确定或修正成长方向和目标。此外，教师还会通过访谈、课后活动小记以及学生作品了解他们参与生涯教育的主观感受。

六、学科课程反思与提升

本课程紧密贴合学校“让学习铸就成功人生，师生共享学习快乐”的办学理念，以及“悦动童心，快乐成长”的办学宗旨，让学生学在其中，乐在其中，为学生终身学习、终身发展、实现幸福人生打下坚实基础。课程内容针对各年级学生心理特点和发展需求设计，既着眼当下，又面向未来。结合学校其他课程及活动可以很好帮助学生初步树立正确的价值观、认识自我、发展兴趣，对学生的生涯发展起到一定指导作用，深受学生和家长们的喜爱。

然而本课程的设计内容还不够全面和系统化，需要进一步的充实和完善。要深入理解小学生涯教育的理念和覆盖的内容，才能更好地丰富修正本课程。另外，本课程还需与更多的心理学内容有机结合，特别是积极心理学，将培养学生积极心理品质作为生涯教育的重要部分。

生涯教育贯穿于一个人的一生，让学生们更早地正确认识自己、发掘潜能优势、悦动快乐童心、实现多元发展、树立成长目标，是势在必行之举。

天津市南开区咸阳路小学

群文阅读　乐学表达

——基于语文核心素养下的整本书阅读课程的思考

文／刘鑫彦

一、学科课程开发思路

随着课程改革的不断深入，《课程标准》明确提出要把培养学生的语文素养作为首要任务。针对当今小学生普遍存在的读书少、习作难的问题，在我校“勤朴敏健　强基铸魂”课程体系下，在“导学式”教学模式下，教师积极探索基于语文核心素养的整本书阅读与习作相结合的教学方式开发校本课程。

学校丰富的语文学科资源和深厚的语文文化底蕴，促使校本课程系列化、特色化、精品化。课程注重知识性、实践性、科学性、趣味性，通过不同的课型，帮助学生产生阅读期待，学会阅读方法，拥有阅读动力，积累读写经验，尝试创作表达，交流完善修改，步步推进，层层深入，让学生在轻松的氛围中学会阅读、学习写作、发展思维，使学生的语文核心素养得以提升。

二、学科课程哲学

（一）学科价值观

语文核心素养包括：语言、思维、审美、文化四个方面，是在学生积极的语言实践活动中积累与构建起来的。整本书阅读让学生在主动积极的思维和情感活动中，加深理解和体验，有所感悟和思考，受到情感熏陶，获得思想启迪，享受审美乐趣，积累语言经验，发展思维能力，逐步培养适应现代社会发展的必备品格和关键能力。

（二）学科课程理念

《课程标准》指出：培养学生广泛的阅读兴趣，扩大阅读面，增加阅读量，提倡少做题、多读书、好读书、读好书、读整本的书。因此，我校以全面提升学生的语文素养为出发点，以“以读为本，培养语感，发展思维，读写结合”为理念，以校本课程为平台，让学生在整本书阅读中乐学表达，全面提高学生的语文素养。

三、学科课程目标

（一）核心知识

理解文本的整体内容，理清文章的结构层次，准确把握作者的思想感情或观点；了解不同文体的特点，学习阅读整本书以及不同文体的方法并在阅读中积累语言，尝试写作。

（二）关键能力

运用多种方式研读文本，敢于发表自己在阅读中产生的独特的感受、体验与思考，提高感受、理解、欣赏和评价文学作品的能力；学习模仿阅读中精彩的片段，尝试个性化的表达，提高观察、思考、表达和创造的能力；养成爱读书、勤动笔的好习惯。

（三）思维方法

本课程采取“新书导读—学习方法—阅读推进—交流分享—创作互动—拓展阅读”的思维方法。

（四）学科品格

增强阅读兴趣，扩大阅读面，增加阅读量，提高阅读品味；关注现实，热爱生活，增强写作的兴趣和自信心；形成正确的世界观、人生观、价值观，形成独特的个性和健全的人格。

四、学科课程框架

（一）学科课程结构

根据《课程标准》、小学语文学科核心素养、小学生的发展特点以及不同学期学生身心发展的特点，本课程设置了新书导读课、阅读方法指导课、阅读推进课、阅读分享交流课、习作创作交流课、课外拓展阅读课六大类。以五年级下册为例：

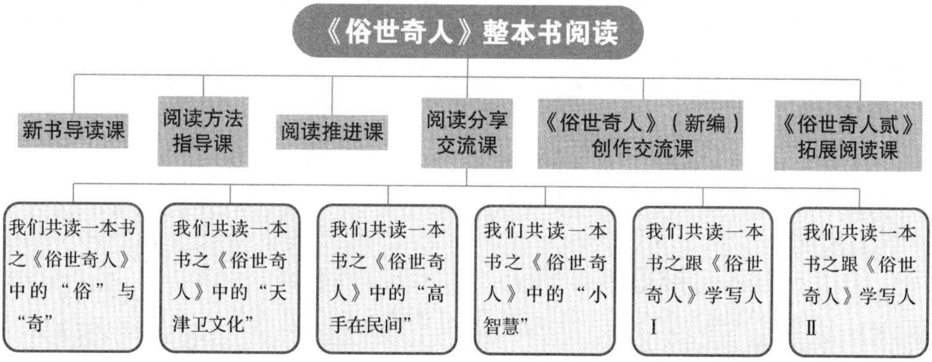

《俗世奇人》整本书阅读

新书导读课

阅读方法指导课

阅读推进课

阅读分享交流课

我们共读一本书之《俗世奇人》中的“俗”与“奇”

我们共读一本书之《俗世奇人》中的“天津卫文化”

我们共读一本书之《俗世奇人》中的“高手在民间”

我们共读一本书之《俗世奇人》中的“小智慧”

我们共读一本书之跟《俗世奇人》学写人Ⅰ

我们共读一本书之跟《俗世奇人》学写人Ⅱ

《俗世奇人》（新编）创作交流课

《俗世奇人贰》拓展阅读课

（二）学科课程设置

年级	学期目标	整本书阅读书目	跟着名著学写作	拓展阅读
一年级上学期	借助读物中的图画阅读浅近的故事，学习写好完整的一句话。	蒲蒲兰系列绘本	跟绘本学写句	爱心树系列绘本
一年级下学期	借助读物中的多幅图画阅读故事，理清故事的先后顺序，学习看图写一段话。	世界名著连环画	看图学写话	西游记系列连环画
二年级上学期	借助读物中的图画阅读故事，对感兴趣的人物有自己的感受和想法，学习编故事。	《父与子》	创编故事	《夏洛的网》《中国古代寓言故事》
二年级下学期	对感兴趣的事件有自己的感受和看法，学习日记格式，学写日记。	《爱的教育》	学写日记	《安妮日记》《今天我是升旗手》
三年级上学期	初步感知故事的大意，关心作品中人物的命运，创编童话。	《安徒生童话》	创编童话	《格林童话》《稻草人》
三年级下学期	初步感知故事的大意，感受作品中优美的语言，学习写信的格式，尝试写信（微博）。	《亲爱的汉修先生》	学写信（微博）	《寄小读者》《小王子》
四年级上学期	初步感知故事的大意，愿意与他人交流自己的感受，学习把一件事情写清楚。	《童年》	学写事	《柳林风声》《汤姆索亚历险记》

续表

年级	学期目标	整本书阅读书目	跟着名著学写作	拓展阅读
四年级下学期	能简单描述自己印象最深的场景，学习按照一定顺序表达的方法。	《格列弗游记》	学写游记	《海底两万里》《环游地球八十天》
五年级上学期	了解事件的梗概，关注事件之间的联系，从阅读中领悟做人的道理。	《草房子》	学写读后感	《鲁滨孙漂流记》《宝葫芦的秘密》
五年级下学期	了解作品布局谋篇的方法，描述自己印象最深的人物、细节，学习具体写出一个人的特点。	《俗世奇人》	学写人	《彼得潘》《长袜子皮皮》
六年级上学期	体会文章是怎样围绕中心意思写的，知道习作要围绕一个中心意思选材和写作，并能进行实践。	《城南旧事》	学写自传	《童年》《假如给我三天光明》
六年级下学期	了解事件梗概，简单描述自己印象最深的细节，学习写出自己的真情实感。	《三国演义》	学写小说	《青铜葵花》《小橘灯》

五、学科课程实施与评价

（一）学科课程实施策略

1. 保证整本书阅读的时间。每周一节校本课程，应保证开齐上足。课上，教师应将学习时间充分还给学生，让学生自读、自悟，品味语言的精彩，在小组交流和全班讨论中，获得启发，有所收获；培养学生不失时机地阅读，充分利用每天午休的时间开展“和教师一起读”活动，教师以身作则，静心阅读；利用每天睡前时间开展“和家长一起读”活动，让学生爱上阅读，让阅读成为一种习惯，让书香伴学生成长。

2. 加强整本书阅读的指导。教师必须认真备课，上好校本课程。课上向学生系统地传授读书的方法，包括合理安排读书时间、学记读书笔记等；课下对学生阅读情况进行科学的评估，及时了解学生读了多少，读得如何，教师要了然于胸，以便及时调整，进一步指导。课程围绕整本书阅读开设新书导读课，介绍精彩片段，激发阅读整本书的欲望，做好阅读规划；阅读方法指导课，归纳总结，发展思维，习得阅读整本书的方法；阅读推进课，检查阅读情况，感受阅读整本书的乐趣，培养阅读习惯；分享交流课，交流感受，分享阅读的收获与快乐，提高认知水平，积累习作经验；创作交流课，分享作品，激发写作热情；拓展阅读课，扩大读书面，提高阅读整本书的积极性。

3. 开展丰富多彩的活动。在此期间，教师应广泛开展丰富多彩的读写活动，如班级阅读之星的评选、猜猜他是谁、给冯骥才写信等创新形式的习作活动以及班级读书报的制作、“小荷才露尖尖角”习作班刊的出版发行等。在异彩纷呈的活动中展成果、奖先进、树典型，使学生在轻松快乐的氛围中读书与习作，逐渐成长、成熟起来。与此同时，引导家长积极参与，为孩子写读书寄语，真正实现家校共读，普惠每一个家庭。

4. 创造网络平台的互动。教师可以利用 iPad、手机微信小程序、Moodle 平台微课，为师生提供一个良好的交互环境，实现网络资源的共享。“群文阅读 乐学表达”系列微课，使学生在课余进行自主阅读，质疑释疑、迁移应用，满足不同层次学生的个性化学习，实现了线上线下一体化，使学生在轻松愉快的氛围下感受语言带给大家的乐趣，从而提升学生的综合素养。利用微信“读书打卡”小程序和 “班级读书”公众号，学生每一天的签到打卡让阅读成为了一种习惯，每天晒读书情况成为了学生源源不断的阅读动力。“习作小能手”微信投票，把学生之间、教师和学生、家长和学生、社会和学生连接起来，形成一个多维度、社会化、网络化的智慧育人空间，让更多的人参与进课堂，学生的学习兴趣高涨，提高学习的自主性和思维的活跃性。

（二）学科课程管理与评价

1. 针对学生的评价。课外阅读以学生阅读为主，提倡轻松阅读，快乐阅读，分享阅读，让学生充分汇报自己在课外阅读中的收获和成果，评价具有以下特点：

其一，综合性。要突出评价的发展性和激励性功能，评价内容应包括学习习惯、学习品质、学习态度、学业成绩、团队精神和独立处理问题的能力等，旨在真正通过课程评价帮助学生认识自我，建立自信，有利于学生个性的健全和潜能的激发，促进学生的全面发展。

其二，多元性。评价主体多元：建立由学生、家长、教师、社会等共同参与的评价机制。评价形式多元：讲故事、朗诵、演讲、读书知识竞赛、读书笔记展示、课本剧表演、读物插图设计、读书小报、好书推荐卡、习作班刊文章的发表等。评价手段多元：微信投票、朋友圈集赞、阅读打卡等。

其三，形成性。在评价学生的学习过程时，可以建立学生成长记录袋，重兴趣、重过程、重激励，以反映学生学习进步的历程，这有助于收集学生各方面的信息，保证评价的全面性和科学性，使学生获得成功的体验。

2. 对教师的评价。教师是课程的实施者，在课程实施过程中起着决定性作用。该校本课程实施水平评价主要围绕：教学目标、教学设计和教学效果三个方面开展。

教学目标上，是否符合新课程标准，切合学生实际，符合小学语文阅读核心知识、关键能力、科学思维和学科品质的培养。

教学设计上，是否符合不同课型的教学活动，设计结构是否合理，重点突出，以学生发展为本，发挥学生的自主性。教学机制是否灵活，贯穿学法指导，体现因材施教。

教学效果上，学生参与是否主动积极，敢于发表见解，课堂氛围和谐。学生的关键能力和学科品质有没有得到落实。

六、学科课程反思与提升

在该校本课程中，将整本书阅读与习作有机整合起来，使学生在阅读过程中，层层深入，步步推进，积累习作经验，产生了对阅读与写作的兴趣，全面提升学生的语文素养。

基于核心素养下的整本书阅读研究刚刚起步，很多问题还需要不断地整合与探究。如何更好地实现学科之间的融合互促，如何创新整本书阅读学习任务单……这些都需要教师在实践中不断探索和改进，使得整本书阅读走向每一位学生，走进每一个家庭，让书香浸润每一个学生的心灵。

天津市南开区中营小学

开展童谣启蒙　谱写诗意童年

——爱上童谣校本课程的实践与探索

文 / 何炫龙

一、学科课程开发思路

随着《中国学生发展核心素养》研究成果的发布，天津市南开区中心小学也对如何提升学生的核心素养进行了深入思考。我们大胆创新，进行爱上童谣校本课程实践，以期通过童谣校本课程的研究，促进学生和谐发展，传承中华传统文化，开启智慧，启蒙人生。

孔子曰："小子何莫学夫诗？诗，可以兴，可以观，可以群，可以怨。"中国传统教育便是通过诗歌来对民众进行教化，我们的祖先将《诗经》作为五经之首，对学生进行启蒙。童谣就是儿歌，是有韵的诗。正如孔子所言，"不学诗，无以言。"童谣校本课程帮助学生从仿到创，由诵读童谣、欣赏童谣入手，感受想象的神奇、文字的优美、语言的趣味，还可以进行大胆的创作，从小读者变成小诗人、小作家。

从幼儿园升入小学，学生逐步由形象思维转化为抽象型的逻辑思维。童谣的学习难度低于传统的诗歌教学，不仅能够传承中华优秀的诗教文化，还可以帮助学生逐步学会诗意表达。结合我校"养正美言行，善学益才智"的校训以及语文学科的教育特点，我们尝试以"诗意教育"为依托，开发爱上童谣校本课程，力图在读诗、赏诗、写诗、用诗的过程中使学生得到多方面的教益，发展学生的语文学科素养。

二、学科课程哲学

（一）学科价值观

爱上童谣校本课程秉持立德树人的教育理念，遵循学生的年龄特点和身心发展规律，选取优秀童谣和儿童诗，以期通过优秀文化的熏陶感染，促进学生和谐发展，使他们提高思想道德修养，培养审美情趣，逐步形成良好的个性和健全的人格。

（二）学科课程理念

爱上童谣校本课程注重激发和培育学生热爱祖国语言文字的思想感情，引导学生丰富语言积累，培养语感，发展思维，初步掌握童谣创作的基本方法，激发学生的想象力，从而使他们正确运用祖国语言文字。通过该课程的实施，使学生初步在诵读、学习、创作童谣的过程中，善于运用祖国语言文字进行交流沟通，吸收中华优秀传统文化，提高思想文化修养，全面提升语文素养。

三、学科课程目标

（一）核心知识

通过诵读优秀童谣、诗歌，多角度感受传统文化的独特魅力，增进对中华优秀文化的了解，欣赏蕴含其中的传统美学元素，培养学生热爱祖国传统文化的感情。

（二）关键能力

在诵读、欣赏童谣的过程中，引导学生自主阅读，初步掌握阅读童谣的基本方法，培养对童谣、儿童诗的鉴赏能力，提高文学素养。

（三）思维方法

调动学生阅读童谣的积极性，使学生建立浓厚的阅读兴趣，乐于阅读诗歌类的文学作品，养成诵读和积累的习惯，能产生对诗歌的独特感受并与同学分享。

（四）学科品格

展开丰富想象，激活言语思维，强化言语表达，尝试进行童谣创作。

四、学科课程框架

在课程实践过程中，侧重于将校本课程内容与学生识字量、对诗歌的理解能力以及语文教材进行衔接，将课程内容主要确定为童谣、诗歌学习与欣赏和童谣、诗歌创作两大板块。同时根据各年级学生的年龄特点，不同年级的课程教学在内容编排上呈现出不同梯度。

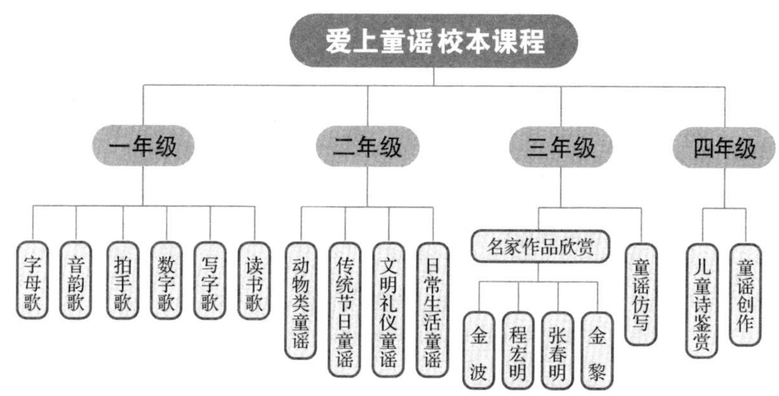

围绕爱上童谣校本课程目标，为了让学生从童谣中启蒙，感受诗意童年，我们通过实践探索，分年级开发了爱上童谣校本课程内容。

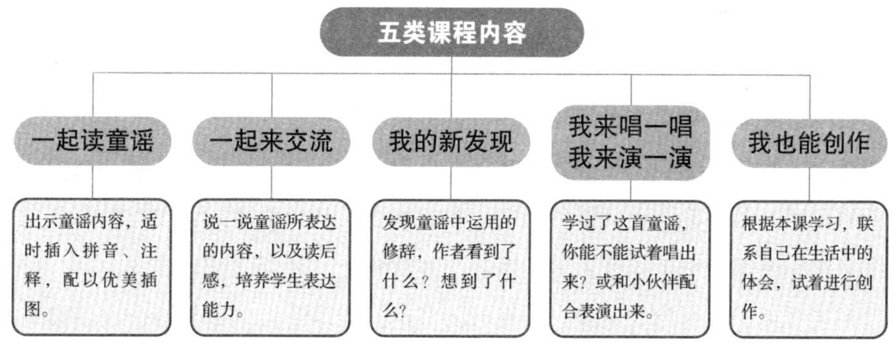

五、学科课程实施与评价

（一）学科课程实施策略

1. 让学生在实践中爱上童谣。童谣的学习不仅能够丰富学生的词汇积累，其中的情趣、意境，更有助于表达能力的提升。校本课程目标的设计着眼于使学生感受童谣、诗歌魅力，提高思想、文化修养，促进自身精神成长。在课程的实施中，我校始终坚持“每一个学生都是诗人”的理念，让学生能够抓住事物特点，展开巧妙想象，运用恰当的言语表达进行童谣的创作。教学中，坚持让学生多读多写、日积月累，在大量的语文实践中体会、把握运用文字表达内心情感的规律、方法。

2. 科学制定学段目标与学习内容。学生是学习的主体。本课程依据中、低年级小学生身心发展特点，鼓励学生自主阅读、自由畅想、自由表达，激发学生的学习意识和创作意识，由教师教童谣，变为自主学童谣、写童谣，在主动发现、交流、分享中，成为童谣朗读者、创作者。为此，我们根据学段分别制定校本课程教学目标和学习内容。

第一学段 （1～2年级）	1.学会童谣诵读的基本方法，掌握童谣准确字音，能正确有节奏地诵读。激发学生学习、诵读童谣的兴趣。 2.初步了解童谣所讲述的内容，能够领会作者所要表达的情感。 3.初步感受童谣中奇特的想象，并结合自己生活中的体验进行模仿。
第二学段 （3～4年级）	1.掌握童谣诵读技巧和方法。在了解优秀童谣内容及创作背景后，进行有感情地诵读。 2.理解、体会并能通过不同的形式表达童谣的内容、意境、情感，在此基础之上尝试进行童谣的诵读表演。 3.初步掌握童谣创作中的艺术手法，能够展开想象将自己目睹的事物、经历进行诗意的表达，试着进行童谣、童诗的创作。

（二）学科课程管理与评价

1. 严格课程管理，向课堂要实效。为了让爱上童谣校本课程深入开展，我们首先对课堂教学提出了相应要求。教师在上课前要针对所教授的童谣、童诗进行深入的备课，做到符合学科课程标准、教材的要求及学生实际，在教学中重视对传统文化的渗透和学生综合素养的培养。在课堂上，童谣教学以诵读为主，教师可以采用多种形式的朗读训练，重视教师范读，指导学生以读代悟、以读代讲，通过朗读来更真切地体会童谣所表达的思想情感。鼓励教师尝试运用多媒体进行教学，如多媒体课件、图片展示、视频播放、朗读配乐等，丰富课堂教学内容，激发学生的学习兴趣，将童谣教学融入学生日常生活经验之中，引导学生联系生活和社会实际，适时适量拓展。同时，激活学生思维，鼓励大胆质疑问难，以学生问题为出发点，形成动态生成的教学过程。

2. 开展丰富活动，为学生搭设舞台。学校鼓励各班在晨读时间进行童谣诵读，定期举办班级、校园诵读比赛。举办“我是小诗人”——童谣创作大赛，激发学生创作兴趣，形成学童谣、写童谣的良好氛围。学校还成立了校园童谣诗社，并创办“童言”诗刊，为学生普及童谣、诗歌创作方法，并对学生的优秀作品进行展示。学校利用微信公众平台等现代化技术手段，倡导亲子读童谣、写写生活中的诗等活动，对学生的诵读、创作进行宣传，让更多学生爱上童谣。

3. 实施多元评价，激发学习动力。爱上童谣校本课程一直坚持对学生的多元评价，让学生体会童谣学习的快乐。为此，我们每学期为学生发放学习记录卡，记录学生学习情况，包括学生自评、同桌互评、家长评价、教师寄语栏目，对学生的校本课程学习进行综合、全面的评价。此外，还鼓励学生设计个人作品集，可以包括学生在各学期的优秀作品，也可以是童谣诵读视频、录音的电子作品集等，学校利用学校“童言”诗刊为各班发放每期作品，各班可以进行交流分享。同时，通过校园展示、班级手抄报、校园微信公众平台等形式进行优秀作品展示，并进行相应证书的颁发。而对于教师的教学，学校制定了课堂教学评价表，通过教导处安排的听评课活动，对教师的课堂教学进行相应的评价。

六、学科课程反思与提升

爱上童谣课程带领学生用儿童的语言，书写儿童的诗歌。学生在优美、灵动、充满智慧的童谣作品的浸润下，体会人间至真、至纯的情感，享受着诗歌的清新、优雅，接受文学启蒙教育。学生由读到仿，创作热情被点燃，创作水平不断提高，一首首文质兼美的童谣被学生们创作出来。

当然，在课程实施中也发现了一些不足。如教师在设计教学目标时存在目标简单、不够明确的现象，而学生在学习童谣后词语替换的再现式仿写较多，真正发挥想象，进行创造的较少，我们的课程还应该充分激发学生的想象力。

今后，我们还将带领学生大胆尝试儿童诗的创作，对教材中诗歌进行改写与模仿，指导学生观察生活，发现身边的真善美，感受语言的魅力。

天津市南开区中心小学

绘出心中最美的画卷

——小学英语“3E”课程之英语绘本课程开发与探究

文 / 张海川

一、学科课程开发思路

“3E”课程是我校课程建设体系“完整教育，适性发展”——悦成长课程中英语学科课程的名称。“3E”课程开发以我校课程理念为指导，从学生的认知水平和心理发展水平出发，紧密联系学生的实际生活，构建以学生发展为本，纵向贯通、横向联系、持续渐进的英语课程体系。“3E”课程的设置让学生在接受英语学科相应学段的教育过程中，逐步形成适应个人终身发展需要和社会发展需要的必备品格和关键能力。结合“link”教学理念实施课程的研发，“3E”课程渗透着多学科整合的理念，各学科之间既保持独立地位，又产生整合的内容，我们的课程整合了美术、音乐、数学、语文等学科，课程中为学生组织有意义的语言实践活动，设置尽量真实的语言运用情景，提供具有时代气息的语言材料。

二、学科课程哲学

校本课程要真正立足于学生的发展，才能促进课程、学生以及教师和学校的共同发展，这才是校本课程的开发要达到的真正目的。关注学生核心素养的发展，才能满足全社会对英语教育的需要。

英语学科核心素养主要由两部分组成。其一，是必备品格，包括文化品格和思维品质。文化品格是指对中外文化的理解和对优秀文化的认同，是学生在全球化背景下表现出的知识素质、人文修养和行为取向；思维品质是指人的思维个性特征，反映在其思维的逻辑性、批判性、创新性等方面所表现的水平和特点。其二，是关键能力，包括语言能力和学习能力。语言能力是指在社会情境中，以听、说、读、看、写等方式理解和表达意义、意图及情感态度的能力；学习能力是指学生积极运用和主动调适英语学习策略，拓宽英语学习渠道，提升英语学习效率的意识和能力。

三、学科课程目标

（一）核心知识

本课程力求体现不同年龄段学生的学习需求和认知特点，力求达到基本的elementary、有效的effective、愉快的enjoyable的目的，使英语课程具有整体性、灵活性和开放性。

（二）关键能力

在学科活动中培养学生的动手能力、审美能力和知识的综合运用能力。

（三）思维方法

以人为本，适应时代、社会的发展和需要。

（四）学科品格

英语课程教学不是对一些知识的学习，而是要教会学生如何学习语言并在生活中运用语言，让学生在教师的引导下，形成乐学、好学、善学的良好品质。

四、学科课程框架

"3E"课程具体内容：English fans sharing 粉丝共享课程、English drama

showing 英语戏剧课程、English books making 英语绘本课程。高年级（English fans sharing）粉丝共享课程，旨在使用网络学习英语，让学生们通过网络阅读和学习，丰富课外知识，了解世界，了解中西文化差异，让学生们成为英语学习的粉丝。我们相信大量的信息输入一定会为信息输出打下坚实的基础，为达到英语的语言综合运用能力起到事半功倍的作用。中年级（English drama showing）英语戏剧课程。戏剧表演以表现和提高学生的英语语言表达能力为目的，通过英语戏剧创作和表演激发学生的英语学习兴趣、获取英语语言表达和表演技能，不断提升英语语言运用能力。通过观察—模仿—联想—表演等，运用英语教学与戏剧表演相结合的教学手段，采用英文戏剧的形式开展学习活动，激发和培养学生学习英语的兴趣，使学生树立自信心，形成一定的综合语言运用能力。

如 English books making 英语绘本课程，在低年级结合《快乐英语》教材开设绘本课程，梳理每一个单元的重点词句，以话题形式充分发挥学生的想象力和创造力，绘本制作的过程充分体现了美术学科核心素养、图像表现、色彩搭配、审美态度、创新能力和对英语语言文化的理解等。

五、学科课程实施与评价

（一）学科课程实施策略

English books making 英语绘本课程是结合了“Link”教学理念来实施研发的。“Link”名词可译为“环节”，动词可译为链接、连接、联系……从广义上来讲，一个学生一生的英语学习从学前—小学—初中—高中—大学……都应该是一个相互联系、有机链接的整体。从狭义上来讲，一堂课的设计是通过预习交流、目标交流、问题探究、拓展提升、小结交流这五环节来实现的，即承上启下，在原有知识体系基础上，继续建构，同时也为未来的学习打下基础。这不正如一串串珍珠项链吗？散落的珍珠虽然圆润闪亮，但只有串成项链，它们才更加熠熠生辉、璀璨夺目。

一堂课如此，一本书亦然。“Link”教学认为每个单元的学习都不是一个个孤立的点，而应是一条流畅的线。而这一理念的实现，所借助的媒介就是我校的英语教学特色——English books making 英语绘本课程。每个学期结束，学生都会制作这样一本只属于他们自己的个性化英文绘本。以一年级第一学期为例，《快乐英语》第一册教材话题为家庭、水果、颜色、文具、宠物和数字。用“Topic Link”话题链合理整合学生的学前资源，将各单元话题适当延展，链接成属于学生自己的第一本绘本“My Happy English Book”。

具体实施：每页绘本的制作都分为三个级别：L1（级别 1）所有的学生都可以达到的最基本水平。L2（级别 2）大部分学生努力可以达到的较高水平。L3（级别 3）英语有特长的学生可以达到的最高水平。

Unit1 在复习第一单元 Family 单词、主句型、歌谣、歌曲的基础上加入中英文名字和年龄的表达。L1. 绘本上只贴自己的照片。能说：Hello，I'm （中文名字或英文名字） I'm 6（7）. L2. 绘本上贴自己的照片并配简单文字。CN:（中文名字或中文名字的拼音表达法。）YN:（英文名字）Age:（年龄）。能说：Hello，my Chinese name is（中文名字）. And my English name is（英语名字）I'm 6 （7） years old. L3. 绘本上贴自己的照片并配全部说明文字。Hello，my Chinese name is（中文名字或中文名字的拼音表达法）. My English name is（英语名字）. I'm six（6）years old/seven（7） years old/six and a half（6.5）.

Unit2 在复习第二单元 Fruits 单词、主句型、歌谣、歌曲的基础上加入对水果喜欢程度的表达。L1. 绘本上画两种自己喜欢的水果。 能说：I like…s. I like…s very much. L2. 绘本上画三种自己喜欢的水果。 能说：I like…s. I like…s very much.I like…s best. L3. 绘本上画三种自己喜欢的水果并配说明文字。能说：I like…s. I like…s very much. I like…s best.

Unit 3 在复习第三单元 Colours 单词、主句型、歌谣、歌曲的基础上加入对最喜欢的颜色的表达。L1. 绘本上画一种自己喜欢的颜色。能说：I like… L2. 绘本上画一种自己喜欢的颜色。 能说：I like… very much. L3. 绘本上画一种自己最喜欢的颜色并配说明文字。能说：My favourite colour is…

Unit 4 在复习第四单元 School Things 单词、主句型、歌谣、歌曲的基础上，结合第三单元的最喜欢的颜色，把颜色和文具两个话题巧妙地结合在一起。L1. 绘本上画一种文具，并涂上第三页小书上所选的颜色。能说：Look，my …（文具）is…（第三页的颜色）. L2 绘本上画三种自己喜欢的文具。能说：Look，my …（文具）is…（第三页的颜色）My…（第二种文具）is…（第三页的颜色）And my …（第三种文具）is…（第三页的颜色），too. L3. 绘本上画三种自己喜欢的水果并配说明文字。能说：Look，my …（文具）is…（第三页的颜色）My…（第二种文具）is…（第三页的颜色）And my …（第三种文具）is…（第三页的颜色），too.

Unit 5 在复习第五单元宠物单词、主句型、歌谣、歌曲的基础上加入对拥有的宠物及小宠物名字的表达。L1. 绘本上画一种小动物。能说：I have a…或者 I want a… L2. 绘本上画一种小动物，并配文字。I have a…或者 I want a… L3. 绘本上画一种自己喜欢的水果并配说明文字。I have a… Its name is…（注意小动物的名字首字母大写）

Unit 6 在复习第六单元数字单词、主句型、歌谣、歌曲的基础上加入对幸运数字的表达。L1. 绘本上写一个自己喜欢数字。能说：I like…（数字），L2. 绘本上写一个自己最喜欢的数字并配文字。能说：My favourite number is … L3. 绘本上写一个自己的幸运数字，并配文字，能说：My lucky number is…

绘本最后一页：L1: 绘本上贴全家福。能说：Look，my mum.Look，my dad. Look，it's me. L2: 绘本贴上全家福并配文字。Look，my mum.Look，my dad. Look， it's me.I love my family. L3: 绘本贴上全家福并配文字。Look，this is my family.Look，my mum. Look，my dad. Look，it's me. I love my family.

（二）学科课程评价

建立三级评价体系。一是自评。学生在制作完绘本后，对自己的作品和介绍进行评价，给自己画 1~3 个小笑脸。二是互评。学生在课上介绍完他们的绘本后，其他同学用掌声的强弱和竖大拇指的高度来互相学习、鼓励、评价。三是他评。学生制作完他们的第一本珍贵的绘本后，正值中国的传统节日——春节。学生会跟随父母走亲访友，给长辈和亲戚朋友拜年，这正是学生展示的好机会。英语是一种语言，而不单纯是一门学科，语言是需要用的，是需要语言环境的。建议学生在走亲访友时，带着他们的绘本，把他们得意的作品拿给大家看，介绍给大家听。这样，学生既有了展示英语口语的舞台，又能从家人的肯定中得到自信。

六、学科课程反思与提升

English books making 英语绘本课程我校已实施多年，我们在不断改进、完善。学生们非常喜欢绘本的制作和介绍，在实施过程中，我们也遇到一些问题，如实验初期，我们比较重形式，所以家长代劳的比较多；注重绘本的制作，而忽略介绍环节。针对以上两种问题，我们调整课程实施策略，精简讲解过程，让学生们在课上有充分的时间设计、绘画、制作绘本，并增加课上介绍自己绘本和走亲访友小舞台环节，以便把课程做实。

我们的课程现在还处在改进阶段，我们将不断总结提升。下阶段，我们考虑学生们在制作第二本、第三本绘本时，是否可以给学生们更广阔的空间，让他们可以更大限度地发挥主观能动性。再有，我们还在尝试把绘本课程常态化，有兴趣的学生可以针对他们喜欢的话题，进行绘本创作。English books making 英语绘本课程是我校低年级英语的校本研发课程，绘本是学生们喜爱的载体，英语是学生们喜爱的课程，我们想通过我们的努力，让我们的学生爱上英语、爱上绘本、爱上我们的英语绘本课程。

天津市南开区五马路小学

融合信息知识　助力校本课程

——小学信息与海洋校本融合课程建设初探

文 / 闫晓楠

一、学科课程开发思路

二十一世纪是海洋世纪，海洋观教育是一种综合性的教育。近年来我校以海洋文化教育实验研究为依托，以实施新课程改革为突破口，大力发展海洋文化教育，强化我校师生的海洋意识，帮助师生树立科学的世界观和价值观，提高学生综合科学素养。所以根据我校的海洋特色办学理念，将小学信息课与特色海洋课程相结合，让海洋的精神润泽生命，逐步形成我校特有的信息与海洋特色融合课程，秉承该理念和国家推进地方校本课程建立的相关政策，设计并开发了该课程。

信息融合课程是改变过去老式信息课教学模式、提高学生素养的一条有用途径，也符合目前小学教学改革的趋势与潮流。把学生熟悉的海洋知识和信息课中将要学习的相关知识相融合，以实施新课程改革为突破口，强化学生的海洋意识，让学生学有所用、学有所长。

二、学科课程哲学

（一）学科价值观

教育部组织研究后，提出各学段学生发展的核心素养体系，这一理念提出了新时代发展人才对培养信息意识和信息素养的根本要求。而对于这一代的学生来说，掌握基本的信息技术是必不可少的技能。本课程以小学六年级需要熟练掌握演示文稿软件这一教学要点为依托，与学生熟悉的海洋知识、精炼文字和审美鉴赏等多学科知识相融合，找出最佳整合点。我们更希望培养能自觉、有效地获取、评估、鉴别、使用信息，能够学会各个学科知识并综合运用的学生。因此，将信息学科课程理念定位为融合信息，有利于聚焦掌握信息课知识，提高运用各学科的综合能力，提升核心素养。

（二）学科课程理念

融合信息是学生运用综合知识技能的课程。小学信息技术课程旨在全面提升学生信息素养，帮助学生了解和掌握演示文稿软件的基础知识和使用技能，增强信息意识，培养综合运用能力、提高实践和创新能力。

三、学科课程目标

在小学要实现信息技术的教学目标，就是提高学生信息知识的学习和运用能力，培养学生的信息意识，为学生们打好未来在信息时代生活的基础。依据小学信息课程的教学目标，本课程的目标设置如下：一是掌握信息技术六年级课程中演示文稿软件使用的基础知识。二是在收集资料、整理信息的过程中，获得处理信息的基本技能及融合各学科知识的能力。三是通过对演示文稿的排版，提升学生创新、审美及文字处理的能力；帮助学生扎实掌握海洋知识。四是分小组合作完成海洋知识报，提高学生们的团队合作意识；强化学生的海洋意识和信息素养。

四、学科课程框架

（一）学科课程结构

本课程可以分为三部分：前期资料准备、中期演示文稿的制作、后期演示文稿的润色，每个部分又分为三小部分。

1. 前期准备：一是确定海洋知识报的主题；二是通过网络和书籍等收集整理对应主题的资料（如文字、图片、视频、音频、动画等）；三是确定每页演示文稿中的内容，保持清晰、完整的设计思路。

2. 中期制作：一是模板建立，选择以海洋为主题并且风格统一的演示文稿模板，可以自己制作，也可以借助其他渠道获取；二是内容输入，将收集整理和提炼后的图文内容等，输入到演示文稿中；三是整理输出，将输入的内容进行排版和调整。

3. 后期完善：完善和渲染演示文稿，使作品更加美观和有艺术性，更加有吸引力。一是设置动画效果、设置幻灯片切换方式等；二是完善效果，包括设置超级链接、调整色彩搭配、字体排版等；三是保存演示文稿，并进行播放演示，没有问题后，进行多种格式的保存，如保存成放映格式。

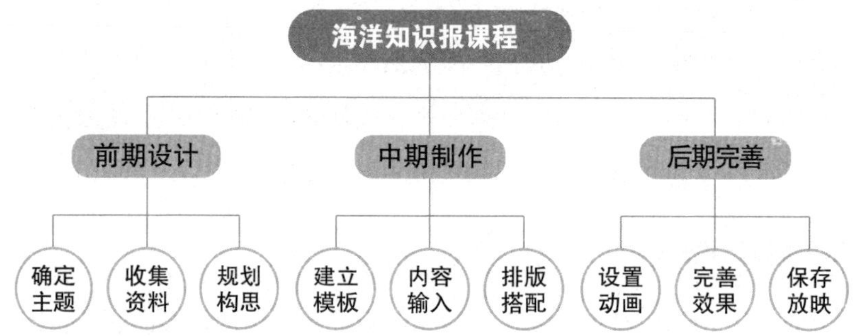

（二）学科课程设置

	课程名称	课程内容	课时安排
前期设计	精彩演讲全靠它	认识演示文稿软件 了解演示文稿知识	1课时
	规划设计很重要	确定海洋知识报的主题 规划收集知识报素材	1课时
中期制作	百变模板显个性	掌握演示文稿模板 使用技能收集海洋知识资料	1课时
	漂亮文字传新意	掌握演示文稿艺术字及文字的处理和设置 提炼和整理海洋知识报的文字	1课时
	小小图片会说话	掌握演示文稿图片处理技巧 运用审美能力学习图片排版	1课时
	图标显示真形象	掌握演示文稿中图形的运用 处理图文结合匹配性	1课时
	使用声音添活力	掌握在演示文稿中插入声音 提升收集、筛选海洋音频信息素养	1课时
	插入视频和动画	掌握在演示文稿中插入视频和动画 提高收集、筛选、整理、处理资源的信息素养	1课时

	课程名称	课程内容	课时安排
后期完善	动画效果舞起来	掌握演示文稿中自定义动画 体会适当运用信息技术能够增强作品美感	1课时
	加入切换真精彩	掌握演示文稿的切换以及设置动画效果 体会适当运用信息技术能够增强作品美感	1课时
	随心所欲来跳转	学习使用文字、自选图形、文本框等方式制作合适的超链接 体会超链接带来的顺序性	1课时
	展示方案齐讨论	学习展示作品的方法，讨论展示方案。	1课时
	做个小小海洋家	用演讲的形式展示小组作品 准确、到位地点评并修改完善作品	1课时

五、学科课程实施与评价

（一）学科课程实施策略

1. 立足课堂，深化融合课程的教改。课堂是实施融合课程的主阵地，课堂教改是教学长久的主题，教师提升自身教学水平是深入推进学生们增强信息意识、提高信息素养的坚实基础。信息教师以改革课题教学方法为主，加强教学研究，确立以人为本的教育观，实施多种教研途径。通过上公开课、听公开课、讨论评议等多种方式改进教学方法。这样，既发挥了团队的智慧，又体现了每位教师的能力，加强了课堂教学研究，从而促进教学改革，提升教师的自身教学水平。

2. 依托海洋活动，营造浓郁海洋氛围。每年 6 月 8 日是世界海洋日，自我校确立建设海洋特色校开始，每年世界海洋日前后都会举行丰富多彩的活动，营造热爱海洋、钻研海洋知识的浓厚校园氛围。如午间播放海洋歌曲，让学生通过音乐来提高海洋意识；又如我校与国家海洋中心合作举行的迎送“雪龙号”南极科考船活动等。精彩缤纷的海洋活动为学生获取海洋知识提供了更多的途径，让学生们不仅仅依靠书本和网络，更是通过亲身接触、体会海洋文化，增加海洋知识的获取。

3. 合作探究，取长补短。本课程的实施主要借助每周一次的信息技术课，将学生分组，2~3 人为一小组。根据学生的特长，每组分别筛选信息知识强、海洋知识丰富、审美素养好的学生。通过该课程，让学生进行自主探究，合作研究，让学生的大脑解放，让学生的嘴巴放开，让学生的手脚松开，充分开放课堂，让学生成为探究活动的主角；有目的地进行课内融合，课外延伸，让学生课内学到知识，到课外去探究收获，使课内课外完美地融为一体。

4. 融合学科，完善作品。学生制作演示文稿的过程，也是学生对于各个学科知识的综合运用。演示文稿中既有文字也有图片，并且也可以将视频，动画等多元素资源整合在一起，是图文结合的重要体现，通过整理加工，学生们可以形象直观地将自己所要表达的内容和成果整合于一个演示文稿中，用一个词来形容就是图文并茂。

但是演示文稿的展示空间有限，所以对于文稿的要求也更严苛，学生们通过网络和书籍搜索到的海洋知识，不能照本全抄，这就要求学生们运用语文学科的知识，准确处理和提炼文字。图片也是一种非常有效的展示方式，在演示文稿中占据极其重要的位置，图片带给学生们的视觉冲击力比文字更加形象有力，优秀的图片运用有时候比起文字表述更胜一筹，更容易引起观众的共鸣，所以对于图片的挑选和排版，就要运用学生们的美术知识，用审美的眼光去审视自己的演示文稿。整个演示文稿在设计初期，每一页都要进行设计，不是将内容随心所欲地复制粘贴到演示文稿中就完成了，也要求学生们有较强的逻辑思维能力。而一个出色的演示文稿，不仅要有统一的风格，还要有整齐的排版，所以对于字体、字号、间距、行距、标题等都要进行反复的斟酌，这就要求学生有扎实的信息技能。所以运用演示文稿制作“海洋知识报”是一门信息技术与各个学科的融合课程。

这种学科内容的交叉与渗透，综合运用各种能力，正是培养学生学习迁移能力的便捷途径。同时又能开阔学生们的知识视野，锻炼实践能力，促进个性的发展。这就要求课程的开设要密切联系学生们的实际生活，使学生的品德素质、智能素质、审美素质、心理素质和劳动素质在以校为本的基础上得到全面提高。值得指出的是，学科内容的融合，是整合的、有机的，不能生搬硬套地把各种知识和能力强加在校本课程之中、强加在学生学习内容之中，而要有序、自然地蕴含在课程之中。

（二）学科课程管理与评价

融合信息课程，有效地激发了学生学习信息技术知识的兴趣，帮助他们掌握了演示文稿软件的基础知识和使用技能，培养了学生分析问题和解决问题的能力。学生在完成作品的过程中，所完成的收集资料、整理信息等任务，也提高了学生的信息意识和信息素养，培养了学生知识获取和自主应用的能力、同时提高了学生们融合运用各个学科知识的能力。

制作完成后，并不是由教师对作品进行评价，而是由学生们经过讨论，自主制定评价标准，完成评价表格，并且以小组演讲的形式，师生共同评价。“非常出色”5 颗星、“真不错”4 颗星、“不错呦”3 颗星、“继续努力”2 颗星来衡量，根据得星总数进行评价。教师的评价权和学生拥有同等数值，没有特殊化，也充分体现了学生的自主权。

六、学科课程反思与提升

自我校成为海洋特色校，笔者就开始尝试进行信息与海洋融合课程的建立，迄今也已经有部分精美作品完成。部分小组完成了海洋知识报的作品，并进行了自主评价交流，完成的小组表现出色，作品也非常成功。但是有的学生在毕业前未能全部完成作品。因此在该课程的进行中，尽量给学生更多的制作时间，不定时的在课间操和兴趣小组等时间开放机房，让学生们能有更多的时间，完成本小组的作品。同时限制学生演示文稿作品的页数，每组作品控制在 8~10 页内，以提高作品的质量，缩短作品的制作周期，也避免耽误学生其他学科的时间。

融合信息课程秉承着学科融合理念，通过信息课程的实践，丰富了学生的信息课内容，强化了学生的海洋意识和信息素养，培养了学生知识获取和自主应用的能力、提高了学生融合应用各个学科知识的水平，使莘莘学子在紧张的升学气氛下放松下来，真正实现多方面素质综合发展。

天津市南开区华夏小学

走上戏剧舞台　演绎英语课堂

——小学英语课本剧课程建设初探

文 / 白美霞

一、学科课程开发思路

天津大学附属小学是依托于全国著名高等学府——天津大学的一所国办小学。学校秉承天津大学“实事求是”的校训，通过构建开放多元、充满活力、富有特色的课程体系，为学生提供更加自主、更具个性、更多选择的成长环境、教育资源和专业服务，让学生的潜能得到全面充分而又自由的发展，做到重知识，重能力，更关注学生的可纵深发展性，尽最大可能实现学校的培养目标。通过以人为本，以学生发展为本，尊重促发展的课程理念构建“求是”课程体系，在强调学习目标的同时，强化基于核心素养下的生态课程。运用课本剧形式来组织优化教学，不仅能够对教学内容起到活化作用，更容易发挥学生的主体能动作用，帮助学生养成主动学习和多元探究的良好学习习惯。

二、学科课程哲学

（一）学科价值观

英语既是语言工具性学科，也是文化学科，兼具工具性价值和人文养成性价值。我们坚持价值性和知识性的统一，注重在价值传播中凝聚知识底蕴，注重在知识传播中强调价值引领。鼓励学生通过英语学习发展英语语言能力，培养合作能力、探究能力和交际能力。

（二）学科课程理念

《课程标准》为英语课本剧模式教学提供了充分的理论基础，英语课本剧从主题设定、语境设定、剧本编排、演员表演等多个方面都能激发学生的想象和兴趣，启迪学生的智慧和发散思维的能力。

三、学科课程目标

结合《课程标准》，我校在英语课本剧教学上秉承"学生有效地学，教师有效地教，课堂目标有效地达成"理念，真正实现学生乐学、勤学、会学。我校英语校本课程的主要目标体现在以下方面：一是让学生在接近真实的语言学习环境中交流，体验人物的思想情感，使得记忆理解更为有效。二是通过改编表演等实践活动培养学生丰富的思维想象力、创造力和语言表达能力。三是学生在主动、积极和创造性地参与演出的过程中，体会英语学习的乐趣，学会在各种情况下使用多样化的语言进行交际，巩固与加深他们对语言的理解和运用。四是通过英语课本剧的排演，培养学生的参与意识、合作精神。

四、学科课程框架

（一）课程框架

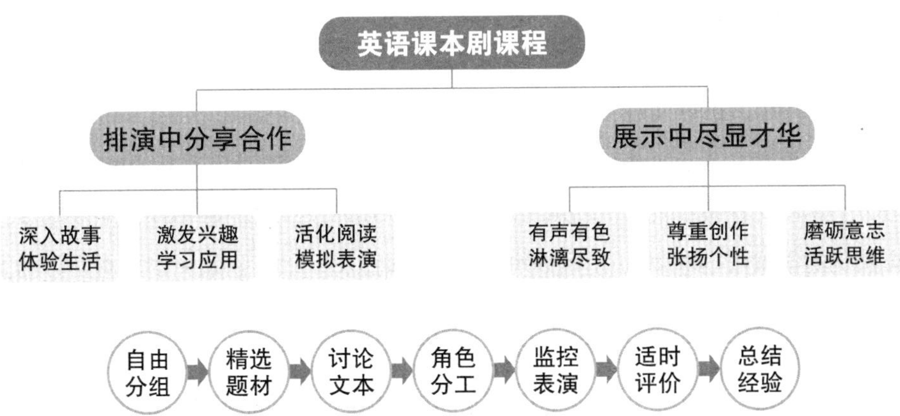

我们不断完善课程结构，丰富课程资源，充实课程内容，尝试在研读英语教材、整合教材的基础上，充分挖掘教材中的活动因素，将课本改编成贴近学生日常生活、贴近时代要求的英文剧本，即把教材内容编成小短剧，有人物、有情节，

通过表演，形象直观地演绎教材。在整个课本剧活动过程中，小组成员是合作伙伴，教师是导演，学生是演员，教室是舞台。英语课本剧架起了一座连接“玩”与“学”的桥梁。我校还根据实际教学情况，为学生量身定制课本剧拓展教材。

（二）学科课程设置

1. 模仿类课本剧。这种类型课本剧大多来源于课本内的对话课或阅读课。可以直接将课本内容稍做调整后用来做剧本。任课教师每学期制订 2 个课本剧话题，将课本语言知识以儿童剧、童话剧、分幕剧的形式表演出来。他们富有创意地将每一个学习要点的相关句型组合，环节紧凑、幽默风趣，观众开心，学生受益。学生全方位全过程的自主参与、共同分享，不仅能轻松地学到书本上的知识，而且还能够展示自我。教师可以安排角色分工把课本的内容改编成对话形式的剧本，以小组为单位，课上布置、课后排练，保证每班在学期末推选出 1~2 个优质的课本剧。

2. 改编类课本剧。利用学生兴趣小组和素拓时间，把英语课本剧教学从课内引向了学生的实际生活，为学习创造了更多的机会。教师自编教材，要求矛盾冲突激烈，情节性较强，人物性格鲜明。这些剧本有的来自寓言故事、西方童话故事，有的来自阅读材料，有的来自实际生活中发生的事情，激发了学生的学习积极性，开拓了思维的空间。

五、学科课程实施与评价

（一）学科课程实施策略

1. 依据单元体系，编排相应剧本。根据教材资源的特点来优化教学思维方法，运用课文剧编排的方式统筹安排，能更好地体现教材的整体性，便于学生掌握其中的学习内容和表达运用技能。在编排过程中，一方面，突出教材学习的重点，让学生在有效剧本的引导下，多元化、反复性地学习和运用课程知识，增强学习的目标性和主动性。另一方面，发挥学生的学习主体能动性，建议学生尝试和运用多样化的方法来编撰课本剧，展示学生的语言学习才艺，让学生能够在一定学习任务的引导下大胆尝试和运用。编排课文剧是对课程知识的深化和丰富，让学生带着学习的激情和情趣参与交流互动。通过对课文体系的拓展，能有效地将课程的知识从单一形式转化为具有一定情境和互动的学习内容。

2. 活化阅读内容，模拟角色表演。在阅读教学中，按照学习内容要求，建议学生在整体阅读感知和深入体味的基础上，运用情境再现的方式来活化学习内容。通过这样的活化，不仅能够使得阅读学习变得生动有趣和丰富多彩，帮助学生开阔知识视野和思维，还能够让学生在阅读学习过程中，深入体味和准确把握核心内容。在活化学习内容时，应考虑相似性和互动性，从与文本相似的内容说起，来探寻表达的要旨，使得阅读学习更加多元化。同时，鼓励学生运用交流互动的方式来体现阅读学习内容，学生在接近真实的语言学习环境中交流，模拟文本中的角色来参与课程学习，实践体验人物的思想情感，使得记忆理解更为有效，思维更为开阔，能够更好地满足学生们的学习发展需要。

3. 延伸课程知识，设计相关活动。实践活动是学生学习和掌握语言表达运用的有效途径。在教学中，可根据不同学习内容要求，鼓励学生利用互联网来完善丰富学习资料，积累一定的知识储备量，开阔视野；运用英语沙龙的形式，来鼓励学生了解与学习内容相关的宗教信仰、价值观、社会风俗习惯、思维方式、生活方式等话题，让学生能够在轻松自由的学习环境中相互交流；运用真实展示的方式来呈现学习内容，像在学习有关食物的制作过程中，可建议学生以举办小型家庭宴会的形式来了解西餐的制作，让学生体味西方的饮食文化，增强跨文化学习运用意识。

4. 关注排练过程，适时恰当指导。小学生的心理和生理特点为课本剧模式教学提供了充分的实践基础。小学生的心理和生理特点决定了其学习知识的内在逻辑性，他们主要还是依靠眼观、耳听和行为训练的方式学习的。小学生的思维在很大程度上还主要是依靠直观的、具体的内容。在排演过程中，教师作为指导者，鼓励学生大胆创新，对一些好的设计给予肯定和赞赏。当学生遇到难题，小组讨论无法解决时，教师给予及时的关注和指导。

（二）课程管理与评价

1. 注重学生主体地位，提高学生参与热情。一方面，鼓励学生在班级间进行展示，为学生设立更多的展示平台，以激发学生的改编和表演积极性；另一方面开展师生多维评价。教师根据学生表演的亮点进行鼓励式评价，学生作为观众可以评议最佳演员、最佳改编、最佳创意。通过师生多维度评价，激发学生的表演热情，同时提高学生学习英语的积极性。

2. 强调内容为王，鼓励形式创新。对于课内外知识的整合创编，要求剧本忠实于教材，主题健康向上，情节连贯清晰，语言简洁明了。特别是通过设立最佳改编、最佳创意、最佳口语表达等奖项，激发学生的改编和表演积极性。

3. 聘请专业教师，提升学生专业化能力。组织英语沙龙，聘请专业教师对学生的语言、动作、舞台表现等进行专业指导和专业评价，提高学生的表演能力和语言表达能力，从而提高学生英语学习的自信心和积极性。

4. 英语课本剧评价的标准。口语表达方面，发音标准清晰、语音流利，表达富有情感、语法正确；舞台表现方面，表演真挚自然、人物形象逼真，肢体语言丰富、演员配合默契；舞台效果方面，服装道具音乐贴合情境，表演具有感染力；创新能力方面，创新改编剧本、自制道具。

六、学科课程反思与提升

英语课本剧引入教学是一种相对新颖的教学模式，它能够激发学生学习英语的兴趣和热情，树立英语学习的自信心，培养学生灵活运用语言的能力，给学生提供一个锻炼自我、展示风采的舞台。英语课本剧运用于课程教学，是对课程学习资源的开发和综合生成运用，能将静态知识转化为动态互动过程，更具有生动性和活泼性。注重发挥学生的学习潜能和激情，鼓励学生成为课本剧的制作者、表演者和导演，最大限度地调动学生英语学习的主观能动性，提高他们的综合语言表达运用能力。英语课本剧表演对学生的综合素质和实践能力的训练一定能够影响学生的一生，为他们今后的学习打下坚实的基础。

天津大学附属小学

第三章 学科能力——课程之法

新课程提倡“以问题为中心学习”理念，植入“研究性学习”新方式。其意义就在于通过改变学生的学习理念与方式，赋予学生以自主学习能力、与人合作能力、自主决策能力、收集处理信息能力、解决实际问题能力等的培养。最主要的是引导学生关注人类面临的大问题，以培养学生的创新精神与实践能力，以及对人类、对社会的责任感。把目标锁定在能够有利于学生终身发展之上，帮助学生在学校获得今后走向社会所需要的基本生存能力——自主学习的能力，与人合作的能力，信息收集与处理能力，学会办事的能力，独立生存的能力，以保证我们的下一代能够在未来社会生存与发展。

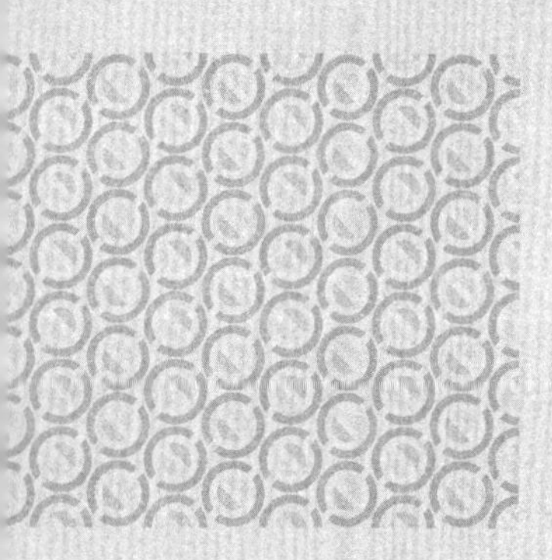

信息技术与物理教学的深度融合

热爱生命　健康生活

以探究学习　促核心素养

品故事中的人物　立成语中的德行

培养学生化学双语能力

习近平新时代中国特色社会主义思想进课堂

以游戏课堂培养数学素养

以英语绘本阅读促学生能力提升

互联网教育模式下学生动手能力的提升

找寻核心素养落地生根的力量

动听的童声引导学生到达知识的彼岸

以创意美术　悦学生成长

信息技术与物理教学的深度融合

——CAI 课件在中学物理教学中的应用

文 / 刘艳辉

一、学科课程开发思路

《课程标准》明确了新课程基本理念：促进学生核心素养的发展，满足学生终身发展的需求。物理学科核心素养即物理观念、科学思维、科学探究、科学态度与责任。此课程设计的原则是突出教学重点，突破教学难点。学生可利用信息技术手段，如 powerpoint、flash、authorware、3DMAX 等软件亲自制作动画，放大画面，放慢过程，突破难点。CAI 课件不仅能再现和模拟各类物理现象，而且还能通过各种手段使复杂的问题简洁化，将漫长或瞬间的物理演变过程成为可控、有序的演化过程，可以使学生在课堂上完整、清晰、形象地感知物理现象，给学生提供思维过程中必须的感受性材料，激发学生的学习兴趣，降低教学难度。此课程引导学生制作并应用 CAI 课件，信息技术助力教师的教和学生的学。

二、学科课程哲学

《课程标准》明确指出：让学生亲自经历实验探究的过程，体验知识发生的过程，进而提升学生的学科核心素养，即科学探究、科学思维能力，培养学生严谨的科学态度，增强责任感。物理学是以实验为基础的自然科学，它的理论、规律的建立和发现都离不开实验，并且要不断地受到实验的检验。因此在传统教学中，学生在课堂上边看演示实验边听讲是比较常见的一种教学形式。教师普遍认为演示实验可以使复杂的概念、规律形象直观化，便于重点、难点的学习，还可以节约课时，活跃课堂，启发引导学生积极思维，激发学习兴趣。可是实际教学中由于实验仪器的限制以及教师操作能力等问题，有的演示实验教学效果并不理想，但是随着计算机以及网络技术的不断发展、CAI的介入，这种现象有所改观。

三、学科课程目标

（一）核心知识

研究设计并应用CAI课件。

（二）关键能力

用计算机来编CAI课件并进行模拟。

（三）思维方法

分析在课堂中应用CAI课件的好处和优点。举例用计算机模拟“静电除尘”，使人们清楚地认识到CAI课件进入课堂是必然。

（四）学科品格

CAI课件能使静态变为动态，微观变成宏观，高速变成低速，连续变成定格，它能使许多看不见、摸不着的事物变得有形、有声、有色，变抽象为直观，变讲不清的为一目了然。

四、学科课程框架

（一）学科课程结构

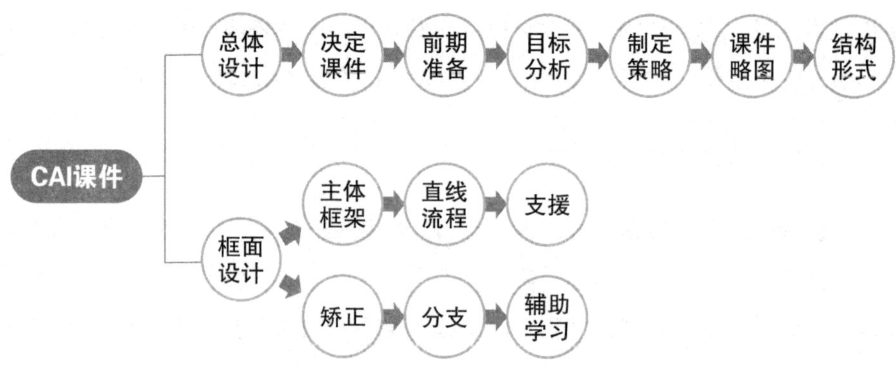

（二）学科课程设置

恰当地进行举例，以实例 CAI 课件的制作与应用体会它在中学物理教学中的应用。如“静电除尘”是高中物理静电知识应用中的典型例子。分析透彻它的工作原理，在智育方面，能帮助学生理解、掌握静电知识；在德育方面，能教育学生怎样通过所学知识保护环境，使那些滚滚浓烟不再从烟囱冒出；还使学生深深感到物理知识非常有用，从而增添他们学习物理的兴趣和动力。“静电除尘”现象尽管能用小实验演示，但由于学生们只能看到实验结果，无法看清它的工作过程，微观及无形的作用更无法展现在学生的眼前。若借助于挂图进行讲解，说服力不强，用幻灯片来分析问题，学生的兴趣又不高。因此可用计算机来解决这个问题，编制 CAI 课件进行模拟，在显示屏幕上进行微观放大、宏观缩小、瞬间变慢，在短时间内调动起学生的多种感观参与活动，让学生获得动态图像信息，从而对静电除尘现象形成鲜明的感性认识。将此软件在具体环境衬托下恰当地应用，通过软件的运行效果，分析用 CAI 课件模拟该实验的优点。

五、学科课程实施与评价

（一）学科课程实施策略

教师根据国家课程标准和本校学生实际情况，积极开发学科特色课程，并编写适合的校本教材。根据编写教材的内容与拓展程度，设计所需要的课时数，并按学生学习的情况赋予相对合理的学分。首先教师讲解 CAI 的含义，进行概念区分，师生讨论设计并应用 CAI 课件的必要性。任课教师课前布置任务，学生小组搜集资料“CAI 的发展优势”，课上小组成员汇报。学生小组合作完成“CAI 的设计流程”，分总体设计和框面设计两个阶段进行，以图示的形式表现出来，教师进行点评。各学生小组选取恰当的例子，设计课件制作方案，亲自动手制作 CAI 课件，突破物理学习中的重难点，体会 CAI 课件在中学物理教学中的应用。学生小组将课件动画在具体的环境衬托下恰当地应用，通过课件的运行效果，分析优缺点，进行改进完善。学生小组进行作品成果展示，同时针对 CAI 课件在中学物理教学中的作用与局限性，研究讨论、发表见解，形成“CAI 课件在中学物理教学中的作用”研究报告。

1. 应用 CAI 课件教学的必要性和可行性。在进行 CAI 课件教学之前，要充分论证CAI课件的必要性和可行性，必须破除计算机迷信，不可认为仿佛有了计算机就是高科技，才算得上现代化教学，所以就生搬硬套用CAI课件教学，本无必要用CAI课件的教学也非用不可，结果一定是哗众取宠。CAI教学必须恰到好处地，灵活地使用，才会取得事半功倍的效果。不是任何教学环节都能由CAI来实现的，也不是CAI用得越多越好，根据教学目的、内容和学生的情况而定。

2. 应用CAI教学应当具有鲜明的教学目的。多媒体的CAI形式和表现方法是多样的，同时也是引人入胜的，但CAI决不能只停留于花哨的表现形式，那样就会喧宾夺主，冲淡主题，误导学生，成功的CAI应当将学生控制在教学内容的深入理解和展开上，使CAI有鲜明的教学目的。如果在课堂上过多的利用不必要的CAI课件，会使得学生的注意力分散于计算机多媒体的神奇上，忽视了教学内容的本身，会导致教师只得用传统教学模式重上这一节课弥补损失。

因此，CAI的本质是辅助教学，无论什么形式的CAI，是课堂授课式的，还是学生自习式的，都应当将其教育性放在第一位，只要CAI可以帮助学生更有效地掌握知识，就是成功的CAI，不在于它有无精美神奇的界面和其表现形式。CAI的表现形式一定是为其教育性服务的，对于这一点决不可本末倒置。

3. 应用CAI课件教学必须突出教学重点，突破教学难点。这是CAI的精华所在，我们应用CAI辅助教学的目的就是借助其交互优势和视听优势，将抽象的、难以用语言来表达的概念和理论以形象的、易于接受的形式展现给学生，本来需要近半个小时的讲解，几分钟就解决了，而且学生的理解既深刻又形象，对于这样的CAI无论是教师还是学生都反映良好，认为CAI的确起到了常规教学无法比拟的作用，使原本艰难的教学活动充满了魅力。相反地，如果CAI对学习的重难点不能进行有效的突破的话，那么CAI无疑是华而不实的。

（二）学科课程管理与评价

应用CAI教学应处理好教师、学生、计算机三者之间的关系。一定要正确认识CAI的作用。教学过程中，教师是起主导作用的，学生是主体，计算机辅助是手段，这是客观规律，CAI决不能代替教师，而只能辅助教师，帮助学生更充分地挖掘知识的内涵，更好地完成教学任务，CAI课件只有得到正确运用，才能提高教学效率，取得良好的教学效果。因此，实施CAI的时候，必须以教师是主导，学生是主体为原则。

师生可以从两个方面进行课程评价。一是过程性评价（50分）：教师统计考勤情况，以学期为单位进行评价；师生、生生参与课堂讨论、主题活动的质量。二是终结性评价（50分）：评价学生小组成果展示的质量（如研究报告、论文、作品等）；学期末评价特别贡献，即在课程实施、活动组织等方面的特殊贡献。

六、学科课程反思与提升

学生参与活动兴趣高，实施效果较好。当一些物理现象很难真实呈现时，现有的信息资料不能满足学习需求时，学生利用信息技术辅助手段，充分发挥学习小组的集体智慧，利用powerpoint、flash、authorware、3DMAX等软件亲自制作动画，放大画面，放慢过程，突破难点，信息技术助力学习。

但是，学生信息技术水平、制作CAI课件的能力有待提高，需要教师加以培训和指导。从教学和学生实际出发，积极利用和开发各种适合于学生课堂学习和课后学习的音频与视频材料，如航空航天、核电站、纳米技术、工业信息化等，加深学生对课程内容的感性认识、理性理解，拓展学生视野。

天津市第四十三中学

热爱生命　健康生活

——生物科学与健康课程实践研究

文／于　洋

一、学科课程开发思路

健康是社会文明进步的重要标志和理想状态，个人身心健康是幸福生活的前提和基础。青少年的身心健康还将影响中华民族的综合国力，而健康教育可以从根本上增强学生的健康意识，帮助学生养成健康的心理、行为和生活方式，从而提高中华民族的健康水平。高中生物课程是生物知识的基础课程，是高中生必须学习并掌握的自然科学课程，是学业合格性与等级性考试都要考查的内容。

本校本课程力求将高中生物知识与健康知识挂钩，从健康知识、态度、行为三个维度，对学生进行知识普及、健康状况调查和某些疾病的防治方法介绍。做到了解现状，分析原因，发现问题，探讨在新课改中，高中生物课程教学加强健康教育的可行性，寻找生物课程教学中加强健康教育的方法及有效途径，从而促进学生健康成长。本课程进一步从当前新课改背景下高中生物课程教材中发掘和开发了相关的健康教育内容，论述了加强健康教育的可行性途径和方法，并制定了相应的教材、课程目标。

二、学科课程哲学

本学科特色课程的设置以提高学生的基本科学素养为核心，以培养学生的生命观点为统领，在注重全体学生共同基础的同时，针对学生的兴趣、个人发展潜能以及个人综合素质，设计不同层次的可供学生选择的课程模块，以满足不同学生的学习需求，促进学生的个性发展、特长发展。

提高生物学科核心素养：提高每个高中学生的生物科学素养是本课程的核心任务。倡导探究性学习：引导学生主动参与探究过程、勤于动手和动脑，逐步培养学生搜集和处理科学信息的能力、获取新知识的能力、批判性思维的能力、分析和解决问题的能力，以及交流与合作的能力等，重在培养创新精神和实践能力。注重与现实生活的联系：倡导学生在解决实际问题过程中深入理解生物学核心素养，并能运用生物学的原理和方法参与公众事务讨论或作出相关个人决策。

三、学科课程目标

（一）核心知识

通过课程内容的学习，让学生了解日常生活中常见的、重大疾病的病理、病征和预防、治疗等手段，了解保健品的原理和辨析方法。

（二）关键能力

将生物学核心素养融入课程内容教学中，培养学生的理性思维和科学探究能力，让学生掌握测量体重指数（BMI）的方法和制定简单健康计划的能力，能分析疾病发生的机理、对疾病的日常注意事项与防治提出意见。

（三）思维方法

培养学生的物质与生命，结构与功能等基本生物学观念。

（四）学科品格

通过课程的学习培养学生的生命观念和社会责任，让学生树立对疾病的正确认识和宣传健康生活方式的理念。

四、学科课程框架

课题一：身边的疾病，包含专题：糖尿病、高血压、癌症、艾滋病、自身免疫病、过敏。课题二：我们的身体，包含专题：神奇的骨胳、免疫系统反击战。课题三：饮食与营养，包含专题：肥胖袭击、评价保健品。课件与视频资料包括：神奇的骨骼、免疫系统反击战、肥胖袭击、评价保健品、我们常见的糖尿病、高血压的防治、并不可怕的癌症、艾滋病的病因与预防、免疫失调——过敏反应、免疫失调——自身免疫病。

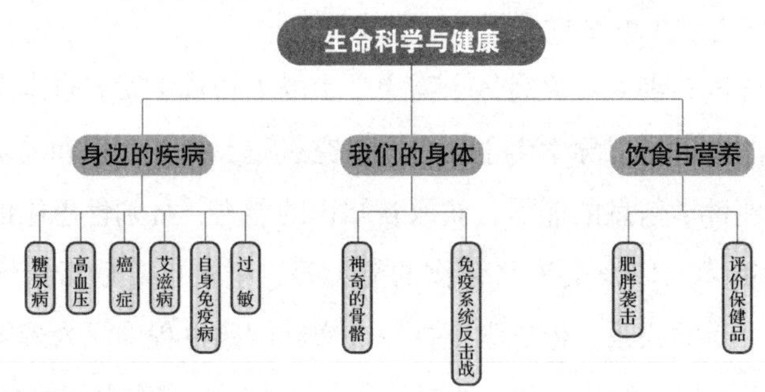

五、学科课程实施与评价

（一）学科课程实施策略

1. 实施原则。突出主题性，注重兴趣化；重视灵活性，力求主体化 ；加强实践性，突出个性化。

2. 实施途径与方法。依照四个结合的要求，根据学校办学特色，充分发挥地方资源优势，具体实施方法如下：一是主题分类教学。《生物科学与健康课程》没有现成的教材，要自编教材。为此，该课程的教学以专题形式教学，对确立的专题进行分类，如身边的疾病、我们的身体、饮食与营养。二是学生研究性学习。充分发挥学生学习的主动性，通过学生个体和群体的研究性学习，以培养学生对课程的兴趣，激发他们学习的热情，挖掘他们的学习潜能，培养他们的自学能力和研究能力，从而达到巩固和深刻领会校本课程知识的目的。三是师生互动教学法。在课程教学中，教师不再是唯一的权威，而是学生学习的组织者、指导者、研究者和促进者；学生不再是被动地接受知识，而是成为了教学的主体，学生主动预习专题、研究专题、课堂上主动提问、讨论。这种师生互动的教学法使学生变要我学为我要学，从而达到好的学习效果。

3. 准备阶段：遵循课程标准和学科本质，设定课程理念，搭建课程总体框架，制定课程教学目标，编制课程教材，确定评价方式，根据学校安排制定教学计划。将社会主义核心价值观教育与学科素养培育落实到课程设计与实施的各环节。第一步：课程总体规划；第二步：课程目标制定、具体内容编制、评价标准设计；第三步：课程教材印制与教学装备购置。

开展阶段：按照教学计划和学校课时安排，定期开展课程内容教学，安排学生活动，布置课后作业和课后兴趣活动，在课程末期进行整体反馈与评价。第一步：课程的讲述；第二步：课程及课外活动的开展。

评价阶段：评价方式上避免传统的考试与测验方式，让学生通过课程学习撰写探究报告、论文或制定健康生活计划，从理念上掌握课程的核心思想。第一步：课程的评价；第二步：课程的改进、提升。

（二）学科课程管理与评价

1. 评价目标。基础知识方面：通过课程内容的学习，让学生了解日常生活中常见的、重大疾病的病理、病征和预防、治疗等手段，了解保健品的原理和辨析方法。基本技能方面：学生能够通过各种途径收集健康方面的资料。能够对收集的数据资料、图象资料、实物资料进行整理分析。能够自觉地关注家人和朋友的健康问题。

2. 评价形式与方法。根据学生报名情况，制定学习小组，便于课上探究问题的小组讨论。课上以签到表的形式对学生的出勤情况加以统计。根据课下作业完成情况与课堂探究问题的讨论回答，给予学生学习的日常成绩。课程整体的评价以让学生通过课程学习撰写探究报告、论文或制定健康生活计划的形式开展，并根据学生成果的完成情况，结合日常成绩给予课程学习的总体评价。

六、学科课程反思与提升

在授课过程中，前期准备的大量详实材料与实际案例起到了非常好的效果，而且在课上注重加强与学生互动交流，激发学生的学习兴趣，使学生主动学习知识，也取得了良好的效果。由于中学教师的知识水平有限，能接触到的医学案例与健康生活案例也很少，在课程中所列举的内容，更多的是在查阅资料中获得的，或是网上或新闻中的一些案例，科学性、权威性、前沿性都有所限制，这样不可避免会降低对学生的指导价值。

为了弥补这些缺陷所带来的不足，通过布置作业和活动，让孩子在课下进行活动探究和资料查阅，有条件的学生会请教更为专业的医生、健康咨询师等，将所听所学进行总结，师生间共同对课程进行改进和提升。这样就形成了一个教学互动、教学相长、教学递进的过程，对于课程的建构和发展起到了良性的引导，保持了课程的持久性，明确了课程的探索性。

天津大学附属中学

以探究学习 促核心素养

——植物组织培养及其他繁殖方式课程建设的探索

文 / 李慧慧 崔 妍

一、学科课程开发思路

生物学学科核心素养是需要学生在生物课程的学习过程中逐渐养成的，包括生命观念、科学思维、科学探究和社会责任。学生核心素养的养成是对国家教育目标的深刻升华，是教育理念、教育目标、教学内容、教学方法的关键连接。生物学科是自然科学领域的重要学科，课程的设置不仅要让学生学习基础的生物学知识和概念，更要让学生收获生物学家在发现问题、解决问题过程中的科学思维和科学方法。

要培养学生的生物学科核心素养，离不开生物课程，为此我校开设了植物组织培养及其他繁殖方式的拓展性特色课程，同时编写了相关校本教材。生物课程是生物学核心素养的载体，生态园实践基地是落实生物课程的平台，让学生可以在实践中养成核心素养。

我校一直以来大力支持生物学科组的创新发展。校内建有生态园，4000 平方米的功能区生态园为学生搭建了生物学科学习、探究、实践、创新的平台。生物学科组提出面向生活的生物教学思想，生活是教学的源头活水，是教学的根基。教科书不是学生全部的生活世界，生活才是学生的教科书，教学活动应统一于人的生活世界。因此我们构建了植物组织培养及其他繁殖方式的卓越性课程。植物组织培养技术兴起于 20 世纪初期，经过近百年的发展已经广泛应用于农业、林业、工业与医药业中，课程介绍了植物组织培养的基本理论和基本技能，参照任务驱动的课程体系，力图实现理论实践一体化，突出植物组织培养技术的实际操作和生产应用，旨在提升学生的实践技能水平以及培养学生的科学思维及科学探究能力。与本课程教材配套的PPT、微课、图片等影像资料，图文并茂，生动活泼，大大提高学生学习的趣味性和积极性，增强课程的实用性、技术性及应用性。

二、学科课程哲学

（一）学科价值观

着眼于学生适应未来社会发展和个人生活的需要，从生命观念、科学思维、科学探究和社会责任等方面发展学生的学科核心素养，充分发挥《植物组织培养及其他繁殖方式》的学科特点和育人价值，是本课程的设计宗旨和实施中的基本要求。

（二）学科课程理念

本课程高度关注学生学习过程中的实践经历，强调学生学习的过程是主动参与的过程，让学生积极参与动手和动脑的活动，通过探究类学习活动或完成工程学任务，加深对生物学概念的理解，提升应用知识的能力，进而能用科学的观点、知识、思路和方法，面对或解决现实生活中的某些问题。

三、学科课程目标

学生通过本课程的学习，能认识到无性繁殖技术在促进农业发展、社会进步和提高人类生活质量等方面的重要贡献，能够掌握植物组织培养技术的基本知识与基本理论，掌握培养基的制作、无菌操作技术、愈伤组织培养技术、组培苗驯化及栽培护理技术、扦插嫁接等其它无性繁殖技术。帮助学生具备一定的植物生理学基础，具备专业名词的描述与理解能力，具备植物无性繁殖技术过程中常见问题的分析判断能力，具备组培试验方案的设计能力。同时在学习过程中树立生命观念，能运用这些观念认知世界，探索规律；养成科学思维方式，从而对生物问题进行思考或展开论证；掌握科学探究的思路与方法，形成合作精神，具备解决现实生活问题的能力以及学会尊重生命，增强社会责任感。

四、学科课程框架

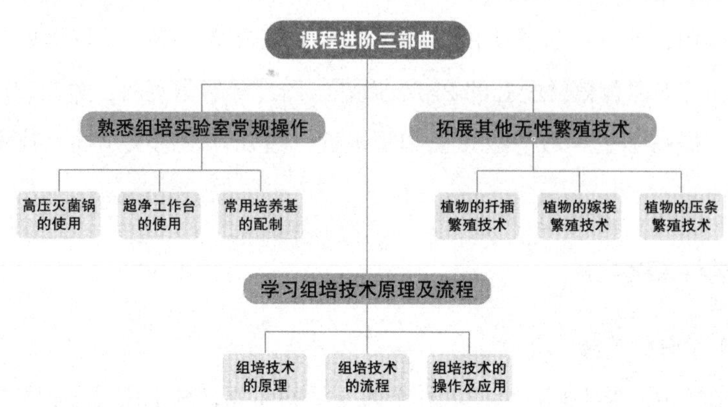

学科核心素养是在学习过程中逐渐发展起来的，而学习过程应是积极的、主动的。为了让学生在动手操作中思考、探究，培养科学思维，植物组织培养及其他繁殖方式卓越性特色课程为学生的能动性学习创造了平台。不少同学对生物科学充满热情，并有意愿将来进入大学继续深造生物学，因此在我校原有的研究性学习的基础上，我们对比较成熟的课程进行了重建和补充。课程的安排与规划是逐级提升的，同时接轨大学相关实验课程，助力生涯规划。

五、学科课程实施与评价

学习是学生自己建构知识的过程，不是简单被动地接受信息。学习是学生根据自己的经验背景，对外部信息进行主动地选择、加工和处理，对所接受到的信息进行解释，生成个人理解的过程。因此，高中生物新课程改革倡导让学生在活动、体验的过程中获取知识、自主发展，既强调了学生必须掌握的知识与技能，又强调了过程与方法、情感态度与价值观。在拓展课上进行体验学习是一种符合时代精神、适应课程改革、利于培养学生核心素养的教学方式。

植物组织培养及其他繁殖方式校本课程具有很强的专业性和实践性，植物组织培养这门技术是现代生物技术的重要组成部分。课程教学围绕植物组织培养所需的知识、能力及实际操作，重新构建教学内容，培养初学者掌握培养基的成分、功能、配制、无菌操作及组培操作、扦插嫁接等其它无性繁殖的方式；掌握仪器使用、维护方法；试管苗移栽等基本能力。同时要求学生主动地参与学习过程，在提出问题、获取信息、寻找证据、检验假设和发现规律等过程中习得相关知识，养成科学思维的习惯，形成积极的科学态度，提高终身学习的能力。本课程将以提高学生核心素养为宗旨，成为树立社会主义核心价值观、实现立德树人根本任务的重要载体。

本课程适用对象为高二学生，他们已具备部分理论基础。在高中阶段选修课程中，学生初步接触了植物组织培养技术，掌握了较为浅显的知识，但缺乏操作技能。该课程的开设对高中学生实践能力、创新能力的培养有重要作用。

在硬件配备上，我校在 2008 年建设了生态园，分为动物养殖区、大田作物区、智能温室区、植物组织培养区、果树区等，每学期都有 100 多名学生直接参与我们的实践活动中。无菌操作室中配置了比较完备的相关设备。实施过程包括申报、评议、编制讲义、审核、上课等。上课地点在学校生态园的组培室，按照学校拓展课时间组织学生去组培室学习培养基配制、组培操作、龙胆快繁、月季组培、植物扦插嫁接等。校本课程的实施过程也是检验和完善的过程，是校本课程的再开发。课程实施是教学预设与生成的过程。教学过程应体现学生的主体地位，采用任务式、问题式、项目式的学习方式。

我校发挥生态园实践基地的作用，促进师生共同成长。将生物课堂教学与实践教学相结合，充分利用生态园的条件，将生态园打造成生物教学的第二课堂，让学生在生活的背景下，在实践中学习生物学核心概念。课程评价采用了多元评价方式，学生成长记录册记录了每个学生成长过程中的点点滴滴；实验报告记录了每节课的实验目标、实验过程以及实验结果；结课论文充分发挥了学生的创造性与能动性。除了将学生成长记录、实验报告以及课题论文作为衡量学生学习态度和能力的依据外，还要结合学生的课堂行为表现，关注学生在课堂上的师生互动、自主学习、合作探究、情感体验、思考过程等等。积极鼓励学生学以致用，利用课余时间，以小组为单位，自拟研究题目，发散思维，进行实践活动，研写科技论文，将成果论文提交参加天津市的科技创新大赛。

学生通过课程实践，认识到了植物无性繁殖技术在促进农业发展、社会进步和提高人类生活质量等方面的重要贡献；掌握了植物组织培养的基本知识与基本理论；同时对于培养基的制作、无菌操作技术等有了一定的技术基础；遇到问题也会主动分析、合作解决。在课程学习过程中逐步帮助学生养成生物学核心素养，树立生命观念，养成科学思维方式，掌握科学探究的思路与方法，具备合作精神，尊重生命，增强社会责任感。

六、学科课程反思与提升

在今后的特色课程教学中还要继续探索更加成熟的教学策略，促进学生学思结合，习得新知；促进学生思行并进，获得方法；促进学生实践创新，知行统一。教师在教学中，一定要以生物学科核心素养为基本教学任务，以生物学的重要概念构建课程内容体系和学习要点，引导学生掌握生物科学基础知识与基本能力，最终使学生树立生命观念、发展科学思维习惯、掌握科学探究方法以及主动践行生物学社会责任。

天津市天津中学

品故事中的人物 立成语中的德行

——谈特色课程有故事的成语开发及实施

文 / 杨美娜 肖 瑾

一、学科课程开发思路

随着时代的进步，知识来源渠道逐渐丰富，不再局限于课堂，致使大量网络词汇走进人们的生活，篡改成语、滥用成语的现象比比皆是。其实，在中华成语宝库中，大量成语来源于古代历史事实、古典作品及流传的辞句，但是随着时代的变迁，其现实意义与原始意义或字面意义发生了较大变化。为了引领学生从历史典故中学习成语，帮助学生充实文化知识，增强文学鉴赏能力，提高语文学科素养，我校语文学科组经过多次研讨，开发了特色课程——有故事的成语。

本课程以社会主义核心价值观为基础，结合初中生的认知规律，共设置了励志篇、诚信篇等 11 篇专题，设想通过寓教于乐的方式，创造一个丰富语言积累、培养语感的新契机，让学生在学习中体会博大精深的中华文化，汲取民族文化的养分。同时，本课程保护学生的好奇心、求知欲，充分激发学生的主动意识和进取精神，倡导自主、合作、探究的学习方式，集知识性和趣味性于一体。

二、学科课程哲学

成语是中国传统文化的瑰宝，展现了人类优秀的文化和文明。有故事的成语课程重在引导学生正确理解和运用成语，掌握必备的语文知识和文化知识，培养良好的品德修养，增强文学鉴赏能力。在这一长期、潜移默化的过程中，学生的思想将更加健康，品格将更加高尚，个性也得以张扬。

我校教师认真学习课程标准，深入理解其内涵，把特色课程的教学与课程标准紧密结合，在教学中，从学生的兴趣着眼安排教学环节，引导学生积极主动地参与教学实践，让学生真正成为学习的主体；并且，我们还将语文教学与社会生活、学生生活联系起来，营造生动活泼、和谐民主的学习氛围，扎实有效地开展特色课程教学，全面培养和提高学生的语文素养。

三、学科课程目标

（一）核心知识

了解成语内涵，恰当运用成语；积累文言知识，培养文言语感。

（二）关键能力

培养学生合作交流能力和认真倾听、及时鼓励他人的习惯，帮助学生形成自信、乐观的人格。

（三）思维方法

转变学生的思维方式，汲取成语中的养分，树立正确的人生观、价值观。

（四）学科品格

感受中华民族优秀传统文化的魅力，激发学生对祖国的热爱之情与自豪感，成为中华优秀传统文化的继承者和传播者。

四、学科课程框架

有故事的成语特色课程以成语故事为依托，将故事中主人公身上体现的优秀品质和当代提倡的社会主义核心价值观联系起来，帮助学生从古人思想中汲取营养，通过生动有趣的故事达到潜移默化教育学生的效果。

该课程设有励志篇、诚信篇、勤奋篇、公正篇、和谐篇、平等篇、友善篇、坚持篇、敬长篇、纳谏篇和敬业篇 11 个专题，每个专题下有 2 个成语故事，共包括 22 个成语故事。这些成语大多为中学生所熟悉，如一诺千金、呕心沥血、破釜沉舟等；也有些成语是他们比较陌生的，如牛角挂书、负弩前驱。所有的成语故事都是以文言文的形式呈现的，篇幅大多短小，其中也有部分文本篇幅较长，为帮助学生理解成语内涵，文本后对难以理解的字词设有注释。课程的每一专题前设有学习目标、内容简介、导读、方法指导，以便学生提前感知学习内容，尤其是导读环节会设置一些问题，学生可以带着问题参与课堂，体现学校的“两线三环”的教学模式；专题后设有思考探究和文史纵横两个环节，帮助学生加深理解、拓展文学知识。

五、学科课程实施与评价

（一）学科课程实施策略

该课程得到了学校领导的大力支持，在七八年级实施，每周安排一节课，专时专用，由本年级的语文教师任教。授课时兼顾学科特点，充分体现课程目标，增强学生的文学底蕴。

1. 学情分析。身为教师，我们深知学情直接影响教学效果，所以课程实施之初，我们仔细研究各年级、各班级的学情，制定不同的教学方法，真正做到因材施教。七八年级学生的学情存在较大差异：七年级学生所学文言文篇目较少，文言词汇积累较少，缺乏文言语感；而八年级学生课内外接触的文言文篇目远远超过七年级学生，文言词汇有所积累，文言现象也能初步判断。鉴于此，七年级学生以诵读为主，采取教师范读，学生听读、跟读的方式进行授课，提高了学生的参与度。学生在听读过程中，侧重字音、停顿、重读等，课上给学生充分的时间自由朗读，并在自由朗读后进行多种形式的朗读展示，以激发学生兴趣。对于词汇的理解，鼓励学生使用工具书克服阅读和理解障碍，基本了解文意即可。八年级的学生则在初步诵读的基础上，较轻松地掌握文意，所以该年级以积累文言词汇、体会古人的高尚品格为主，学生利用工具书准确把握词汇的含义及用法，教师适当予以点拨。

2. 激发兴趣。兴趣是最好的老师，是推动学习活动的一种内驱力。因此，我们坚持把激发学生兴趣贯穿于课程的实施过程中。注重环境熏陶，充分发挥校园文化阵地的育人作用，在板报、宣传栏或读书角悬挂和展示经典成语等，形成浓郁的经典文化氛围。此外，我们还开展了丰富的语文活动，吸引学生兴趣。如"小小朗读者"充分利用校本课程的讲义，培养朗读文言文能力。"我是演员"以校本教材为依据改编成剧本，锻炼学生的表演能力，在深情演绎中树立和谐、平等、勤奋等积极向上的价值观；"阅读手札"通过抄写巩固积累，养成"提笔就是练字时"的好习惯；"成语沙龙"要求学生积累经典成语，并以讲故事形式进行交流，之后可以进行成语接龙游戏；"小小创作者"指导学生展开联想与想象，扩写某一成语故事，增加细节描写，从而锻炼学生的书面表达能力。

3. 学科渗透。语文学科是知识与能力相结合的学科。诵读是语文学习的基石，特色课程教学中应重视诵读，采取多种形式的诵读，如师生共同诵读、学生展示诵读、分角色朗读等。此外，大部分学生概括能力及表达能力不足，授课时可侧重这些方面能力的锻炼。

4. 延伸拓展。课后学生应搜集与主题一致的成语典故，课上交流展示，也可与语文活动结合，丰富语文课堂。

（二）学科课程管理与评价

1. 课程管理。本课程是在国家课程基础上延伸出来的特色课程，授课时教师不能脱离语文课程的基本要求，坚持课程研发之初的理念，融知识性、趣味性为一体。我校还设置了校本课时，每周一课时，要求专时专用，由语文教师开展校本课程。七八年级语文教师结合学情，仔细研讨特色课程的内容，确定授课计划。七年级进行勤奋篇、和谐篇、坚持篇、公正篇、诚信篇、友善篇的授课，每篇授课 3 课时。其中包含学习文本、积累文言知识 2 课时和以丰富的语文活动进行拓展延伸 1 课时。八年级进行诚信篇、励志篇、敬长篇、坚持篇、平等篇、纳谏篇、公正篇、敬业篇的授课，每篇授课 2 课时。其中包含学习文本、积累文言知识 1 课时和以丰富的语文活动进行拓展延伸 1 课时。课程实施前教师以备课组为单位进行集体备课，就教案的准备、授课思路、教学活动等方面进行研讨，以期使特色课程有序开展，达到良好的教学效果。

2. 课程评价。该课程开发的初衷是充实学生的文化知识，提升学生的语文核心素养，增强学生的文学鉴赏能力。为鼓励学生特制定以下学习评价指标：

教师综合评价：教师根据学生的态度、诵读水平、课堂面貌情况及参与练习情况进行评价。

诵读水平评价：诵读是学习文言文的重中之重，针对诵读采取学生自评、互评，教师综合评定的方式，给与相应等级。

课外延伸评价：将班级学生分为若干小组，每小组不超过5人，组内成员根据课上所讲成语内涵，搜集与之相近的成语故事，课上展示交流。

六、学科课程反思与提升

鉴于此特色课程实施之初，七八年级教师充分研究学情，并结合学情制定教法，所以本课程实施较为顺利。七年级学生因课上时间开展了大量的阅读活动，一节课只能开展一个成语的学习。八年级学生在诵读的基础上，能初步体会古人的高尚品格，基本上能完成一节课讲两个成语的教学任务。此外，此课程的授课与丰富的语文活动结合起来，有效地激发了学生学习成语、运用成语的兴趣；学生自主搜集成语典故，扩充了知识储备，有利于传承中华传统文化。但是，本课程应符合学生的认知水平和发展规律，所有专题应遵循由易到难的规律进行编写，对于成语出处的文本应仔细斟酌，以原著为主，不应有大量删减，以免影响学生理解。

目前，有故事的成语特色课程仍在补充和完善中，力争拓展更多的篇目，较全面地展现中华民族传统美德，给学生以人生观、价值观的引导。

天津市育贤中学

培养学生化学双语能力

——化学双语教学校本课程研究

文 / 王宝金

一、学科课程开发思路

（一）学科课程研发背景

随着国家改革开放的深入，人民生活水平的提高，对外交流的日益广泛，学生们出国学习交流、旅游和留学的机会大大增加，英语作为世界通用语言，变得越来越重要，学科知识的双语教学也成为迫切需要，具体的原因有以下三方面：出国留学的需要、到国外交流学习的需要、大学专业课学习的需要。综上三种因素，无论是将来留学、出国学习交流还是在化学领域里深造，学生们有化学双语学习的迫切需要，这也是我选择开设化学双语学习校本课程的动力。

（二）学科课程设计原则

1. 基础性原则。由于高中学生平时接触到化学双语的机会较少，化学学科知识的基础专业英语词汇量严重不足，平时几乎没有接触过化学学科的英语文章。而且在英语中经常一词多义，平时接触过的一些单词在化学专业英语中词义又会有变化。如 solution 常见的意思是答案、解决方案，在化学中是溶液的意思；agent 常见的意思是代理人、代理商，在化学中是药剂的意思；concentration 常见的意思是集中、专心、专注，在化学中是浓度的意思。校本课程不能增加学生的课业负担，不能违背国家一再倡导的减负政策。校本课程一定要以基础性为原则，选取学生爱学、易学、熟悉、身边可接触到的化学双语知识为教学素材。

2. 实用性原则。在选择内容时，要让学生在学好化学知识的同时开阔视野，要符合学生的心理发展，接近学生的日常生活，体现出化学知识在日常生活中的实用性。化学双语的学习还要贴近学生的课本知识，用英语来促进和巩固学生在平时课堂上所学的内容，让校本课程成为必修课程的延伸和拓展。

3. 科学性原则。科学是人类实践经验的理性总结，是人类逻辑思维、理性思维的最高结晶。科学性是课程的生命。科学性原则主要体现在两个方面：一是课程在目标、内容和要求等方面有完整的体系，知识结构严谨，学科知识目标和结构要求相互结合、相互渗透、相互支持；二是课程设计时要依据学习的客观规律，充分体现高中年龄阶段学生的学习特点和学习需要。

（三）学科课程资源支持

笔者为了方便教学，开通了一个微信公众号——双语化学，在课前把上课所用的专业词汇、双语教材电子版、微视频、图片等资源放在公众号平台上，群发出去。这样，学生可以课前预习，也可以方便地进行课后复习。

二、学科课程哲学

（一）学科价值观

1. 基础性。由于高中生平时接触到化学双语的机会较少，化学学科知识的基础专业英语词汇量严重不足，平时几乎没有接触过化学学科的英语文章。而且在英语中经常一词多义，平时接触过的一些单词在化学专业英语中词义又会有变化。

2. 实用性。在选择内容时，要让学生在学好化学知识的同时开阔视野，要符合学生的心理发展，接近学生的日常生活，体现出化学知识在日常生活中的实用性。化学双语的学习还要贴近学生的课本知识，用英语来促进和巩固学生在平时课堂上所学的内容，让校本课程成为必修课程的延伸和拓展。

3. 科学性。教学内容和教学要求体现循序渐进的原则，由易到难，由简单到复杂，逐步过渡。

4. 趣味性。在教学中引入趣味实验——魔术背后的化学，展示了一些化学实验演示，这些化学实验都非常精彩有趣，创造出各种蒸汽、响声、闪光等引人注目的效果。用英语详细解释了实验背后的科学知识，通俗易懂，寓教于乐。

（二）学科课程理念

主要体现在两个方面：一是课程在目标、内容和要求等方面有完整的体系，知识结构严谨，学科知识目标和结构要求相互结合、相互渗透、相互支持；二是课程设计时要依据学习的客观规律，充分体现高中年龄阶段学生的学习特点和学习需要。教学内容和教学要求体现循序渐进的原则，由易到难，由简单到复杂，逐步过渡。

三、学科课程目标

（一）核心知识

能认识、听懂、说出一些简单的化学英语词汇。包括 1~20 号元素及其他常见元素的英文名称；常用化学实验仪器；常见化合物的名称及高中阶段涉及的一些化学现象的英文名称。能看懂简单的国外原版化学教材和学习资料。能看懂国外食品、饮料的成分，看懂洗化用品和常见药品的说明书和使用方法。学有余力的学生能够用英语写化学实验报告。

（二）关键能力

化学与英语双语结合，开拓学生视野，认识生活中常用的英语单词在化学专业中的特殊含义，在双语学习的过程中加深巩固化学知识。能用英文、图表和化学语言表述有关的实验现象、实验信息，学会运用比较、分析、归纳、概括、总结的方法获取信息，学会对信息的加工。

（三）思维方法

翻转课堂，通过自学、交流、讨论，使学生真正成为学习的主人。

（四）学科品格

树立全球意识，树立双语学习的观念。具备适应现代社会生活和未来学习的能力，逐步形成终身学习的意识和能力。

四、学科课程框架

（一）学科课程结构

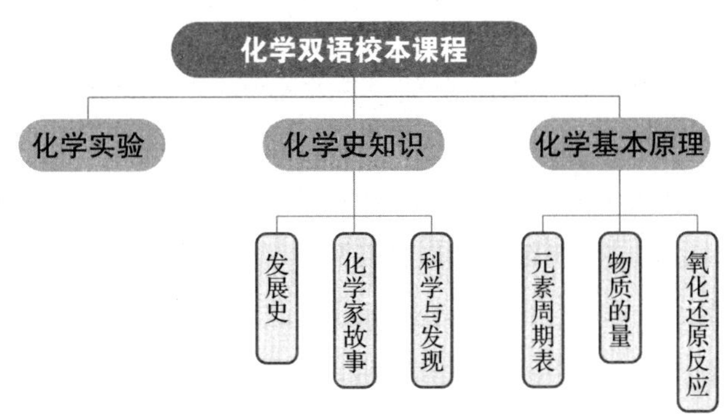

（二）学科课程设置

选择双语学习内容时既要考虑到学生现有的知识储备与英语运用能力，还要考虑到所选内容与学生实际生活的联系。课程分为四个模块，每个模块分为三个专题。

Module 1（模块一）	Interesting chemistry experiment	有趣的化学实验
Subject 1（专题一）	Mirror, Mirror	魔镜魔镜（银镜实验）
Subject 2（专题二）	Midas' magic	迈达斯的魔术（复分解反应）
Subject 3（专题三）	Steaming gun	蒸汽枪（双氧水的催化分解）
Module 2（模块二）	Chemistry around us	化学在身边
Subject 1（专题一）	Summits in chemistry	化学之最
Subject 2（专题二）	Environment Protection	环境保护
Activities（学生活动自主学习）	Acid Rain	酸雨
Module 3（模块三）	History of Chemistry	化学史话
Subject 1（专题一）	Greatest Discoveries of Chemistry	化学界的伟大发现
Subject 2（专题二）	Nobel and dynamite	诺贝尔与炸药
Activities（学生活动自主学习）	History of chemical development	化学发展简史
Module 4（模块四）	Principles of Chemistry	化学基本原理
Subject 1（专题一）	Amount of substance	物质的量
Subject 2（专题二）	The balance of redox reaction equation	氧化还原反应方程式的配平
Subject 3（专题三）	The Periodic Table	元素周期表

五、学科课程实施与评价

（一）学科课程实施策略

以 Interesting chemistry experiment 有趣的化学实验为例。课前准备：New Vocabulary。专业词汇部分：将印刷好的化学双语学习材料提前发放给学生，请学生画出生词，查字典清楚词义，通读文章。请学生们认真观察实验现象，认识这些专业词汇：precipitate 沉淀、ammonia 氨气、reagent 试剂。课堂小结：银镜反应的本质是有还原性的醛基被弱氧化剂银氨溶液所氧化，这个性质可用来区分醛基和酮羰基。课后反思：这个实验生动有趣，激发了学生兴趣，学生参与度非常高，强烈地调动了学生的学习积极性，是校本课程一个良好的开端。

本节课通过银镜实验介绍了醛基的性质，这是高一下学期必修 2《基本营养物质》中葡萄糖的性质，高二的学生已经学过了，学起来比较容易接受，但是高一的学生还没有学习，学起来有些吃力。笔者在教学中注意到了这些差别，所以重点放在让学生学习化学用语中的英语单词、短语和句子，没有把重点放在化学知识如有机物的氧化和还原反应上，这样做突出了教学重点。

（二）学科课程管理与评价

学科课程管理评价

维度	题号	选项人数百分比（%）			
		A	B	C	D
学习兴趣	1	67.6	26.4	2.9	2.9
	2（多选）	88.2	47.1	58.9	52.9
课程目标达成情况	3	5.9	55.9	23.5	14.7
	4	5.9	32.3	47.1	14.7
	5	正确选项C，正确率94.1%			
	6	正确选项D，正确率97.1%			
	7	正确选项D，正确率76.4%			
学生自我评价情况	8	82.4	14.7	2.9	0
	9	35.3	58.9	5.9	0
教学内容	10（多选）	73.5	58.9	82.4	0

为了了解化学双语学习校本课程的实施效果，对学生进行问卷调查，从而了解学生的学习兴趣、三维目标达成情况、学生学习过程中的自我评价、教学内容设置是否合理等方面的内容。

六、学科课程反思与提升

为了了解化学双语学习校本课程的实施效果，笔者对学生进行了问卷调查，进而了解学生的学习兴趣、三维目标达成情况、学生学习过程中的自我评价、教学内容设置是否合理等方面的内容。通过问卷调查可以得出该化学双语学习校本课程实施效果良好，具体表现在以下方面：激发了学生学习化学的兴趣；圆满完成了三维课程目标，提高了学生的科学素养；学生自我评价良好，学好化学双语的信心增加；教学内容选择合理。

通过一学期的教学，笔者明显感到英汉双语教学教材缺乏，无法选择现成的英汉双语教学内容。笔者手边只有国外的原版教材，这些教材许多地方不能适应我国中学生的学习和认知，希望能多出现类似英语学科的英汉对照版的化学教材或书籍。经过一学期的教学实践，笔者明显感到缺乏与其他开展双语教学学校的交流和学习。

教学相长，学生的英语能力提升了，同时教师的英语能力也得到了提升。为了能提升自己的化学双语教学水平，开拓学生的视野，提升学生化学学科素养，化学双语校本课程还要继续坚持下去。

天津市天津中学

习近平新时代中国特色社会主义思想进课堂

——小学道德与法治特色课程建设

文 / 郑天红　周　阳

一、学科课程开发思路

（一）学科课程开发背景

党的十九大把习近平新时代中国特色社会主义思想确立为我们党必须长期坚持的指导思想和行动指南。学校德育课程及各项工作要始终坚持和落实立德树人根本任务。用习近平新时代中国特色社会主义思想武装学生，是培养中国特色社会主义事业的建设者和接班人的基础性工程，更是教育部门和学校教师的历史责任和使命担当。而我们的道德与法治学科作为德育课程，理应承担起推动习近平新时代中国特色社会主义思想进课堂进头脑的重任。笔者按照道德与法治学科课程标准，积极落实学科核心素养，开发了具有时代性、开放性、实践性和综合性的特色课程。

（二）学科课程整体构思

笔者在充分阅读《习近平新时代中国特色社会主义纲要》的基础上，通过教研、实践等过程，找到习近平新时代中国特色社会主义思想与道法课程相契合的教学内容，并借助现代信息技术手段以直观的教学方式呈现在特色课程中。

具体构思如下：学校同一年级任课教师集体教研、备课，确定与教材相契合的习近平新时代中国特色社会主义思想，将其作为教学内容。高级教师就特色课程做一次引领展示课，以供其他任课教师观摩学习。课程成熟以后，全校推广。

将道德与法治课堂由课内拓展到课外，并开展相应的主题教育活动。

二、学科课程哲学

（一）学科价值观

随着课程改革的不断深入和新课标的全面修订，2016年教育部将义务教育阶段的《品德与生活》《品德与社会》《思想品德》统一更名为《道德与法治》。道德与法治是一门以学生的生活为基础，将道德教育与法治教育相互融合、相互启发、相互渗透，以实现立德树人为目的的综合性活动课程。

道法学科具有生活性、活动性、开发性、实践性等基本特性，本特色课程重点突出两点。一是社会主义核心价值观的统领性。道德与法治课程旨在引导学生准确理解和把握社会主义核心价值观的深刻内涵和实践要求，并将其内化于心，外化于行，促使其养成良好的道德品质和法治意识，为学生健康成长奠定坚实的思想基础。二是生活性。道德与法治的生活性旨在鼓励学生在探寻问题解决方案过程中体验生活、参与生活、创造生活，培养其乐观积极的生活态度。注重生活性，道德与课程才能接地气，有底气，才能开创课程建设中独特的中国道路。

（二）学科课程理念

道德与法治课程意在引导学生热爱生活、学会关心、积极探究；课程要珍视童年生活的价值，尊重学生的权利；课程要源于学生实际生活和真实道德冲突，引发他们内心的而非表面的道德情感、真实的而非虚假的道德认知和道德行为；课程必须植根于学生的生活才会对学生有意义，教学必须与学生的生活世界相联系才能真正促进学生的成长。

三、学科课程目标

本课程深入推动习近平新时代中国特色社会主义思想进教材、进课堂、进头脑，用党的最新理论成果武装学生，坚定广大学生的道路自信、理论自信、制度自信、文化自信。本课程旨在以正确的价值观引导学生更好地适应学校生活，形成良好的品德和行为习惯，在充满探究与创造乐趣的生活中，为学会生活、学会做人奠定坚实的基础。

（一）核心知识

掌握自身生活必需的基本知识和基本技能，具备与同伴友好交往、合作的基本方法和技能，具备初步的探究能力；初步了解生活中的自然、社会常识；初步了解有关祖国的知识。

（二）关键能力

初步养成良好的生活、卫生习惯；养成基本的文明行为习惯；乐于参加劳动和有意义的活动；保护环境，爱惜资源。

（三）思维方法

体验提出问题、探究和解决生活中的问题的过程；初步体验与社区和社会生活相联系的学习过程。

（四）学科品格

着力引导青少年学生深刻认识到中国梦是每个人的梦，应当增强国家认同，培养爱国情感，树立民族自信，形成为实现中华民族伟大复兴的中国梦而不懈努力的共同理想追求；着力完善青少年学生的道德品质，培育理想人格。

四、学科课程框架

本特色课程内容的选择，关键在于找到统编《道德与法治》教材与习近平新时代中国特色社会主义思想的契合点，如社会主义核心价值观、中华民族优秀传统文化、新时代生态观等内容，并结合学生实际情况引入课堂。围绕道法特色课程的总体目标，并根据各章节不同的教学目标，我们通过实践探索，开发了新思想分享课程和新思想活动课程两种形式的特色课程。

特色课程
分享课程
活动课程

新思想分享课程：在课堂上主要采用教师分享、小组分享、个人分享等多种形式来分享与本课主题相符的习近平新时代中国特色社会主义思想。借助视频、照片等直观的多媒体手段，通过分享、交流、总结提升等环节达成本课教学目标。新思想活动课程：活动课程旨在让学生在“做”中学习与本课主题相符的习近平新时代中国特色社会主义思想。如课堂上的知识竞赛活动，课外的社会实践活动等。另外，根据道法学科课程标准，涉及青少年法治教育方面的内容比较适用于活动课程。

依照学校课程安排，道德与法治课程每周两课时；每周周三在学生素质拓展时间，安排一次学习习近平新时代中国特色社会主义思想的专题活动。

五、学科课程实施与评价

（一）学科课程实施策略

第一，道德与法治课是主渠道。我们道德与法治学科的课堂教学是推动习近平新时代中国特色社会主义思想进课堂的主要渠道。那么，在课堂呈现环节要有机融入，精准结合。首先，抓内容、重选题、抓好两个结合，即结合课题需要、结合学生实际，课堂中贯穿或者融入习主席的新思想；其次，抓落实重切入，找准贯穿或融入习近平新时代中国特色社会主义思想的思路和线索，融入或结合的点要贴切不要牵强，要实际不要空泛，要准确不要偏颇；最后，抓教研重实效，在团队合作基础上反复研讨、深刻解读、认真备课，把先进的教学理念引进课堂，采用恰当的教学方法，逐步推动习近平新时代中国特色社会主义思想进课堂进头脑。

第二，课内课外相结合。通过主题德育活动，拓展本课程。如学校通过班会、国旗下讲话、主题队会、黑板报、宣传栏、志愿服务、专题讲座等形式渗透习近平新时代中国特色社会主义思想，鼓励学生胸怀理想，志存高远，脚踏实地，在实现中国梦的生动实践中放飞青春梦想。

第三，运用现代信息技术手段开发课程资源，全面推动习近平新时代中国特色社会主义思想进课堂进头脑。信息技术的运用突破传统教学在时间、空间和地域上的限制，有利于提高课堂教学质量，优化课堂教学环节，实现高效教学、使学生核心素养得到落实。

同时，加强教师的专业培训。道德与法治课程多以兼职教师为主，要采用多种形式加强对任课教师的专业化培养，以提高教师对习近平新时代中国特色社会主义思想和十九大精神的认识。如采用专题培训的方式对教师进行培训提升，采取集体备课、统一教案的形式开展教学活动。

（二）学科课程管理与评价

本课程评价倡导多元、开放、整体的学生评价观。注重对学生综合素质的考查，强调评价指标的多元化，将多种评价方法相结合，将学业评价贯穿于日常的教学活动中，发挥评价的教育功能。

1. 即时性的中肯评价，引发学生情感共鸣 。本课程在课堂教学中运用即时性评价鼓励学生时，要把握好度，教师要注意评价恰如其分、中肯、适度。一味夸大其词地表扬会给学生虚假的感觉，长期以往可能会导致学生知与行不统一。道德与法治教学更多的是关注学生真实的体验，学生只有内心获得真实的情感体验与共鸣，产生了道德情感，才能形成道德认知并转化为外显行为。

2. 多维度的激励评价，发挥学生主体作用。教师对学生学习习惯、学习态度、合作精神、创新精神培养等方面进行多维度的即兴点评，适时反馈、激励、调控，形成和谐的课堂情感氛围，可更好地激起学生的情感共鸣和心理认同，提高道德与法治课堂教学的有效性。

3. 多层次的差异评价，发展学生个性特长。教师在教学中要面向全体学生进行多层次激励性评价，保护学生的差异性思维。在评价范围上，有时是面向全体学生进行集体评价，有时是面对小组进行团队合作评价，有时是面对个人进行指导激励性评价；有的是口头语言评价，有的是体态语评价。

六、学科课程反思与提升

这一特色课程旨在全面推动近平新时代中国特色社会主义思想进课堂进头脑，为此我们精选教学内容、优化教学设计、采用灵活的教学手段和教学方法，力求特色突出、理念先进，同时又具有操作性、推广性和可借鉴性，能发挥引领和辐射作用。但是，在教学内容的选择上，教师还要做到精挑细选，以免理论知识生搬硬套，并不符合教材主题，更不能服务于教材内容。在教学方法的选择上，一定要激发学生自主探究、合作学习，否则又会落入填鸭式的教学模式中。

天津市南开区教育中心　天津市南开区咸阳路小学

以游戏课堂培养数学素养

——数学游戏课程的开发与实践

文 / 程功静

一、学科课程开发思路

数学游戏课程是南开大学附属小学浸润式课程体系中的数学拓展课程。课程开发的初衷是在传统课堂教学模式基础上，给学生创设一种更多动手操作、更多主动参与、更能培养创造性思维的课堂，使学生在一种宽松、愉悦的情境下进行数学学习。

数学游戏课程的核心词是“游戏”。什么是游戏？什么是数学游戏？什么是有意义的数学游戏？这是贯穿整个课程研发阶段的三个问题。提到数学游戏，人们往往联想到陈省身教授为青少年的题词：“数学好玩”。在一定意义上讲，数学游戏的目的就是使学生感到数学好玩。但是“好玩”是人的一种感受，是对“有趣，能引起兴趣”的一种表述。受年龄和思维层次的限制，不同的人对“好玩”的感受是不一样的。基于以上思考，我们认为小学阶段的数学游戏课程应为数学与游戏的有机统一，是以数学知识为载体，以数学游戏为形式，使学生在多种数学游戏活动中获得数学活动经验，体会数学思想方法，提高学习数学的兴趣。

我校课程开发理念是教师具有双重身份——既是课程的开发者，也是实施者。学校课程建设不局限于创编校本教材，而是形成一个不断满足学生需求，不断丰富的“活”的课程资源库。因此，每一位教师都是游戏课程的开发者。单独的数学小游戏或者有趣的数学题有许多，但是能够作为课堂教学的内容，适应整个班级活动的数学游戏并不多。因此，我们广泛搜集各种资源，包括各版本的数学教科书、国内外的数学游戏读本、数学绘本等等，把相关相近内容的资源整合在一起，使数学游戏在每节课中有层次，在各年级间也有层次，使数学课程资源库丰富起来。

二、学科课程哲学

数学游戏蕴含丰富的数学知识，好的数学游戏要兼顾三个特征：一是学生喜爱；二是在游戏过程中学习具体的数学知识和思想方法；三是学习过程与游戏同步，玩与学同时进行。这与我国现阶段对数学教学的要求是非常吻合的。《课程标准》强调培养学生基础知识、基本技能优势的同时，特别提出要关注学生基本思想和活动经验，重视培养学生创新意识和实践活动能力。

基于以上考虑，我校的数学游戏课程，兼顾趣味性、操作性、探究性和教育性，是数学基础课程的拓展，能够提高学生学习数学的兴趣，增强学生的数学活动经验，丰富学生的数学思想方法，提高学生的思维能力和创新能力。

数学游戏课程以《课程标准》为依托，分为两个学段。第一学段以数学小游戏为主，多为数学知识和技能在游戏中的应用，夹杂少量数学策略；第二学段以策略类游戏为主，探究规律，优化方案，寻找获胜策略，同时渗透一些数学经典问题。两个学段都涉及到统计在生活中的应用。课程授课形式：设计多个层次的数学活动，学生通过尝试、调整、内化、升华达到游戏活动的目的。

三、学科课程目标

（一）核心知识

通过数学游戏，使学生进一步掌握本年级规定的数学基本知识、基本技能，并在游戏中获得一些基本的数学思想方法和数学活动经验。

（二）关键能力

使学生在数学活动中主动发现、探究游戏中的规律，形成策略，运用数学的思维方式进行思考，增强发现和提出问题的能力、分析和解决问题的能力。

（三）思维方法

提高学生学习数学的兴趣，增强学好数学的信心，培养初步的创新意识，体会数学的价值。

（四）学科品质

使学生在游戏中提高与人交往、合作的意识和能力。

四、学科课程框架

数学游戏课程主要由六类游戏组成，分别是：数感计算类游戏——使学生在游戏中提高计算的基本技能；空间想象类游戏——使学生在动手操作中培养空间想象能力；策略类游戏——使学生在游戏中探究规律，寻找最优策略；经典游戏类——使学生了解并参与经典的数学游戏；文化普及类——使学生了解数学文化中的相关内容；综合实践类——使学生运用数学解决生活中的实际问题。

五、学科课程实施与评价

（一）学科课程实施策略

数学游戏课程有学生专用的数学游戏课活动资料，采取活页式。每一课的编排以活动为主，设计多个层次的数学活动，学生通过尝试、调整、内化、升华达到游戏活动的目的。所有的活动资料采取统一的体例，包括活动目的、活动内容、活动程序、探索延伸等内容。数学游戏课程不只是一节一节的课，它与数学基础课程融合在一起，是有力的补充。

1. 技能操练类游戏。主要在低年级进行，如一年级的数学牌“钓鱼游戏”。具体玩法：每次有 3 张公用的牌，就是“鱼”。当学生手里的牌和公用的牌的和等于 10，说出正确的算式，就可以把鱼钓走（练习 10 以内的组成）。四种花色的牌有不同的分值，黑桃 4 分，红桃 3 分，梅花 2 分，方片 1 分，选择鱼的时候，在和等于 10 的情况下，要优先选择分值大的牌（最优策略）。最后，在比较得分多少时，先把分值同样多的牌抵消掉，再算剩下的分，比出大小（简便算法）。这个游戏综合性、趣味性、挑战性都很强，学生很喜欢玩。在游戏实施中，要用 1 节课的时间，使学生了解游戏规则，体会得高分的策略；一旦会玩这个游戏，在一二年级许多知识的学习中都能用到。如可以把和，改为差、积、商等，可以在平时的课堂教学中作为练习的一种补充形式出现，增加练习的趣味性。

2. 规律策略类游戏。主要在中高年级进行，如三年级“趣数正方形”。具体玩法：数出大图形中有多少个单位图形。学生通过数不同规格的正方形，把观察点逐渐从面抽象到边上，再抽象到点上，整个过程体现了数学的不断抽象、概括的过程，与平时数学课堂上渗透的数学思想方法是可以互相印证的。

3. 有趣的统计。这是每个年级都要有的内容，从吃的早餐到天气情况，从体检的身高体重到使用手机的时间。内容与学生的生活密切相关。学生通过一段时间的观察、记录、整理、分析，发现问题并提出解决方案，经历了有意义的统计过程，体会到统计的作用。

4. 数学知识介绍类。这是点燃学生研究数学的火种。如四年级“有趣的杨辉三角”，不是解“杨辉三角”类的难题，而是通过活动，使学生从各个方面体会到杨辉三角的“巧”，从而感觉到“趣”，产生进一步研究的兴趣。再如六年级的“有趣的椭圆”，是根据数学绘本改编的，通过切椭圆、利用长方形徒手画椭圆、利用固定两个焦点的方式画出接近标准的椭圆等活动，使学生在学习圆的同时，接触了要到高中才会学习的椭圆。

5. 经典数学游戏类。如七巧板、魔方，更是学校每年数学竞赛的主题，很多学生除了能在 2 分钟内拼出三阶魔方的六面，还能拼四阶、五阶等异形魔方。

（二）学科课程管理与评价

不同于传统课堂教学评价的目标和方式，数学游戏课程的评价聚焦于两点：一是学生课上的数学活动体验；二是学生形成的数学活动经验。

数学活动体验，主要通过课堂最后填写自我评价体验单来实行。

数学活动经验，体现在学校的 OTTD 评价体系中的形成性评价（分组抽测）中，学生采取动手操作的方式来完成数学活动。要求既要呈现出活动结果，更要体现出思考过程。学生使用的不再是草稿纸，而是剪刀、彩笔和胶棒。同时，学校通过分组抽样测评，对课程开设的质量进行监控和调整。

七巧板和魔方比赛的成绩成为学生选择性评价的重要内容之一，也成为数学爱好者的优势项目之一。魔方小达人还登上了艺术展演的舞台。

六、学科课程反思与提升

通过几年的探索，数学游戏课程给课堂教学带来的变化是明显的，教师的课程意识、对数学课标的理解和实施、学生的创新意识和数学能力都有了不同程度的提高。但是还有一些需要调整和改进的问题，如数学游戏课程资源需要再补充和调整，去芜存菁；如何进一步提高数学游戏课堂的有效性；如何进一步提高数学游戏的竞技性等等。

课程建设是一个长期的过程，更是一个需要反复雕琢打磨的工作。学科课程建设离不开学校整体课程体系的搭建和实施。南开大学附属小学每个学期开展的创意课堂研究课活动，就有拓展类课程的主题，在教师们不断的实践反思中，相信我们的数学游戏课程的开发和实施将会有更加广阔的空间和更加美好的未来。

南开大学附属小学

以英语绘本阅读促学生能力提升

——小学英语绘本阅读的应用与实践

文 / 张悦佳　陈　洁

一、学科课程开发思路

英语阅读一直是小学阶段学生学习的难点，由于学生的词汇量有限，在平时的学习中缺乏对文章语句的理解，更是很少在语境中理解整体信息，这样就会在阅读上形成障碍，英文绘本课程的出现缓解了这一难题。绘本课程的设置形式多样，浅显易懂，方法灵活，能很好地解决学生的困扰。课程设计的原则是在绘本的选择内容上要难易适中，贴近每个年级学生的英语能力。对于不同学习能力和学习水平的学生来说，学习目标也要注意分层，力图让每个学生在自己原有基础上都能学有所得。我校的英语绘本教材以《培生英语分级读物》为基础，配以其他原版英语绘本故事，力图让学生感受最原汁原味的英语。

根据学生的年龄层次，我校确定校本教材在各年级的主要形式。低年级采用歌谣、故事绘本，让学生在聆听与吟唱中形成初步语感，建构思维雏形。中年级采用故事绘本，口语化英语故事系列，提升阅读能力。高年级采用经典故事、阅读绘本让学生做到阅读输入、写作输出，提升阅读思维能力。

二、学科课程哲学

（一）学科价值观

在英语阅读课上，学生可以通过文本理解和掌握人文思想中所蕴含的认识方法和实践方法等，理解和尊重文化艺术的多样性，培养发现、感知、欣赏、评价美的意识和基本能力。在授课过程中，学生可以通过查阅电子词典、小组合作探究、小组讨论、小组表演等方式，激发好奇心和想象力；同时激励不畏困难、坚持不懈的探索精神；勇于大胆尝试，积极寻求有效的问题解决方法等；同时学会自主阅读方法，使学生乐学善学，学会运用信息技术帮助解决学习中的困难，提高信息意识。

（二）学科课程理念

根据《课程标准》，我校的阅读课根据年级要达到以下标准：一年级学生能够借助图片认读故事中的单词，并借助配图读懂小故事；二年级学生能够借助图片读懂故事，养成按时阅读习惯，并正确朗读所学故事；三年级学生能读懂故事，在教师的指导下进行简单的角色扮演；四年级学生能够从文章中找出有关信息，理解大意，能借助电子词典等工具帮助阅读理解；五年级学生能够根据上下文猜测生词，能够找出文章主题，理解故事情节，预测故事发展和结局。

三、学科课程目标

（一）核心知识

增加学生词汇量，教授学生阅读方法，提高学生的阅读水平。

（二）关键能力

提高学生与他人合作的能力，形成自主阅读的能力，逐步形成终身学习的意识和能力。

（三）思维方式

帮助学生学会观察、比较、分析、推断、归纳、建构、辨识、评价、创新等思维方式。

（四）学科品格

使学生具备积极的心理品质，自信自爱，坚韧乐观；有自制力，能调节和管理自己的情绪，具备抗挫折能力等。

四、学科课程框架

（一）学科课程结构

小学英语课堂教学中，低中年级主要是培养语言交流的能力，而高年级主要着眼于英语阅读能力的培养。一直以来，阅读教学模式主要体现为以学生会学习为中心，以培养学生的语言能力为目标，对学生进行听说读写各个方面的训练，从而达到提高学生的阅读素养，培养学生自主学习的目的。

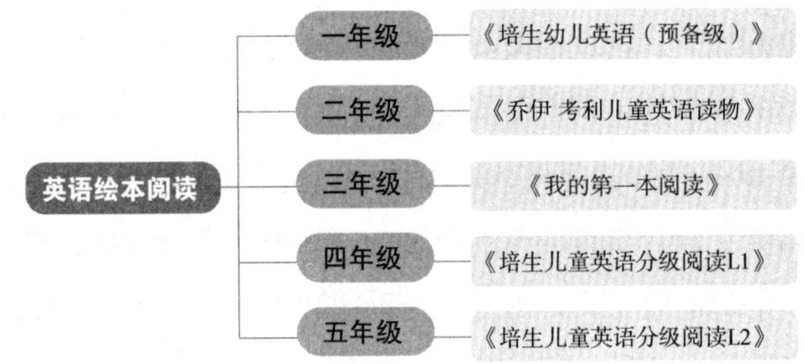

（二）学科课程设置

我校一至五年级选取不同的绘本故事书，根据每个年级学生的认知水平进行授课，每一册书分为上下两个学期教学。由于一二年级学生的词汇量有局限性，因此这两个年级的绘本故事定为每个故事学习 4 课时，三至五年级则为每个故事安排 2 课时。故事学习第一课时的教学内容是攻破词汇，即教师帮助学生掌握学习单词的方法，并初步整体了解故事大意。第 2 课时的教学内容是教师引导学生具体理解故事情节，学习相关的句子结构，同时借助图片或问题引导学生对故事的深层内容进行学习，最终使不同层次的学生都能够对故事大意进行复述。在每个学期的期末，学校将进行各年级的书面和口语综合测试。

五、学科课程实施与评价

（一）学科课程实施策略

1. 使学生在舒适放松的英语课堂氛围中学习。课程改革以人为本的教育观念要求建立良好的师生关系，即在课堂上始终是学生扮演主角，教师扮演配角，在课上时刻关注学生学习的变化，为学生解疑。在绘本教学课上，教师应重点着眼于引导并且教会学生如何去读故事，学生是否能够积极配合和参与直接影响了整堂课的教学效果和学生的学习效果。绘本故事中的图片栩栩如生，内容十分适合小学生的年龄特点，他们会情不自禁地在课前就翻阅起来，为他们在轻松愉悦的环境中进行学习做了很好的铺垫。

2. 抓住学生的好奇心，适时引导学生掌握学习方法。要想充分调动学生学习的兴趣，就需要教师课前充分熟悉所教的内容，使用新颖且适合自己学生的教学思维，用不同的评价形式鼓励每位学生积极参与。小学英语绘本教学以贴近生活的故事为主要内容，以符合小学生的语言认知为特点，借用生动有意思的人物形象和感染人的故事情节进行教学，有利于抓住小学生的注意力。故事内容的层层深入有利于使他们加深对英语学习的好奇心，表现出特别想知道故事的结局，这样读故事的兴趣点就会越来越高涨。为了弄明白生动的故事情节，小学生会尽他们最大的努力去听讲，从而提高听讲的认真度，同时也会逐渐提升自己的听力水平，从而培养英语学习的语感。绘本教学可以为高年级英语的阅读学习作铺垫，教师还要引导学生利用思维导图的形式，逐步将故事情节加以提炼，逐渐学会如何提取重点信息，对故事的主要内容进行复述。

3. 主动学习和小组合作学习相交替。为了解决绘本故事中一些不认识的单词影响孩子对绘本的理解，教师在课上将学生分成小组，每组选出组长，在每节课前每组下发电子词典，每位学生都有机会参与使用电子词典，进行查阅生词，通过动手动脑查字典的形式，在各自的组内合作学习和交流。与此同时，每个小故事设置一些理解和分析的问题，让学生讨论，从文中判断或找取答案，力争让学生指出自己阅读的方法，鼓励学生在家里也可以用这样的方法自主阅读。

4. 讲、练、学相结合。理论和实际相结合的方式在英语课堂教学中更为突出。 课上教师以边讲解边引导学生学习阅读方法的形式完成故事第一课时的学习，以学生之间讨论和问答的方式来帮助学生更好更准确把握故事大意，教学中常常采取讲练与实践相结合的方式进行各种教学活动。在第二课时通过课后习题的巩固环节，进一步帮助不同层次的学生增加自己的阅读信息量，努力提高自己的阅读速度，在不同故事内容的学习中了解更多的异国文化和风情，提高自己的理解力，从而使自己对英语阅读的兴趣越来越浓厚。

（二）学科课程管理与评价

为快速提高教师的授课水平，我们学习了不同地区的绘本授课理念，借鉴了不同形式的评价方式，再根据所教班级学生的认知水平，在学生学习的过程中选取适合的评价方式，鼓励学生积极投入到绘本故事的学习中来。

课堂评价方式在每节课上都起到了至关重要的作用。而课程评价的形式也是多种多样的，课堂评价是否合理有效不仅对教师的教学起到监控的作用，而且可以反映出学生在课上听课效果以及对本节课知识的掌握情况，从而对其进行有效的评价。

1. 随堂评价。学生在学习不同话题的故事内容时，会对内容有不同的想法，同时会反映出不同的情感，因此在教师随堂讲解并通过内容和学生共同感悟情节时，可以随时引导学生对故事的内涵进行深层挖掘，表达不同的观念，这同时对发散性思维的训练也很有帮助，要对学生们的精彩回答给予及时的语言上的肯定。

2. 测试评价。每个绘本故事结束后和每学期末，教师都要设计一些阅读题目，考验学生的阅读水平。题目的形式多样，如填词、判断、选择、排序、连线、画画等，由易到难，由简到繁，逐渐让学生学会从故事中提取单词信息，理解故事的含义，更深层次地理解故事的主要内容和情感态度，用学会的阅读方法去实践，从而为高年级的阅读理解作铺垫。

3. 口试评价。在学完每个绘本故事后，教师可以让学生选择自己喜欢或简单的段落和篇幅，两人一组进行合作复述，一则可以考查学生的语言表达能力，从语音语调，流利程度进行评价；二则可以考查学生概括能力和灵活运用所学新知的能力，逐渐形成可以用英语讲故事的能力。

4. 展示评价。在教学中我们多次进行过口语交流展示和课本剧展示，在每个学期都会有让学生展演的机会，教师会利用空闲时间和学生们一起排练，展示角色扮演的成果，在此过程中增强了生生间合作的意识，同时也培养了更多的学生展示自己、乐于学习的兴趣。尤其是在学生接触了绘本故事的学习后，对思维导图的评价表现得极为热情，设计了各种各样图案的框架图，提炼出故事中的重点词汇，在组内及班上进行了展示，同时还评出了最佳设计奖和最佳内容奖。

六、学科课程反思与提升

自学校开展课程建设以来，学生学习的方式也发生了一系列的转变：一是学生在小组合作学习中体会到了互帮互学的乐趣；二是通过学习扩大了词汇量，并能够初步使用已有的语言，根据故事内容进行简单的交流，在学生们具备了足够的知识积累的基础上，进一步提升其阅读能力和复述能力，使学生能积极主动地投入到每次的学习和实践过程中。

教育的深化改革使得学生在课程中的地位越来越重要，将英语绘本运用与小学英语教学活动结合起来是比较前沿的教学方法，需要教师不断地探索绘本阅读教学的方法。努力使学生学会更多的词汇，学会更简便的阅读理解的方法，体会学习成功带来的快乐，从而喜欢上英语阅读。通过大量的阅读积累逐渐使自己的阅读能力得到提高，并学会在生活中使用英语，从而让学生在轻松舒适的课堂上，接触英语，感受英语学习的魅力。

天津市南开区东方小学

互联网教育模式下学生动手能力的提升

——借助系列微课玩转科学

文/张 建

一、学科课程开发思路

随着网络时代的到来，教育面临着前所未有的挑战，教育形式的变革势在必行。曾经一方讲台、一块黑板、一支粉笔的教育已经远远不能满足现代信息技术发展的需求，必须通过互联网+教育的方式进行更新，才能跟得上翻转课堂的大翻转。科学学科强调学生要通过动手实践来掌握科学技能、获取科学知识，从而延展到学生其他素质的发展。因此，适时搭建基于学生科学演示技能培养的课程平台，以供学生有足够的时间来学习、模仿、创新，从而形成自己的科学知识和素养体系的教学方式，便显得十分必要。

玩转科学主要节选科学中部分实验进行微课录制，并将其融入科学教学中。同时，设计一些如绘本故事、科学游戏来拓宽学生视野，以达到因材施教的目的。此课程理念可以拓展教学时空，增强教学吸引力，激发学生的学习积极性和自主性，扩大优质教育资源受益面。

二、学科课程哲学

玩转科学实验课程体系的建设及录制可以提高实验的可见度，突破时间和空间的限制。此课程让学生能够随时随地的反复学习，在循序渐进中提升自身的科学素养与能力。

核心素养以培养全面发展的人为核心，分为文化基础、自主发展、社会参与三个方面。而在科学学科中，核心素养的培养主要体现在科学观念与应用、科学思维与创新、科学探究与交流、科学态度与责任几个方面，重点培养学生运用科学知识和方法解释自然现象和解决实际问题的能力——它是其他素养的重要基础，特别强调学生对核心科学知识的深度理解以及灵活应用。但由于学生的个体差异性，仅仅依靠单纯的课堂教学难以满足学生的需要。因此，借助互联网教育平台的传播，系列微课可以很好的辅助教学，满足不同学生的需要，培养学生创造性精神和动手操作能力，帮助学生玩转科学，享受科学。

《课程标准》中强调：全面提高每一位学生的科学素质是科学课程的核心理念，要求做到人人都能学的科学；学习“四位一体”的科学；以生活中的科学为逻辑起点；以科学探究为最重要的学习方式；科学课程具有开放性等。制作微课，并借助互联网平台传播的方式可以使科学实验在最大程度上满足不同地区、不同经验背景的学生学习科学的需要。微课中不单单涉及课本中的实验操作，还包含了一部分探究性、趣味性强的实验，以满足探究的欲望。同时，微课中的实验材料非常简单且贴近生活，可以让学生在课堂之外，利用生活中的常见材料进行动手操作，也为学生传达生活与科学密不可分的理念。

三、学科课程目标

（一）核心知识

培养学生实验操作的基本能力和基本素养，做规范性锻炼，为综合应用和创造性实验打基础。

（二）关键能力

通过玩转科学提升篇动手做一做，亲眼看一看的科学探究方式理解科学知识，学习科学技能，体验科学过程与方法，初步理解科学本质，培养创新意识和实践能力。

（三）思维方法

培养自主实验的能力，注重扶放结合，发挥教师的引导作用；把握难易梯度，注重保护学生实验探究的热情。适当安排全过程探究的实验，让学生自己运用所学过的知识以及探索性的实验原则和方法，从不同角度对实验做出思考，并对自己的探究过程进行评价和反思。

（四）学科品格

结合课外及生活中较为有趣的现象，从中提取出相应实验，旨在引导学生开阔眼界，丰富课外知识，保持对科学的兴趣和求知心；了解科学技术会对自然、人类生活和社会产生负面影响，初步懂得实施可持续发展战略的意义。

四、学科课程框架

针对学生认识具有的长期性、反复性、逐步提高的特点，“玩转科学”采用螺旋式上升的方法，每一部分既是上一部分的巩固，又有新的知识和创新点。教学内容分为基础模块、提升模块、拓展模块、延伸模块。具体如下：

基础模块：培养学生实验操作的基本能力和基本素养。提升模块：遵循鼓励性原则，培养学生学科学的兴趣，诱发学生的好奇心理。以贴近而非远离学生生活的童趣事物，作为探究发现的生成点，并贯穿科学活动的全过程。拓展模块：注重保护学生科学探究的热情，让学生自己运用所学过的知识以及探索性的实验原则和方法，从不同角度做出思考，并对自己的探究过程进行评价和反思。延伸模块：涉及课外及生活中较为有趣的现象，旨在引导学生开阔眼界，丰富课外知识，保持对科学的兴趣和求知心。

五、学科课程实施与评价

（一）课程实施策略

兴趣是最好的教师。因此，玩转科学主要培养学生学习科学的兴趣，力求在课堂上让学生充分发挥他们的爱好和兴致，激发求知欲，从此爱上科学课，走向探索之路。培养利用感观来观察世界，从感观现象、动手实验出发，经过形象思维和抽象思维相融合而形成科学概念、规律，然后再回到实际生活中去验证和应用的过程，也是观察现象—提出问题—作出假设—分析、验证假设—寻求新的证据—作出新的假设等的探究过程。从实验中验证真知，在真知中寻求真理。为了让学生喜欢玩转科学，教师团队设计了螺旋式上升的科学课程，这些课程一部分与课本相联系，一部分又延伸到生活中，学生在一知半解的情况下更想要去探索发现，越学越有趣，越玩掌握得越多。

课程的实施以学生碎片化的学习为主。学生在实验操作中如果遇到问题，可以随时查阅相关的演示课程来寻求规范的答案。从中，学生学会了解决问题和亲身实践，逐步巩固提高自己的科学素养，并养成良好的习惯，这为中学学段的物理、化学、生物的实验操作学习打下良好的基础，甚至为今后进行相关领域的研究也打下了牢固的基础。这使学生在学习丰富知识和养成良好习惯的同时，增强了未来适应性学习和进入社会的能力。

为了保障课程的建设与实施，科学教师团队每周定时进行小组集中备课，就不同年级学生的认知特点，调整教学资源的使用和录制的方式，通过资源共享的方式，寻求最适合小学生学习科学的方式与思路。科学仪器室与学生电子阅览室每日开放，供学生随时了解相关的科学知识，或通过网络查阅相关的信息资料。同时，学校在每层楼大厅都开设科技角，力求营造科技人文的整体校园氛围。

同时，在课程实施过程中，还应当将科学实验与技术、工程、数学相结合。在设计实验时，尽量不要是单一的实验，而是结合一个真实的情景去设计。科学是发现自然世界和物质世界的规律，技术让科学有了可行性，工程让技术运用到生活中，而数学将工程变得更优化，这种跨四门学科的融合才是现在的学生应该进行的科学实验。

如教科版六年级上册《造一架桥》，课本中只规定了桥的长度、宽度和用纸量，这样的实验只能称作传统的科学实验，只是科学。那如何将四门学科融合呢？我们设置了多元问题与评价：谁的桥更美观，谁的桥更省纸，谁的桥更能抵抗水流等外界冲击力，谁的桥承重更多，谁的桥建造起来更方便……只问问题却不提供思路，设置小组自己探讨，种种问题的提出已经不单单是科学方面了。学生会去思考，会去质疑，会去自己解决团队中的意见不一，去进行头脑风暴，会造出各种不同的桥，在反复改变和失败的过程中学到并解决了关于结构和力学的知识和问题，这正是我们想看到的——学会的越多，了解得越多，就会发现产生了新的问题，在解决新问题的过程中又再发现新的知识。这才是构建科学认知体系的方式，教师不需要每一步都手把手地教给学生，而是让学生有充分的机会去探索解决方案，教师的作用就是去引导学生解决这些反复推敲过的问题，建构他们自己的知识体系。

（二）学科课程管理与评价

遵循科学学科的学科特点与规律，在评价中主要以学生是否掌握基本科学事实、概念、原理和规律，掌握相应的基本技能；学生是否用所学知识解释生活和生产中的有关现象，解决有关问题的方法；是否通过科学探究等方式理解科学本质，敢于依据客观事实提出自己的见解，并形成大胆创新的意识为标准，采取学生自评、群体互评、家长评价等多维度的评价方式考查学生科学实际操作的过程与能力。

1. 学生自评。改变以往单纯的鉴定、证明而变为导向、发展的评价功能。学生在教师的指导下，以自己的网络学习空间为载体，通过自定学习目标，检查目标的达成度，反思学习中存在的问题，采取措施调整与改进，达到自我教育的功效。与此同时，学生也可以通过留言对教师的教学提出看法，师生共同改进教学。

2. 群体互评。在学习小组之间进行相互评价，这样可以建立一种新的互帮互学式的伙伴激励机制。

3. 家长评价。学生家长对子女的情况最了解，让家长参与评价，建立家长和教师共同关心学生学习的评价机制。学生家长可用自己的方式针对学生的个性特长、兴趣爱好等进行恰如其分的评价。通过家长的网络留言，学生可以感受到家长的关注并与家长互动，这对学生的个性完善和能力提高有着独到的促进作用。

六、学科课程反思与提升

玩转科学课程将学生对事物的观察能力、对操作的模仿能力、在思考中的创新能力、对系列知识点的融会贯通能力和科学学科结合起来，解决了很多生活中的小困惑，增长了知识，发展了科学思维，提升了学生学科素养。课程的设置要考虑学生心智发展水平和认知水平。各模块的教学内容安排要有各自明确的目标，要体现出各阶段的侧重点，要注意培养学生创新和探究的能力。同时，在课程实施过程中，发现部分学生在自主学习过程中的自觉性不够，有使用学习设备进行网络游戏的现象；学校移动学习设备数量不足，学生在校进行网络学习的时间、地点比较固定单一，无法实现碎片化学习等问题。

因此，玩转科学课程在后续会添加更多与生活息息相关的科学知识，并且结合现下流行的STEM理念，试着将科学与工程、技术、数学结合起来，帮助学生建构完整的科学思维网络。

天津市南开区咸阳路小学

找寻核心素养落地生根的力量

——建设全面而有个性的综合实践活动课程

文/陈欣悦

一、学科课程开发思路

课程资源的开发是课程有效实施的核心。《基础教育改革纲要》指出：改变课程管理过于集中的现象，实行国家、地方、学校三级课程管理，增强课程对地方、学校和学生的适应性。综合实践活动课程是国家规定的必修课程，由学校自主开发，立足实际，课内外结合，发挥整体育人功能。这种新型独立的课程形态，也是基础教育改革中浓墨重彩的一笔。我校在执行课程计划的过程中，基于学生核心素养的发展需要，整体规划课程，注重根据综合实践活动课程的性质和特点，充分利用、整合各种教育资源，组织学生积极参与到综合实践活动中，培养和提高学生的综合实践能力和探究能力，从而形成核心素养落地生根的力量。

二、学科课程哲学

综合实践活动课程是一种独立的课程形态，而不是其它课程的辅助，更不是教学活动方式。它具有独特的功能价值，为学生的发展开辟了面向生活、面向自然、面向社会的广阔天地。综合实践活动课程在本质上是超越学科课程的，我们需要以学生的经验和社会的需要为核心整合课程，开拓新的学习方式。因此综合实践活动课应该从学生的真实生活和发展需要出发，在教师的引导下自主进行多样化的学习。

三、学科课程目标

基础教育要全面实践素质教育和创新教育，就必须重视实践活动。《中小学综合实践活动课程指导纲要》明确提出：综合实践活动课程目标以培养学生综合素质，强调学生综合运用各学科知识，认识、分析和解决现实问题，提升综合素质，着力发展核心素养，特别是社会责任感、创新精神和实践能力。结合我校实际，我们的综合实践活动要让学生从亲身参与的实践中获得和积累经验，建立学习与生活的有机联系，主动发现问题、解决问题，服务学习和生活。

我们坚持把学生的兴趣爱好放在核心地位，从而落实立德树人的根本目标。分三个学段，从核心知识、关键能力、思维方法、学科品格等方面明确我们在综合实践活动课程中的目标要求。

一二年级学生年龄尚小，我们就通过入学初期开笔礼、文明校园、安全教育、小手拉大手、少先队活动等，让学生获得积极的价值体验，建立集体观念，爱上学校、教师和同伴。教育引导学生自己的事情自己做，养成良好的生活自理能力，学会简单的劳动技能技巧，积极、快乐地参与学校的活动，人人争当劳动小标兵。引导学生积极思考，凡事爱问为什么，联系生活实际，发现自己感兴趣的问题，并自己寻找答案。帮助学生锻炼小巧手，掌握手工折纸与彩泥制作等基本技能。

三四年级学生亲历少年队的各项活动，可以通过参与学校艺术活动，通过爱国主义教育、科学启蒙教育、自然生命教育，培养对祖国的热爱，社会主义核心价值观植入心间。在活动过程中培养学生热爱生活的思想，认识到劳动最美。结合日常生活，学着帮助父母做力所能及的事情，热心为集体服务。鼓励学生参与学校和集体的各项活动，并在体验中增长才干。能够留心观察，对生活中的问题提出自己的想法，并能用自己的知识和办法进行初步解释。加强动手操作的训练，掌握几项手工设计与制作的基本技能，学会自主收集信息、运用信息，学会运用简单的信息技术服务学习和生活。

五六年级学生积极参与各种校内外教育和实践活动，建立更加深刻的价值体验，端正学习思想，主动发展自己的爱好特长，树立积极向上的理想信念。在家中自立自强，热心为集体服务，参与学校和集体的各项活动，并在体验中增长才干。积极参与学校和社区生活，积极负责。关注自然和生活，发现有价值的问题，能将问题转化为研究内容，深入思考，参与简单的课题实验。提高动手操作意识，深入掌握几项手工设计与制作的基本技能，学会运用信息技术，解决实际问题，设计并制作有一定创意的数字作品。

四、学科课程框架

我校地处南开区西部片区，学生中外来务工随迁子女居多。我们认为无论是本市的还是外地的学生，都一样享有幸福的权利。学校教育就是要让每个学生拥有精彩的人生，尊严地生活。基于这样的想法，并结合我校“共沐文化阳光，体验美好生活，打好人生底色”的办学理念，我们将课程建设定义为启航课程，即开启艺小学生智慧、快乐成长的人生远航，让课程充满智慧与快乐，让课程承载艺小学生的成长，让每一个学生潜能得到最大的发挥，让核心素养落地生根。

在核心素养背景下，基于综合实践活动课程的特点，我们以让全体学生共沐文化阳光，共同体验美好生活，共同打好人生底色为愿景，在有效利用国家课程

计划的同时，每一个主题都要与课内外、校内外有机结合，以实现学生在人文底蕴、科学精神、学会学习、健康生活、责任担当、实践创新等方面能力与素养的培养。

五、学科课程实施与评价

（一）学科课程实施策略

学校建立综合实践活动课程实施的人员与机构体系，在实施过程中不断加强指导与管理，不断地尝试实践。

1. 拓展学科课程，开发综合实践活动课程。课程的价值体现在课堂的实施过程中。在综合实践活动课程的实施中，我们特别注意体现课程的综合性和整体性。综合实践活动是教育教学的一种延伸和补充，是减负增效的重要手段，是激发学生兴趣、培养学生特长的有效途径。在开发综合实践课程的过程中，我们发现，在各个学科教学的领域中也可以挖掘拓展出实践学习的内容。教学中，以学生兴趣为出发点，为学生创造实践拓展的空间，让他们的自主能力得到尽可能地发展。如劳动技术学科，就是综合实践活动课程中国家指定的学习领域。我们完全可以打通综合实践课程与其他学科课程的屏障，将丰富多彩的现实生活引入课堂，逐步增加劳技教育中的技术含量。另外，我们也在拓展道德与法制课程的学习，拓展语文教学的实践学习内容，培养学生的探究方法与习惯，促进学生的全面发展。

2. 立足学校特色，带动综合实践活动课程。我校是一所京剧特色校，积极响应教育部京剧进课堂——继承传统艺术从娃娃抓起的课程改革的教育部署。我们对综合实践活动与校本京剧课程进行整合，所达到的效果也是很不错的。通过京剧这种传统艺术，培养学生热爱祖国传统文化的情感。学生们自主探究，主动搜集信息，了解京剧的起源等知识，甚至了解了京剧承载的文化内涵，这不仅提高了人文素养，而且培养了学生主动探究、乐于参与的良好品质。

3. 走进自然和社会，生成综合实践活动课程。生活即教育，万物可以进课堂。课程资源无处不在，只要留心发现，常怀课程开发的意识，引导学生从自己熟悉的生活和经历中发现问题、提出问题、研究问题，就一定可以让综合实践活动课程丰富而有意义。为了弘扬中华民族的传统美德，增强学生敬老、爱老的意识，我们不仅在校内课程中安排主题教育，还将综合实践活动安排在养老院进行。学生们设计活动方案，为老人们打扫卫生，陪老人们聊天谈笑、唱京剧，每个人的收获都是满满的。实践课程让学生们自觉加入到了关爱老人的队伍中来，更让小小的他们增强了社会责任感。

（二）学科课程管理与评价

在综合实践活动课程的实施过程中，我们重视过程的积累，重视对学生进行综合素质的评价，坚持评价的方向性、指导性、客观性和公正性。建立综合实践课程活动表，围绕教育目标进行自评、他评、互评。从实践学习的参与态度、合作精神、探究能力、创新实践、活动成果等维度进行评价。

在课程活动的评价中，坚持个体内差异，不轻易否定学生的探究，不对任何学生的心理造成压力。充分运用赏识教育，调动学生的积极性，从而调动学生主动参与的积极性，拓展学生的学习经历，不断地培养学生的创新精神和实践能力。

六、学科课程反思与提升

综合实践活动课程携带着新课改的全部元素，我校的综合实践活动课程目前也尚在开发实践的初期，对于该课程的理念还未真正把握，还没有形成完整的教材体系。实践活动还停留在表面化、形式化阶段，学生热热闹闹地学，却不能扎扎实实地有所收获，欠缺实效性。要想引导学生走向深度的实践活动，还是要在真正理解综合实践活动课程开设的目的和意义上下功夫，不断地改进综合实践活动课程中的教法，对学生进行必要的学法指导，把更多的实践机会提供给学生，丰富学生的实践经验，为今后适应社会、服务社会打下良好的基础，为学生的终身发展奠定基础。

课程建设永远在路上，综合实践活动课程的开发与思考也在不断地向着纵深发展。我们的脚步需要慢下来，不断地沉淀积累。今后我们将更加重视资源的开发与利用，不断优化和整合课程的结构内容，扎实推进并建设全面而有个性的综合实践活动课程，助力学生核心素养的落地生根。

天津市南开区艺术小学

动听的童声引导学生到达知识的彼岸

——小学英语趣味课程建设的实践与思考

文 / 卢子璨

一、学科课程开发思路

小学英语趣味课程强调以培养全面发展的人为目标，在全面贯彻党的教育方针、社会主义核心价值观和立德树人的思想引导下，进行英语学科课程建设。本课程注重引导学生，在知识学习的过程中，进行英语语言学习和运用能力的培养，以多元和综合的评价方式给予学生全面的指导。

课程建设以学生的认知发展规律和教育教学规律为基础，依托网络公共平台，为学生创设适合的情境，发挥学生的主观能动性和自主学习能力，以学生为主体，创设多元课程。本课程以多样的活动形式串联教学内容为特色，融合学生自身的年龄特点，从知识到技能、从模仿到创编，遵循学生发展规律和教学规律，全方位开发学生潜能，促进学生成为全面发展的综合型高素质人才。

二、学科课程哲学

《课程标准》对英语课程基本理念进行了如下阐述：强调学习过程，重视语言学习的实践性和应用性。丰富课程资源，拓展英语学习渠道。由此可以看出，英语教学中应该为学生提供多样的课程资源，以此突出英语学科自身的学科特点。英语学习，不只是一种知识的了解，也是一种能力的提升。英语作为一种语言工具，其本身的价值是能够将其在日常生活中运用。基于此，在教学过程中，将课堂中学习到的内容与日常生活相联系便显得尤为重要。基于此，课程重在强调英语情境的设置，在课堂中为学生提供对应的语境，帮助学生建立合适的语境，引导学生运用所学知识，解决学生只知道知识却不知如何运用的问题。

三、学科课程目标

（一）核心知识

本课程的知识范围以小学英语课程编写中的教学知识为讲授基础，重点关注知识的总体概念，并做适当的教材知识外的拓展。

（二）关键能力

英语学习的能力不只包含知识学习的能力，也包括学生知识运用的能力。因此本课程主要从这两方面进行培养。一是知识学习的能力：学生作为课堂的主体，应该发挥其主观能动性。《中国学生发展核心素养》中也强调了学生的自主发展。因此，在学生学习中，应该鼓励学生在课前进行自主预习，查询与课程相关的知识；课中进行自主讨论，在讨论中进行知识拓展；课后进行自主复习，在巩固中查漏补缺。二是知识运用的能力：英语作为语言类学科，应该注重学生的日常运用能力。因此，在讲授过程中，应该为学生创设多样的情境，拓展学生的思路，保证学生对所学知识的灵活运用能力有所提高。

（三）思维方法

因为课程以总体概念为传授模式，因此，在讲授的过程中更关注培养学生总体概念的思维意识，引导学生以总体概念为基础进行发散式的知识学习。

（四）学科品质

该课程以社会主义核心价值观和立德树人的思想为指导，旨在帮助学生建立正确的世界观、人生观和价值观。

四、学科课程框架

（一）学科课程结构

本课程力求让学生以一种活泼、适合低年龄学生的方式，进行英语知识的学习。课程共分为四部分，每一部分并非以学生的知识获得为单一教学目标，而是以培养学生学习英语的兴趣为出发点，为学生设置能够吸引学生英语学习兴趣的教学内容为基础。每一课程形式中分为三部分：基础课程（知识类）、拓展课程（能力类）和拓展课程（情感类）。

课程设置主要以培养学生的核心素养为准则，注重培养学生的必备品格和关键能力。让学生在学习知识的基础上能够自主搜寻其他相关内容，并通过和其他同学交流知识，从而拓展知识广度和深度，最终达到能够自主运用所拥有的知识并对社会实践和自主创造产生更积极的影响。

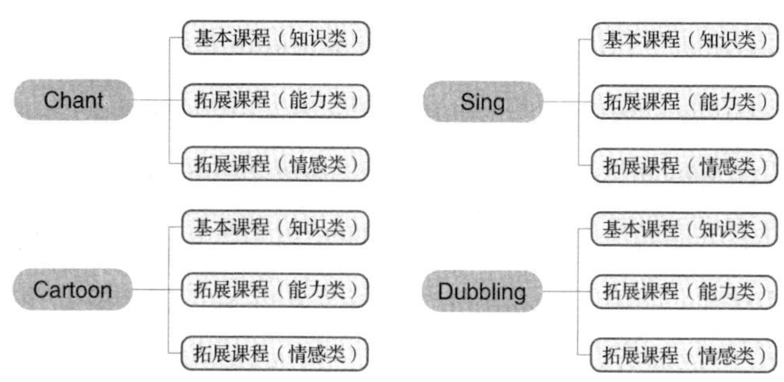

（二）学科课程设置

课程形式	课程类别	课程名称及内容
Chant	基础课程（知识类）	学唱数字歌谣
	拓展课程（能力类）	自主尝试拓展新的数字歌谣
	拓展课程（情感类）	融入新的生活情境，创编歌谣
Sing	基础课程（知识类）	学习家庭成员歌曲
	拓展课程（能力类）	自主拓展其他家庭成员
	拓展课程（情感类）	自主编造新歌曲
Cartoon	基础课程（知识类）	观看水果卡通故事
	拓展课程（能力类）	讨论故事中水果的英文
	拓展课程（情感类）	将故事自主表演复现
Dubbing	基础课程（知识类）	观看与之前所学内容相关的视频，尝试配音
	拓展课程（能力类）	抛弃提示自主配音
	拓展课程（情感类）	根据配音内容自主创造

五、学科课程实施与评价

（一）学科课程实施策略

1.Chant 基础课程（知识类）：以前六个数字单词为教学目标。单词相对简单，利于学生学习；在 Chant 学习前，对具体单词进行反复练习，保证学生在演唱时能够做到发音准确；在学生练习单词时，遵循学生认知发展规律，逐步渗透 Chant 的句型和节奏，保证在完整呈现 Chant 时学生能够很快吸收新知识；完整呈现 Chant 的全部内容，让学生有节奏的将其完整唱出。

Chant 拓展课程（能力类）：先复习已会 Chant，保证学生学习新内容之前有扎实的基础；引导学生用肢体语言打节奏，增强 Chant 表述的趣味性；让学生在自主学习的基础上，练习其他数字，并利用小组的优势互相探讨纠正发音，形成互助学习模式；在已会单词的基础上，根据已经学会的节奏进行小组活动，创编新的 Chant；完成创编后可以进行小组展示，班内同学互评。

Chant 拓展课程（情感类）：让学生选出的最佳 Chant 演唱小组进行全班展示，为新的情境创编做铺垫；为学生提供新的节奏和情境，让其自主选择，以此激发学生兴趣，引导学生自主创编新的 Chant；鼓励学生将小组的 Chant 作品拍成小视频为家人播放，体验学习知识的幸福感。

2.Sing 基础课程（知识类）：展示一首有关家庭成员的音乐，让学生感受不同家庭成员的对应英文发音，激发学生学习兴趣；先以简单的英文称呼为例，让学生寻找中英文之间的相似之处，为学生建立知识间的联系，保证学生学习效率；鼓励学生在歌唱中做出相应人物角色的特殊动作，也可融入自身家人的习惯性动作，帮助学生记忆对应知识，增强学习的趣味性。

Sing 拓展课程（能力类）：学生提前预习其他常用家庭成员单词，在课堂中进行小组讨论，互相学习；教师给予指导，保证学生知识的准确掌握；学生可以在已巩固新学单词的基础上，运用之前所学歌曲的曲调，进行新歌曲的创编；小组之间可以进行互相比较，同学间选择出演唱、发音等表现最好的一组；鼓励学生提出表演者的问题，互助学习。

Sing 拓展课程（情感类）：选择演唱最好的一组，为全班同学展示，作为之后内容的事例；学生可以自行搜索，教师也适当提供新的歌曲曲调；鼓励学生进行新歌曲的创编；小组创编的过程中可以进行一定的情境演绎；让学生能够在现实生活的背景下对所学知识进行运用，保证知识的实用性；鼓励学生在歌曲的创编中融入生活中的情境，感受家庭的温暖。

3.Cartoon 基础课程（知识类）：选择适合学生年龄特点的卡通动画，激发学生的学习兴趣，并且动态的视频能够增强学生的注意力，保证知识的有效输出；让学生在看过动画之后自行进行单词匹配，让学生能够做到自主采集知识，并准确运用，从而增强学生的学习成就感；让学生观看过动画后尝试根据动画内容进行演绎；学生可以根据动画内容增加对应动作，提升学习的趣味性。

Cartoon 拓展课程（能力类）：学生可以自行准备对应事物，并自主进行相关英文单词拓展；可以以互助学习方式为主，提高学生的学习能力；学生尝试自主完整复现动画内容，并利用相关事物，提升知识的真实性，保证学生的课堂吸收率；采取生生互评模式，帮助学生互助成长。

Cartoon 拓展课程（情感类）：让学生自行寻找其他符合这一主题的情境，或教师为学生设置其他情境，引导学生利用之前动画中的语言，进行新的演绎，保证知识的有效利用；以小组为单位在课堂中进行动画展示，让学生能够完全自主演绎出对应内容，并且鼓励学生进行公正评判，引导学生互相学习，共同提高；让学生在合作表演中感受小组活动的魅力，培养团结互助学习的良好品质。

4.Dubbing 基础课程（知识类）：只为学生展示人物和事件发生情境，让学生自主猜测人物之间的对话内容，可以给予一定的语言提示；完整展示需要配音的内容，让学生关注人物英文发音，注重模仿；鼓励学生主动尝试模仿发音，教师可以进行适当的纠正，并鼓励其他同学辅助纠正；以小组为单位，鼓励学生进行配音展示。

Dubbing 拓展课程（能力类）：学生可自行寻找想要模仿并且运用所学知识的配音视频，教师进行筛选，选择新的适合模仿的配音内容，以此提升学生的学习兴趣；在模仿过程中，教师应及时给予一定的发音提示，保证学生的准确学习；鼓励学生以小组为单位进行展示，并且给予能够背诵的展示者特殊表扬。也可以让学生运用道具表演。

Dubbing 拓展课程（情感类）：鼓励学生运用之前所学的 chant、sing、cartoon 以及配音内容中的合适语句创编出新的配音材料，进行全班展示；教师也可以为学生提供适合的情境，帮助学生寻找准确的配音发音，让学生自主选择对应内容，保证知识的准确性；鼓励学生进行全班展示，引导学生互相提出需要改进的部分，促进学生共同进步，培养学生关注并爱护同学的良好品质。

（二）学科课程管理与评价

1. 课堂目标：能够按照要求预习，能够学会本课中所讲授的所有内容，能够进行准确发音，能够保证知识的准确运用。

2. 课堂表现：能够主动举手回答问题，能够集中注意力，能够准确表达所想表达的内容。

3. 小组合作：能够积极参与小组讨论，能够在讨论中发表恰当的观点，能够帮助小组同学纠正发音和语言运用方面的错误。

4. 成果展示：能够准确地运用所学知识并准确表演出来，能够在表演中增加自身特色，能够将知识进行联系、开发出新内容，能够运用道具增强表演的生动性。

六、学科课程反思与提升

课程虽然以活动形式设置，但是所包含内容略有不足，可以根据学生学习特点给予一定的调整，使学生学习的知识逐步贴近现实生活，让学生所学的知识学有所用而非纸上谈兵。在课程设置中，也可以增加更贴合学生生活的单词模块。在学生知识探讨中发挥学生的主体作用，引导学生充分利用现代科技资源，获取知识，将获得的知识以分享交流的形式进行小组讨论，扩充知识面，互助学习。

天津市南开区咸阳路小学

以创意美术 悦学生成长

——小学创意美术课程的探索与实践

文/赵 楠

一、学科课程开发思路

我国基础教育课程改革已有十多年，学校的校本课程建设也是各个学校工作的重中之重。我校围绕着“完整性教育、适应性发展、悦成长课程”这个理念开展了学校课程建设。本人结合课堂教学，遵循着“教师即课程”的理念，结合学校的教学思想及自身教学的实践与经验，创立了美术学科的特色课程，即“创意美术”课程。

我们的美术教育不等同于“画画”，美术是思想的视觉展示方式。你可以将画画理解成为一门技术，美术教育的关键就是学会如何将技术与思想结合起来，融合为一体。每个儿童的内心深处都有一种审美潜能，重点是取决于能否被唤醒。我们的创意美术课程在学生的心中播下美好的种子，对唤醒他们各个方面的潜能具有非常重要的作用。

创意美术课程最大的特色是不仅培养学生的美术知识与技能，更重要的是激发学生的兴趣。兴趣是最好的老师，兴趣的培养是重中之重。使美术课堂兴趣化，在培养学生各方面能力的同时，重点在于让学生尽情享受无限创意带来的惊喜和乐趣，去感受生活、体验生活。

二、学科课程哲学

（一）学科价值观

美术学科方面，专家们提炼出了图像识读、美术表现、审美判断、创意实践和文化理解五个核心素养。加强美术学科特色课程建设，有利于培养学生的核心素养，对实现素质教育有一定的积极作用。我们的教学要将学生的知识与技能转化为素养和能力。

创意美术课程集中体现了学校美术教育的水平和方向，直接关系到学校的教育质量和学生的发展。课程可以满足学生的学习需要，让每位学生能够学习自己感兴趣的课程，可以促进学生和谐全面的发展，同时也为教师提供更加广阔的教学空间，促进教师自身教学水平的进步。

（二）学科课程理念

创意美术课程，“创”指的是对学生创造力、想象力的培养以及让学生大胆创新、大胆表现。“意”指的是意会，培养学生感受美、意会美、欣赏美的能力。

创意美术课程理念：首先，课程不但要培养学生的绘画能力，更重要的是要培养学生对艺术的兴趣和提高学生的综合素质。美术课并不是一个需要完成的任务，而是作为一种手段，让学生在绘画的过程中自由的创作，尽情地宣泄他们内心的情感世界。艺术并不神秘，绘画其实就是让每一个普通的学生，拥有一个自由表达的途径，可以无拘无束地和心灵进行对话。课程并不局限于某种形式、某种材料，只要有利于学生的方式都可以进行尝试。我们的目标并不是让每一位学生都能够成为画家，而是在繁重的学习任务中给他们带来一门轻松愉悦的课程。其次，要注重创新精神。课程特别重视对学生个性与创新精神的培养，采取多种方法，帮助学生运用美术语言，将创意转化为具体成果。培养学生综合实践能力，创造性地解决问题。

三、学科课程目标

（一）核心知识

培养学生掌握基本美术语言的表达方式和方法，尝试各种工具、材料和制作过程，提高学生的审美能力与艺术欣赏能力。

（二）关键能力

培养学生的创造力和想象力。让学生体验美术活动的乐趣，激发学生的创造精神，获得对美术学习的持久兴趣。

（三）思维方法

培养学生的发散思维，开阔视野，拓展想象的空间，激发探索未知领域的欲望。

（四）学科品格

培养学生通过美术语言来表达自己的情感和创意，增强信心，陶冶情操，完善人格。

四、学科课程框架

（一）学科课程设置

根据美术学习活动方式分成四个学习领域，即“造型・表现”领域；“设计・应用”领域；“欣赏・评述”领域；“综合・探索”领域。

（二）学科课程结构

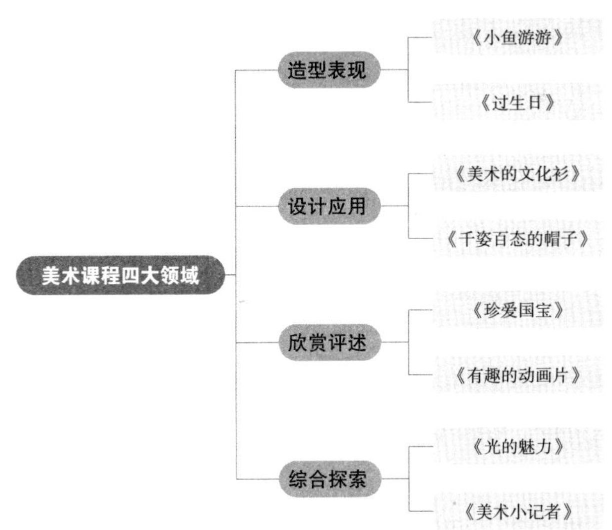

1. 按培养目标分类：能力培养（偏重于绘画知识与技能的培养），素质培养（偏重于学生综合素质的培养）。

2. 按表现形式分类：绘画类（涵盖线描、图形等多种绘画形式）；拼贴类

（以纸、色卡、KT 板等材料制作美术作品）；雕塑类（用粘土，泡沫、折纸等材料进行创作的作品）；综合类（融合绘画拼贴等各种表现形式、采用多种材料进行的艺术创作）。

3. 按题材分类：大师系列（以画家作品为基础开设的相关课程）；动画系列（采用动画片素材进行开发的相关课程）；人文节日系列（以节日为主题开发的相关课程）；其他主题系列（以其他主题开发的相关课程）。

五、学科课程实施与评价

（一）学科课程实施策略

1. 具体实施方法：在课堂实施中，我们尽可能地为学生提供多种学习渠道。创意美术不仅在课堂上落实，在课下也为学生提供各种学习的平台。例如我们运用微课的形式，将微课放在空中课堂，让学生通过观看微课来学习，激发学生学习兴趣，让感兴趣的学生在课余时间可以进行学习。

2. 课程形式多样化：我们的课程设计形式尽量多样化，让学生体验不同形式和材料带来的惊喜和乐趣。多样化的课程能够激发学生的兴趣，让学生自由的创作。首先，注重教学方式多样化。在教学中可以设置多种活动，让学生对美术课堂产生浓厚的兴趣。例如在绘画动物时可以让学生做动物表演，在课堂上组织各种比赛，如画盘子大赛、面具大赛、涂鸦水杯大赛等。在实践中鼓励学生们勇于尝试，在活动中让学生体验创意美术的乐趣。其次，要引导学生亲近自然。鼓励学生多亲近自然，参加户外活动，培养学生把自己对生活真实的情感表达出来。例如让学生们亲近大自然观察树叶，然后再让学生以叶子为主题作画，学生们的作品非常的生动。

除此，还要培养学生发散思维。要把创意的思想以及发散思维渗透在教学中的每一课，如在讲授一年级美术课程《小鱼游游》这一课时，我们把图形发散和画小鱼结合起来，让学生们运用各种基本图形来表现小鱼，这样既可以加深学生们对图形的认识和运用，同时又学会了画小鱼的形象，最重要的是发散了学生的思维。学生的作品非常具有想象力和创造力。最后，要加强美术学科与生活的联系。我们的美术课程与学生生活联系密切，如“送给妈妈的礼物”“蝴蝶飞飞”“过生日”等内容与生活非常相近，更有利于学生表现，教师要在教学实践中帮助学生在生活与画面之间建立起联系，培养学生大胆创作，热爱生活。

3. 课程间相互融合：美术教学与其他学科的有机融合是教育改革的必然趋势，尤其是在素质教育的要求下，美术学科更应该融入到其他学科之中。加强美术学科与其他学科之间的联系能够发散学生的思维，对儿童创造力和想象力的培养具有积极作用，更能够促进学生的全面发展，提高学生的综合素质。

首先，美术学科与音乐学科要相互融合。在课程改革的背景下，美术学科与音乐学科的融合逐渐成为教育教学发展趋势。两个学科相互融合，更有利于提高学生的综合素质。我校在美术课程的设计中，特别注重两个学科之间的联系，涌现了很多优秀作品。如“跳到纸上的儿歌”一课，让学生运用美术语言表现自己所听到的儿歌，学生的作品能够非常大胆地表现自身的心情和感受，并乐在其中。其次，美术学科与英语学科要相互融合。在创意美术课程中，让学生通过绘画英语小书等新颖的教学模式，在学习英语的同时练习绘画，在绘画的同时巩固英语，学生们英语小书的制作非常精美。美术学科与英语学科的融合，充分体现了小学课程的多元化。最后，美术学科与其他学科要相互融合。除了音乐和英语学科之外，美术学科还与各个学科相互融合。例如数学课堂中让学生绘画知识树，语文课堂中让学生绘制故事绘本，都体现了学科间的高度融合。美术学科与其他学科相融合是一项非常具有挑战性的工作，要求教师要改变传统的教学观念，制定新的适应时代发展的教学计划，深入研究教材和教学内容，并且要不断探索实践，在实践中不断进步，不断完善学科间的相互融合。

4. 编排特色教材：为了学生能够更加系统地学习创意美术课程，本人编排了美术学科特色教材，根据我校学生的具体情况，设计适合学生使用的美术学科特色课程教材。

（二）学科课程管理与评价

1. 依据美术课程标准进行评价。在评价中努力体现新课标的理念和目标，应以学生在美术学习中的客观事实作为评价的基础，注重评价与教学的协调统一，尤其要加强形成性评价。既要关注学生掌握美术知识、技能的情况，更要重视对学生美术学习能力、学习态度、情感与价值观等方面的评价。

2. 评价方式多元化。课程评价仅仅是个手段，我们更多关注的还是教育的全过程。所以，考查学生就一定要多元化，既要有过程评价也要有终结性评价。不能靠一张画或一次活动来简单的评价学生，应着重从多方面对学生进行质量评价。教师要对学生的可持续发展有所掌控，学生自己应该对自身的美术成长有一个纵向的比较。我们创意美术的思想不仅仅存在于在美术作品中，也体现在各个方面。在课堂评价方面，我们带领学生尽情发挥想象力，创作自己的积分卡，作为课堂评价的一种方式。

3. 评价结果。多元的评价形式，就是为了更好地体现每一位学生的学习成果。评价结果一定体现过程性，每学期期末教师和学生填写考察结果汇总表，客观反映学生在本学科的成长。

4. 教师自我总结。教师总结学生的综合表现，建立学生成长档案，进行教学总结，以便更好地进行下一学期的教学。对学生提出期望的同时，对自己提出要求，与学生们共同进步。

六、学科课程反思与提升

创意美术课程在日后的课程建设中，还应不断完善，不断进行改革创新。首先，在教学内容的选择安排上，应使教学内容更加丰富、更加适用。课程应该更加充分地利用网络资源，扩大教学信息量，展开多媒体教学，进一步完善多媒体教学平台。其次，在教学方法上也应不断丰富和完善，采用多种教学手段，做到理论联系实际，使教学效果更加完善。

我校创意美术课程建设经过了一段时间的实践与探索，学生们都有了一些作品与收获。在今后的教学工作中我会继续努力探索，不断完善，希望可以给学生带来一门轻松愉悦的课程，把五彩缤纷的美术世界带给学生。希望学生们可以用他们手中五彩的画笔，描绘他们多彩的人生。

天津市南开区五马路小学

第四章 学科思维——课程之术

学科思维以学科的视角来积极整合多方面的教育资源，努力探索最适合班级学生的课程，从而促使学生在丰富多彩的课程活动中收获经验，体验成功，享受幸福。美国著名的心理学家加涅认为，知识体系的结构像一个“金字塔”。教师在建构课程时应关注学科内容的系统性。养成系统思维，提高对课程的整体规划能力；养成关系思维，提高对资源的合理利用能力；养成连续思维，提高课程服务学生发展的能力。教育者必须树立起课程意识，上升到课程思维的高度，以课程来统领各项资源、规划各种活动，使资源横向联系、纵向深入服务学生的发展，从而实现教育过程的最优化。

以辩论实践　促进学生思维发展

传承文化　激扬青春

数学之趣　数学之用　数学之美

融公能之志　展化学之美

趣味机器人　助学生发展

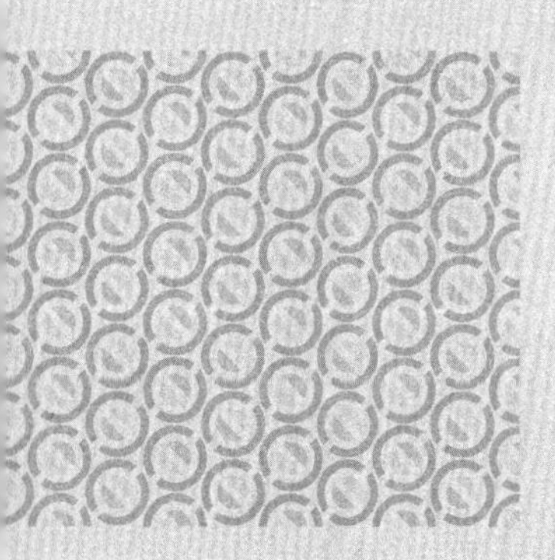

构建数学趣味课堂　促进学生思维发展

立足中营百年文化　打造特色汉字课程

浸润思维训练　奠基终身阅读

创点课程助力学生综合发展

英语游戏课程让学习不再枯燥

在生活中学语文

以辩论实践　促进学生思维发展

——辩论思维与技巧特色课程的实践

文／孟　莹

一、学科课程开发思路

辩论对于我国普通高中学生而言，并不陌生。人民教育出版社出版的高中语文系列教材将辩论专题纳入必修教材中，并专门出版了选修读本《演讲与辩论》。在我校，学校每年都会举行“北洋杯”学生辩论赛，我校学子更是曾经在南开区勇夺辩论比赛桂冠。学校长年来形成了浓郁的辩论氛围，学生参与辩论活动积极性高，辩论素养较强，为辩论思维与技巧课程的开展奠定了良好的基础。

辩论思维与技巧课程在课堂组织上注重理论与实践相结合，侧重实践体验。同时，以辩论为手段，促进学生思维的发展与提升。引领学生通过辩题的分析、立论的写作、辩场的质询等多个环节锤炼思维品格，培养批判性思维能力。

二、学科课程哲学

（一）学科价值观

辩论思维与技巧是一门通过辩论活动提升学生语言表达、交流能力，培养批判性思维的综合性、实践性课程。技能提升与思维培养的统一，是本课程的基本特点。《课程标准》将语言建构与运用、思维发展与提升列入了四大学科核心素养之一。辩论思维与技巧课程可以作为传统语文课程的延伸，以辩论为手段，提升学生语言表达能力，锤炼思维品格。

（二）学科课程理念

理论与实践相结合，提升语言表达与交流能力。语言表达与交流能力的培养是高中阶段语文教学的重要目标之一。通过本课程的学习，学生将习得表达论点的有效方式，感悟语言表达的艺术，提升自我表达的信心，增强语言表达、交流能力。

以辩论为手段，促进学生思维发展。从破题到立论，再到赛后点评，整个辩论的过程也是学生思维锻炼、提升的过程。破题立论环节，引导学生从矛盾对立的双方中辩证地思考问题，增强认识的全面性；质询环节，引导学生发现对方思维漏洞，增强认识的深刻性。最后，通过师生点评、生生互评、自我总结，深化对辩题的理解。

三、学科课程目标

（一）思维方式

锤炼学生思维品格，提高学生思维的敏捷性、准确性、逻辑性，培养批判性思维能力。

（二）关键能力

引领学生感悟语言表达的艺术，培养学生语言表达、交流能力，增强语言表达的信心。

（三）核心知识

批判地理解辩题，把握核心论点，并能够有逻辑、有条理地阐述己方观点；能够抓住对方漏洞，有理有据地进行反驳。

（四）学科品格

通过参与辩论比赛，引导学生养成善于聆听、尊重对手的品质，同时增强团队分工协作能力。

四、学科课程框架

（一）学科课程结构

理论与实践相结合，侧重在实践活动中培养技能，锤炼思维品格。课堂组织方式灵活多样，内容由简到难，逐步上手。引领学生先熟悉辩论赛的规则、环节、人员安排，逐步掌握辩论各环节要领，再进行环节简化的“一对一”微型辩论赛，待充分准备后，进行正式的辩论比赛。最后，启发学生运用批判性思维加深对文本的认识。

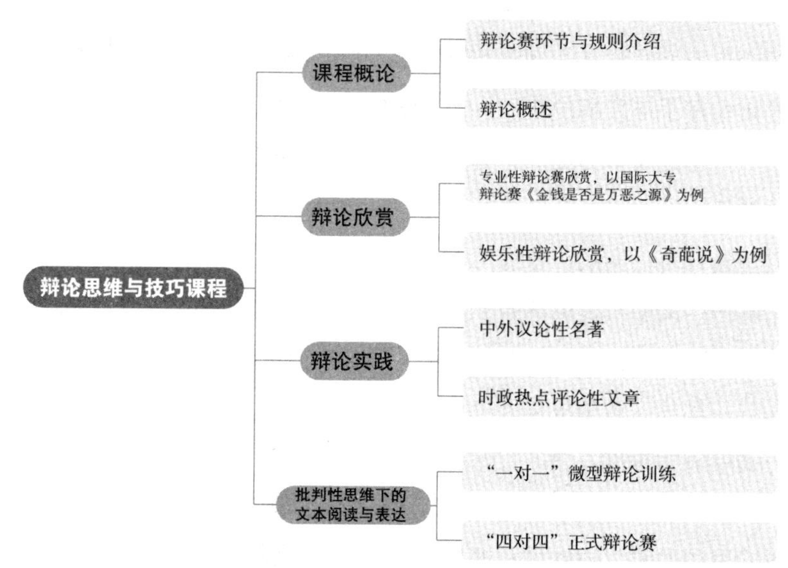

（二）学科课程设置

辩论思维与技巧课程由课程概论、辩论欣赏、辩论实践、批判性思维下的文本阅读与表达四部分构成。课程共 18 课时，其中包含课程概论 2 课时，辩论欣赏 2 课时，辩论实践 10 课时，批判性思维下的文本阅读与表达 4 课时。

五、学科课程实施与评价

（一）学科课程实施策略

课程筹备：分析教学任务，研究学生的学习特点，按照学校教务处要求制定学期教学计划，并于课程开始前一周准备好教案、课件，印制课程讲义。确定教学地点，教学时间。

正式授课：根据学校相关规定，特色课程学制设置为一学期。授课教师于每周二下午按时上课，做好考勤。由授课教师组织学生在室内完成教学任务。

课程由课程概论、辩论欣赏、辩论实践、批判性思维下的文本阅读与表达四部分构成，教师讲授与学生实践相结合，按照既定学时完成授课内容。

首先，学习课程概论。教师概述辩论与辩论赛相关情况，以国际大专辩论赛为标准重点讲解传统辩论赛中的四个环节的作用、要求；讲解辩论赛中不同辩位的特点及作用。

其次，进行辩论欣赏。带领学生欣赏一场专业辩论赛（以国际大专辩论赛《金钱是否是万恶之源》为例），引领学生总结正反双方观点，学习辩论技巧，了解各个辩位辩手所发挥的作用；带领学生欣赏一场娱乐性辩论（以近年来流行的辩论节目《奇葩说》为例），引领学生感受语言魅力及辩手风采，激发学生参与辩论的热情。

接着，进行辩论实践。分为"一对一"微型辩论训练和"四对四"正式辩论赛。"一对一"微型辩论由两名学生抽签决定辩题及正反双方，辩论中正反双方交替发言，每人各有一分半钟开篇立论，两分钟自由辩论，由其他学生组成的评委团投票决定胜负，教师根据胜负情况计分。"四对四"正式辩论赛赛制以国际大专辩论赛赛制为标准，由"立论、攻辩、自由辩和总结陈词"四部分组成；学生通过抽签组成正反双方，每一方各四人，学生需要根据自身特点确定辩位，通过团队配合取得胜利。比赛过程严格按照计时软件进行，教师全程观察并根据学生表现进行评价。

最后，进行批判性思维下的文本阅读与表达。学生在掌握辩论技巧、充分参与辩论实践后，能够运用批判性思维进行深度阅读、表达，阅读文本为中外议论性名篇、时政热点评论性文章，教师提前选定文本并通过讲义下发给学生。批判性思维下的文本阅读要求学生通过阅读选定的议论性文章，把握作者观点及阐述观点的方法、逻辑，能够从矛盾对立的双方中辩证地思考问题，增强对文本认识的全面性、深刻性。教师在学生阅读后根据文本提出问题，检查学生阅读情况，并引导学生发表观点，通过师生、生生间的质疑、辩驳、补充完善论点。课程结束后，教师以选定文本为依据拟订三个思辨性作文题目，学生可任选其中一篇进行写作，教师打分并作为评价依据。

（二）学科课程管理与评价

课程评价主要依据学生课堂表现、作业情况等方面的表现，过程性评价与总结性评价相结合。其中，过程性评价占 70%，总结性评价占 30%。

1. 过程性评价：满分为 70 分。"一对一"微型辩论赛胜方根据表现获得

20~30 分，输方根据表现获 10~20 分。不参与则该项 0 分。教师根据学生正式辩论赛表现进行打分，共 40 分。不参与则该项 0 分（具体打分依据见附录）。

2. 总结性评价：满分为 30 分。课程结束后，教师以选定的议论性文本为依据拟订三个思辨性作文题目，学生可任选其中一篇进行写作，字数控制在 800 到 1000 字。教师根据论点是否鲜明，语言是否准确、流畅，论证是否严谨、符合逻辑，论据是否恰当、充分等要求进行打分，满分 30 分。

六、学科课程反思与提升

课程开展两年以来，受到了广大天附学子的普遍欢迎。学生通过该课程的学习掌握了表达交流观点的有效方法，增强了思维能力，更提升了自我表达的信心。

但在课程实施过程中也遇到了很多问题，如囿于课时所限，辩题的分析、资料的搜集等前期工作主要依靠学生课下完成。学生完成的质量参差不齐，在课堂辩论过程中常常出现偏题、论据不充分、语言不严谨等情况。另外，目前对学生学业表现的评价主要以教师评价为主，评价方式较为单一。

在今后的教学中，针对这些问题还应注重给予学生更系统、明确的前期指导，如运用检索工具搜集辩论素材的方法、论据的整理、提炼方法，以及如何进行团队分工协作等。同时，创新评价方式，引入生生评价，甚至在有条件的情况下联系专业辩手参与评价，增强评价的准确性、客观性。最后，进一步密切特色课程与语文学科之间的联系，开辟培养学科核心素养新战场，以辩论启发学生思维，增强学生表达、交流能力。

天津大学附属中学

传承文化　激扬青春

——走进博物馆校本课程实践与思考

文／于　洋

一、学科课程开发思路

由于课堂教学的局限性，相当比例的历史学科知识我们的学生只能通过阅读理解，而真正能调动学生的学习兴趣、激发求知欲的，莫过于对他们视觉、听觉、触觉的刺激和体验。所以，推动学生走进博物馆是学校历史课教学的有益补充。

以七年级学习中国历史《青铜器和甲骨文》一课为例，理解青铜器是研究和了解商周时代社会生活的最权威史料，这是教学中的一项重点内容。但现实生活中青铜器离我们已经非常遥远和陌生了，此时引导学生走进博物馆，让学生带着问题观察不同时期的青铜制品，陈列柜中的“鼎”“鬲”“釜”“簋”都不再是书本中晦涩难认的文字，原先课堂教学中的重难点在这样的学习中能够获得有益的补充。

二、学科课程哲学

（一）学科课程理念

历史课程标准在“课程性质”方面确定了历史课程是人文社会科学中的一门基础课程，对学生的全面发展和终身发展有重要的意义，同时也明确了历史课程的重要地位，历史课堂教学对于学生的发展影响重大。由于受到教材版面、内容编排要求等方面的限制，历史课堂也往往会受到影响，不能充分发挥其作用。博物馆可以成为历史课堂的重要延伸，弥补课堂教学的不足。

我本人任教初中历史学科，从历史学科教学的角度来说，传统历史教学更多的依靠文字史料阅读辨析形成史观史论。其实，不管是从教学趣味的培养角度还是科学历史知识的生成角度，历史学科都需要“上穷碧落下黄泉，动手动脚找东西。”因此，我把校本课程的话题定位在“适合初中生的博物馆导论”的角度，从主题门类来看属于艺术人文类课程，从课程开发过程来说属于个人开发课程，内容设计上突出知识性。

（二）学科课程价值观

历史学科的核心素养具有历史学科特征不可或缺的、相对稳定的最必要及最关键的共同素养，其主要包括时空观念、史料实证、历史解释、历史理解和历史价值五大方面。历史学科核心素养对历史教学提出了新的挑战和要求，学习不仅仅停留在课堂，要突破现有教学模式的束缚，更要延伸到更广阔的空间。博物馆是重要的教育资源的聚集区，也是与中学历史教学息息相关的重要场所，让博物馆走进历史课堂，有助于学生形成开放的历史视野和充实的历史时空观念。博物馆资源的整合与利用可以作为初中历史教学中的重要知识来源，进一步延伸初中历史课程内容，丰富历史教学课程，增加教学素材，帮助学生更加直观地感知历史、认识历史，刚好可以补足历史课程内容匮乏与形式单一的缺陷，不仅可以帮助学生进一步拓展课本知识内容，还可以开阔眼界，并培养学生对历史的兴趣与好奇心。

三、学科课程目标

自从 2008 年博物馆实行免费开放以来，越来越多的人们走进了博物馆，越来越多的同学们走进了博物馆，越来越多的本地人走进了本地的博物馆，越来越多的观众们不只一次走进了同一座博物馆。十多年来一直长盛不衰的博物馆热甚至导致了有的展馆出现了客流饱和的状态，曾经“高冷”的博物馆，竟然会出现一票难求的火爆景象——每到假期时间，国内许多知名博物馆门前排起长队，以我任教的班级为例，80% 的孩子曾经去博物馆参观。

与持续了十年的参观热潮几乎同时，博物馆展陈和宣介方式的创新，媒体电视节目的大力宣传，使得学生对传统文化的关注也相应地维持在高位水平上。比如热播纪录片《我在故宫修文物》关注匠人师傅，《如果国宝会说话》用文物讲述中华文明，在综艺节目《国家宝藏》中，从藏品的选择到藏品的呈现和演绎，都呈献出了鲜活感人的形象，这些在社会上引发过热议的节目在学生当中也引发过很大的共鸣，学生们在微信聊天的时候也会使用三星堆惊讶脸表情包，也会在历史课上开心的吐槽乾隆皇帝“非主流”的浓烈审美。大众媒体成功让古代文物“萌”化了学生的心，让古老的文物走进了学生的心里。

接下来，如何从让博物馆从走进学生的心灵到在心灵深处住下，这个过程中，作为历史教师应该发挥自己专业的优势，在今天的传统文化热潮中尽到自己的一份力。目前的博物馆参观类的辅助书籍和 APP 中主要走向分别是“子供向”和“文艺青年向”，即面向幼、小年龄段的入门手册绘本和面向成人的纪念品和书籍，现在我所任教的九年级学生在 2018 年暑假的时候曾经结伴赴京参观国家博物馆“无问西东”展，学生在微信里抱怨过要么就是特别低幼小学生的讲解和画册，要么就是看不懂的那种大大的书，用他们的话说“有点实力劝退了”。

所以如何能让学生在走进博物馆之前能够了解要做怎样的准备，走进博物馆时需要注意怎样的礼仪要求，聆听讲解的时候需要哪些知识基础，面对展品除了看到其“萌点”之外还要看到文物携带了哪些从遥远时代而来的珍贵信息，这些工作小参观者们很难自己独立完成。本着让学生更得体地走进博物馆，更有收获地走出博物馆，让学生对传统文化的一时之好变成一世之爱的想法，我开设了博物馆奇妙之旅校本课。

四、学科课程框架

导论性内容设计突出启发兴趣的需要，从表情包导入话题：表情包里的文物们他们都是谁？他们现在在哪里？继而引出我们为什么要去参观博物馆，介绍参观博物馆的历史学意义和美学意义，引导学生思考怎样参观能更有收获，要有备而来，为接下来介绍古代文物简单分类知识做准备。

知识性内容设计紧密结合教材和课标，围绕七年级古代史的学科特点展开。上学期设计 2 课时，密切结合青铜器和甲骨文的课标要求即了解青铜工艺的成就，知道甲骨文是已知最早的汉字来进行准备，从生僻字说起谈青铜器分类；从喝水、进餐、做饭、蘸调料和吃肉说起引出最重要的青铜器——鼎。鼎的用途不仅是“锅子”，更重要的是“列鼎”体现了当时的社会等级；最后从“铸鼎者谁？”的问题来分析集体协作使我们了解能够铸造大规模青铜器的社会。漆木器一课主要介绍湖南省博物馆长沙马王堆遗迹，以“赴两千年前的宴会”为主题。瓷器一课主要介绍国家博物馆藏瓷器展品，“China 何在”来介绍历史上和今天的景德镇，瓷器的前世今生。

参观礼仪要求的内容设计突出规范类内容宣传。博物馆首先是一个公共场合，因此参观博物馆不仅要具备基本的公共文明要求，而且在某些方面要表现的更为严格。特别需要注意拍照的标识和要求、面对裸展的文物请不要随意用手去触摸、在交流时降低音量说话以及尽量不在展厅内吃东西和喝水等。

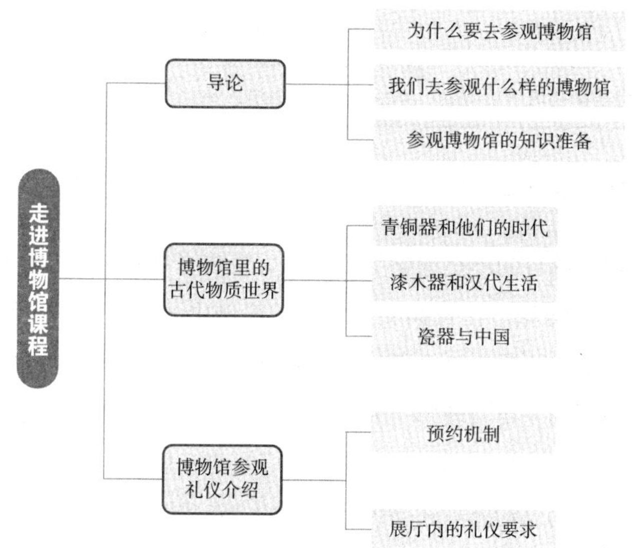

五、学科课程实施与评价

以青铜器大克鼎为例，青铜馆的资源为青少年提供极为丰富的精神食粮，那里珍藏着人类共同的记忆，展示着中华文明的源远流长与博大精深。教师以“大克鼎”为例，指导学生如何收集、甄别史料，如何欣赏青铜器。选择“大克鼎”做示范介绍，因为它与毛公鼎、大盂鼎并称为“西周三大鼎”，具有极高的艺术价值和史学价值，它雄浑的形制、精美的纹饰、内容丰富又舒展有度的铭文，不仅能提高学生的审美情趣，也为学生欣赏青铜器提供了非常好的范本。

不仅如此，大克鼎自光绪年间出土，历经民国初年的动荡、抗战烽火，直到解放后才由上海博物馆作为镇馆之宝珍藏，在它的收藏保护故事中饱含了几代人对宝鼎传承的悲喜，反映出中国人浓浓的爱国情怀，在潜移默化中必将感染学生，由欣赏器物到敬佩先人，再到重塑自己的品格。

在落实与实践环节，可以采用仿写的形式，让学生在学习和模仿中，尝试当一回讲解员，为自己最喜欢的青铜器写一份文物介绍，根据卡片信息要点提示撰写讲解词，进行小组学习交流，汇报演讲活动。讲演评定依据如下：

标准项目	5分	4分	3分	2分	1分
内容完整	完整全面 有所增补	完整全面 总结复述	基本全面的 讲解	顺利的 讲完要点	提及某个要点
编排设计	有所创新		中规中矩		完全依照卡片
脱稿演讲	完全脱稿演讲		偶尔提示		照本宣科

六、学科课程反思与提升

校本课程设计的目的不是把学生变成某一领域的专家，而是要教给他们学习历史、研究历史的方法。在青铜文化之旅的案例中，遵循知识设计上“少即是多”的原则，注意保护学生的学习兴趣，通过活动培养学生学习、思考的习惯。

走进博物馆课程主要由教师个人承担，依靠个人学养和兴趣进行。博物馆之美仅仅凭语言讲述和学校教学环境，难以令学生真正体会到站在展厅里所受到的震撼触动，走进博物馆的重点还应该是真正的“走进”，进行真正的实地考察游览活动。

天津市育贤中学

数学之趣 数学之用 数学之美

——体现数学基本特征的学科拓展课程

文 / 于秀慧

一、学科课程开发思路

高度的抽象性、逻辑的严谨性和应用的广泛性是数学的基本特征。然而，数学容易让学习者感到枯燥、无用、难以亲近。本课程本着科学性、实用性和多样性原则，一是通过引入与数学有关的游戏增强趣味性，纠正“数学枯燥”的认识；二是通过介绍数学在自然界、文学、艺术等领域的融合，纠正“数学无用”的认识；三是结合数学史知识展示数学基本思想和发展轨迹，纠正“数学难以亲近”的认识。

本课程有三个特色。首先，数学与游戏模块不再停留在玩游戏的阶段，而是深入到游戏中数学原理的探究，让学生在玩中有所思考和提升；另外，数学与文艺模块不局限于数学知识的应用介绍，还包括数学思想方法的体现；最后，数学基本思想模块以新一轮课改提出的抽象、推理、模型为主线，选取的素材均为经典的数学研究对象和数学读物，对数学爱好者具有引领作用。

二、学科课程哲学

数学的价值是培养人的科学精神特别是理性思维。数学教育的最终目标是培养人会用数学的眼光观察现实世界，会用数学的思维思考现实世界，会用数学的语言表达现实世界。数学教学的落脚点是发展学生的数学抽象、逻辑推理、数学建模、直观想象、数学运算和数据分析等数学核心素养。其中，数学的眼光指的是数学抽象和直观想象，数学的思维指的是逻辑推理和数学运算，数学的语言指的是数学建模和数据分析。

本课程旨在提升数学核心素养特别是数学抽象、逻辑推理和数学建模素养。通过数学与游戏模块发展独立思考、积极探索的自主学习能力和善于思考、严谨求实的科学精神；通过数学与文艺模块认识数学的应用价值、文化价值和美学价值；通过数学基本思想模块了解数学家的创新精神和对科学的执着追求，提升科学素养和应用建模能力。

三、学科课程目标

（一）核心知识

了解数学游戏中蕴含的拓扑学知识和进位制知识；了解文学和艺术领域中数学的黄金分割、射影几何等知识和类比、反证等方法的运用。

（二）关键能力

通过探究数学与游戏、文艺的关系训练学生发现和提出数学问题的能力；通过数学模型的应用教学发展学生从数学的角度分析和解决问题的能力。

（三）思维方法

养成在日常生活和实践中一般性思考问题的习惯即数学抽象素养；运用归纳、类比和演绎等数学推理方法，培养逻辑推理素养；通过数学模型刻画空间、时间、经济增长等实例教学培养数学建模素养。

（四）学科品格

通过挖掘游戏、文学、艺术、生活中蕴含的数学元素培养学生的理性思维；通过经历数学对象的研究过程培养学生批判质疑、勇于探究的信念品质；通过展示黄金分割的统一美、数学语言的简洁美陶冶学生的审美追求。

四、学科课程框架

（一）学科课程结构

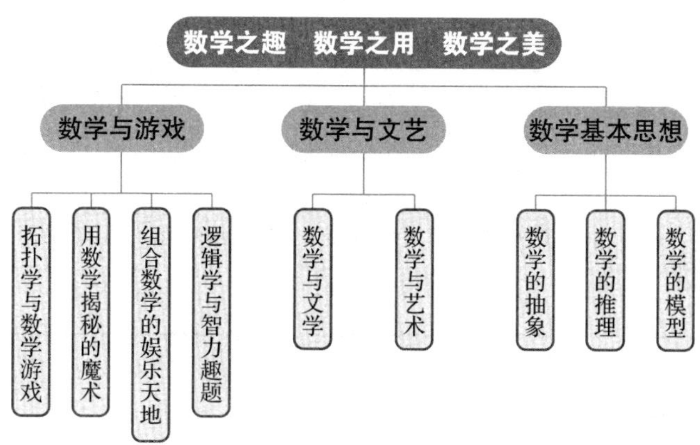

（二）学科课程设置

主题	单元	课题 （均为1课时）	主要内容
数学与游戏	拓扑学与数学游戏	绳圈游戏与拓扑学	绳圈游戏及数学原理探究
		九连环的数学原理	九连环及其与数列的关系探究
	用数学揭秘的魔术	恒等式原理探究	“魔术师的地毯”“心有灵犀一点通”“数学猜牌术”及其数学原理
		进位制原理探究	由“巧猜你的星座”原理，探究猜姓游戏、魔术卡片、火柴游戏
	组合数学的娱乐天地	七巧板数学	七巧板及凸多边形、空洞、七巧板悖论等的拼接练习
		幻方的数学	杨辉的成果和构造幻方的常用方法
	逻辑学与智力趣题	趣题中的逻辑判断方法	七种常用逻辑判断方法
		逻辑学的故事	生活中的逻辑学和三次数学危机
数学与文艺	数学与文学	唐诗与数学	二者在形式结构和思想方法方面的联系
		寓言与数学	二者在知识背景和思维方式方面的联系
	数学与艺术	数学与音乐	黄金分割及与音乐的关系
		数学与美术	艺术作品中的数学和分形艺术介绍

主题	单元	课题 （均为1课时）	主要内容
数学基本思想	数学的抽象	分析方面	微积分的逐步抽象和完善
		几何方面	几何学的抽象和非欧几何的诞生
	数学的推理	合情推理	归纳、类比、直觉、顿悟等在数学发明中的重要性
		演绎推理	完全归纳、数学归纳、计算逻辑、反证法等证明方法的介绍
	数学的模型	物理模型	数学模型如何刻画时间、空间和力
		生活模型	数学模型如何刻画经济增长问题

五、学科课程实施与评价

（一）学科课程实施策略

1. 立足核心素养，利用教师优势整合课程资源，彰显特色。数学对于培养人的核心素养所做的贡献主要集中在科学精神特别是理性思维和勇于探究方面；学会学习特别是乐学善学和勤于反思意识；实践创新特别是问题解决和技术运用技能。那么，整合课程资源就应该紧紧围绕以上核心素养。本人在攻读硕士学位期间在数学与文化方面积累了素材、开拓了视野，为校本课程整体框架的搭建提供了支撑。希望通过本课程的学习，使学生领会数学的精神实质，善于从数学角度发现和提出问题、分析和解决问题，在数学文化的熏陶下建立科学的数学观。

2. 立足核心素养，构建多样化的活动模式，丰富学生体验形式。课堂教学的主旨是要让学生动起来，先是脑动，动脑去思考教师提出的问题；然后是手动，动手去探究解决问题的思路；最后是心动，形成科学的思维习惯。本课程的教学设计要充分考虑数学的学科特点，既要激发学生学习兴趣，又要提升学生核心素养。宏观地说，大到一课时，小到一个知识点，均采取提出问题、分析问题、解决问题、反思问题的思路，使学生保持高水平的数学思维活动。具体地说，构建体验、省思、实践、验证、应用等多样化的活动模式，丰富学生体验形式，积累数学活动经验。通过学习，使学生认识到数学高度的抽象性、逻辑的严谨性和应用的广泛性，发展数学抽象、逻辑推理、数学建模素养。

3. 立足核心素养，确立多元化课程评价导向，打造高效课堂。高考评价体系确立了学科核心素养的考察目标，标志着中国高考正在实现从能力立意到素养导向的历史性转变。而数学学科核心素养的达成是以数学核心知识为载体、以数学思想方法为依托、以数学关键能力为特征的综合体现，所以评价应兼顾以上三者。这样，教师更加关注对学生提出、分析、解决问题等过程的评价，学生更加重视经历数学对象的研究过程，落实数学核心素养，真正实现高效课堂。

（二）学科课程管理与评价

1. 出台课程质量监督保障制度。学校应出台一套管理规范，建立起从校领导、教师、小组负责人直至学生本人的层层责任制。学生本人要对自己的学习任务负责，做好自评；小组负责人组织撰写学习报告并主持组内评价；教师负责组织所有学生的学业质量评价和撰写课程报告；校领导负责课程质量的督导和学生评教工作。这样层层负责的监督制度作为保障，使得学科拓展课程的教学摆脱授课自由随意的现状，走上规范化、专业化的道路。

2. 构建教学质量评价指标体系。科学的教学质量评价指标体系应该能够引导和规范教学、客观公正的评估教学质量，促进学科拓展课程深入、健康发展。一般由教务处在期末组织评估工作。教学质量评价体系包括以学生为评价主体的教师教学质量评价和自评、组评、师评相结合的学生学业质量评价。其中学生学业质量评价包括学生课堂参与和学习报告评价，各占 50% 的权重。

六、学科课程反思与提升

本课程自 2011 年首次开设，经过八年的积淀日趋成熟。教学目标更加具体合理，课堂组织更加紧凑高效，素材呈现更加形式丰富，管理评价更加规范有效。然而本课程还存在不足之处，一是数学难点知识在教学中铺垫不足，加大了理解的难度；二是质量评价不够完善，针对教学效果特别是核心素养达成的评价缺乏操作性强的标准。

今后在教学设计方面应尽可能利于学生主动学习和建构，对于难度大的知识，铺设阶梯性的问题串，兼顾高水平的数学思维和学生的参与度。另外在质量评价方面应进一步细化评价要求，挖掘核心素养达成的评价标准。

天津市天津中学

融公能之志　展化学之美

——初中化学特色课程的实践与思考

文 / 刘　绵

一、学科课程开发思路

基于新时代学习特点及化学学科核心素养目标的确立，在南开区化学教学专家王立老师的组织和领导下，形成了课程组团队，进行课程的研究和设计，研发了资源共享、材料丰富的化学特色课程平台——化学魔盒 。本课程包含六大主题，通过文本、实验、视频等多样的课程资源，为师生提供交流反馈、资源共享和多元化的课程信息。同时，也较多地选取了与教学内容结合紧密并能反映现代科技发展的最新动态及适合学生阅读和观看的资源供学生学习和思考；充分体现化学课程与现代科技发展的密切联系，增强学生学习化学的兴趣和学好化学的信心，培养终身学习的意识和能力，理解科学的本质，提高科学素养。该课程已入选全国中小学教学资源的开发项目，并被中国教育学会遴选为优秀课程。

二、学科课程哲学

《课程标准》指出：化学不仅与公民的日常生活密切联系，也是材料科学、生命科学、信息科学、环境科学和能源科学等现代科学技术进步的重要力量。化学在缓解人类面临的能源危机、环境污染、资源匮乏等很多方面做出了积极贡献。化学学科的特征，对新时期化学课程的进一步发展提出了新要求、提供了新思路。所以这项课程通过自主和个性学习的方式展开，以提高学生科学素养为主旨，强化激励与发展功能，使学生的综合能力全面提升。

本课程的定位是要给学生提供未来发展所需的最基础的化学知识和技能，使学生从化学的角度初步认识物质世界，提高学生运用化学知识分析、解决简单问题的能力，使学生更具有社会责任意识并为了社会的发展而学习。

三、学科课程目标

（一）核心知识

初步了解化学对人类文明发展的巨大贡献；认识化学在实现人与自然的和谐共处时，促进人类和社会可持续发展方面所发挥的重大作用。

（二）关键能力

养成科学态度，学习科学方法，在“做科学”的探究实践中培养学生的创新精神和实践能力。

（三）思维方法

增强获取信息和利用资源的能力，提高多种学习的能力，逐步养成良好的学习方法；初步养成勤于思考、敢于质疑、严谨求实、乐于实践、善于合作、勇于创新的学习品质。

（四）学科品质

发展学习化学的兴趣；感受并赞誉化学，了解化学为改善人类生活和促进社会发展的积极作用；培养科学精神和人文精神。

四、学科课程框架

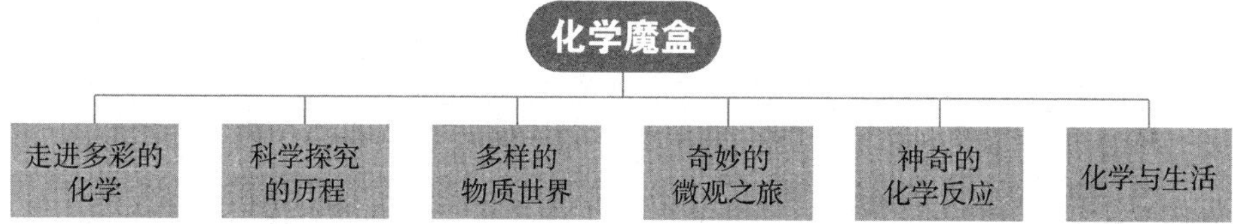

本课程以走进多彩的化学、科学探究的历程、多样的物质世界、奇妙的微观之旅、神奇的化学反应、化学与生活六个模块作为主题，每个单元设置多个分主题，再将每个分主题划分出若干相对独立的项目，如学习导引、学习精要、学习旅程、实验探究、背景知识、资料链接、通关自测等栏目。学生可以依据个人的

学习需求通过文本、图形等链接选择学习内容和学习路径。在设计过程中也尽量地应用交互式形式增强学生主动参与意识、提升学生自主学习的能力。

五、学科课程实施与评价

（一）学科课程实施策略

1. 课程结构分析：在确立了学科课程总目标后，依据初中化学新课程的标准和教材，构建了六个主题的课程内容体系。如“科学探究的历程”主题，是基于《课程标准》中“科学探究”为宗旨进行设计的。通过学习，增强学生对科学探究的理解，发展科学探究能力，学习基本的实验技能。基于这样的课程目标，该课共设置了三个内容：科学探究的基地、动手探究的技能、气体制取的体验。

通过兴趣的引领，让学生了解什么是探究，增强探究意识，层层递进，并从学生的认知角度了解氧气、二氧化碳、氢气的常见性质及制取方法。这些内容也是由情境引入，使学生能够自主学习。如“气体制取的体验”课例中，笔者选用“化学村传说”的游戏情景引入，以实验室盗窃案为线索，从开始旅程、继续旅程、退隐江湖，在游戏中掌握化学知识，提升实验技能。此外，为了能够感受实验操作中的注意事项和重要环节，笔者加入了模拟式实验操作，通过手动选择仪器，自由组合成符合要求的实验装置，也可以通过发散思维自主进行多功能、多用途的仪器组装等。这样的训练不仅使学生能认识和熟悉常见重要仪器，而且了解化学实验的基本操作，还能随时随地感受和体验化学实验带来的无限乐趣，并激励学生能够更好地学习化学知识，解决更多的生活问题，这是课堂教学很好的延续和扩充。

化学魔盒课程可以说是一个动态而庞大的资源库，包括参考文献、背景知识、应用案例、素材、网址以及学习工具等，并在资源库与相关教学内容之间建立有效链接和相关使用说明，以指导和帮助学生开展自主学习。

化学源于生活，生活中也处处体现化学之美，当学生能自己在家动手做一些小实验时，好奇心与体验感尤其增强。这样的探究必然会带来学生们对学习知识的渴望以及能将课本知识升华为解决生活问题的能力。所以科学探究意识的形成、探究方法的掌握、探究技能的增强，使得学生总是有更多的热情去学习，慢慢形成良性循环，让课本知识不断丰满与立体化，更加有利于培养学生的化学核心素养。

2. 课程学习方式：本课程通过运用互联网进行多媒体教学，实现交互方式的多样化。同时也有“MOOC”的形式（大型开放式网络课程），实行线上测试、线上作业，将线上学习与线下学习有机结合。资源丰富、学习便利、使用简单，既可在相应的专业实验室进行实验；亦可从生活中获取实验资源，如可利用生活中的物质作为实验药品，将生活中的物品改造为实验器材，为学生的化学学习开发了更多的可能性，并提供了多种可行的评价。

3. 课程资源特点：本课程融入了大量的图片、视频、微课、动画、科技前沿、背景知识、参考文献、相关练习等，并在某些资源上形成链接模式，方便学生自主选择学习内容，使他们能够从化学的角度初步认识物质世界，提高学生运用化学知识分析、解决简单问题的能力，为学生的学习打好必要的基础，以更好的素养面对未来的发展。

4. 课程研发优势：首先，创设教学情境。能够充分利用网络的信息资源和多媒体优势，设置问题情境、活动情境及多种场景情境。为了拓展学生的知识面和提高能力，设置了课程内容标准以外的其他项目，激发学生学习兴趣。其次，解决教学难点。采用直观图像、动画、视频、声音来呈现丰富信息，精简文字描述，特别是微观粒子、抽象概念、有毒或危险的实验等，都可以通过信息化来实现。还有一些非常逼真的电脑操纵的模拟实验，能让学生亲自感受化学的乐趣，感受探究的愉悦。再次，多种导航功能。该课程设置多种清晰、明确、符合认知的导航标识，引导学生高效而又有选择性地学习。

（二）学科课程管理与评价

该课程有完整的平台统计系统：如任务点、学习访问量、学习讨论、测验、课程积分、课堂活动等。学生们在寓教于乐的学习中扩展了知识面，深切地感受到生活中的化学无处不在，化学对社会进步和科技发展更是起到不可替代的作用。

此外，在通关自测中，我们也并非简单评价对错或直接给出正确答案，而是在学生出错时尽量给学生以思维的启迪，启发学生从哪些方面去思考、如何思考。即使学生第一次做答完全正确，教师也会将完整的解答过程和规范的书写呈现给学生，使学生形成良好、科学的思维方法与习惯。

班里的很多学生学习热情高涨，并积极参与讨论或留言："化学很神奇！值得我们去探讨。""通过学习，我拓展了丰富的化学课外知识，在知识的海洋中畅游。""通过化学魔盒的学习，我对化学产生了浓厚的兴趣。化学在生活中真是无处不在。""我了解了很多科学知识，我将继续学下去，在知识的海洋中遨游。"……很多学生在网络学习中不断得到鼓励、启迪，进而增强学习的自信心和能动性，并在循序渐进的练习中得到了较大幅度的提高。

六、学科课程反思与提升

化学魔盒课程有利于探索新课程学生学习方式的变革，克服了时空限制，满足不同层次学生的学习需要，促进学生共同发展，是课堂教学的补充和延伸。同时，在寓教于乐中拓展了学生的知识面，提高社会责任感和参与性，逐渐提升的化学核心素养，也充分体现了我校"允公允能、日新月异"的南开精神。

但是仍有一些不足和遗憾，如教师重视程度不同，并没有充分利用好这些资源，也使得学生参与度在班级和学校之间存在差异。此外课程设置内容还不够完善，我们将在后期建设不断改进，在每个专题中增加更多的课程内容，使它更加贴近生活、关注社会及科技发展，更有前瞻性，一如既往地努力打造基于培养化学核心素养的化学特色课程体系。

南开大学附属中学

趣味机器人　助学生发展

——中学通用技术课程建设的实践与思考

文／马思航

一、学科课程开发思路

为了更好地推进素质教育，启发学生的工程思维，激发学生“爱技术、学技术、用技术”的兴趣，培养学生创新设计及实践的能力，推动本校校本教研不断深入，积极实践泛化教育思想理念，我校尝试开发本课程。

在这个大背景下，课程的设计原则既要保证每个学生都能在课程中得到锻炼、发展，又要符合学生生理及心理发展特点。各班在组织课程实践时，要根据学生实际，注重所选项目实效和学生个性特色；紧密结合我校科技教育方面的优势，围绕活动主题，充分调动每个学生参与的积极性、能动性、创造性。

本课程由学校机器人校本课程、社团活动及小课题研究等相关资源给与支持。该课程的特色主要是针对学生物化能力的训练，从“初识—拼装—编程—实操”等角度，提升空间、逻辑思维及图样表达能力，形成一定的经验积累和感悟。该课程的亮点是：提升技术意识，传播科学思想，倡导工程方法，普及专业知识，进一步推进素质教育。

二、学科课程哲学

随着科学突飞猛进的发展，技术日益成为社会发展进步的重要因素。因此，技术素养是当代青少年应具备的基本素养。在这个前提下，本课程以提高学生的技术核心素养为主旨，以设计学习、操作学习为主要特征，是一门立足实践、高度综合、注重创造、体现科学与技术相统一的课程。这为育人创造了有利条件，本课程有助于学生通过技术实践活动构建专业性、程序性的知识框架；有助于学生提高技术方法的学习与运用和学生工程思维和创造能力的培养；提高解决技术问题的综合能力；有助于学生增强对技术文化的理解，形成正确的技术价值观。

以课程改革的基本精神和技术课程的性质及任务为依据，制定本课程的课程理念。该理念紧紧围绕信息素养、技术素养展开，针对初高中不同年龄阶段的学生提出知道智能机器人相关理念、了解智能机器人发展历史及趋势、理解智能机器人制作的理论知识、掌握智能机器人搭建的相关方法四层课程标准。

三、学科课程目标

（一）核心知识

了解智能机器人技术的发展历史，理解红外、光敏、碰撞等传感器在智能机器人工作中的作用，能从技术设计的角度理解智能机器人结构、系统、流程、控制的基本概念。

（二）关键能力

初步掌握智能机器人设计的一般程序和基本方法，了解算法在智能机器人设计制作中的重要作用，熟悉一种可视化窗口的程序设计，并应用于机器人的制作。

（三）思维方法

以提出问题、分析问题、解决问题为主体，立足于“做中学”和“学中做”。

（四）学科品格

通过本课程的开展实施，拓展学生的知识领域，发展学生个性，促进学生科学技术素养和动手能力的提高，培养学生的创新精神和团队实践能力，使学生热爱科学，适应技术社会。

四、学科课程框架

本课程分为两大模块进行学习，智能机器人基础知识模块及拓展模块。其中，智能机器人的基础知识是学习实践创新课程的基石，通过本模块的学习，学生应该了解智能机器人的概念，基本结构和工作原理。以学校现有设备 LEGO

NXT、VEX IQ/EDR 等为载体，结合基础知识模块，依托市、区级各项赛事，开展智能机器人项目教学，完成项目分析、算法设计、程序编写、调试运行整个过程，加深学生对智能机器人的技术理解。

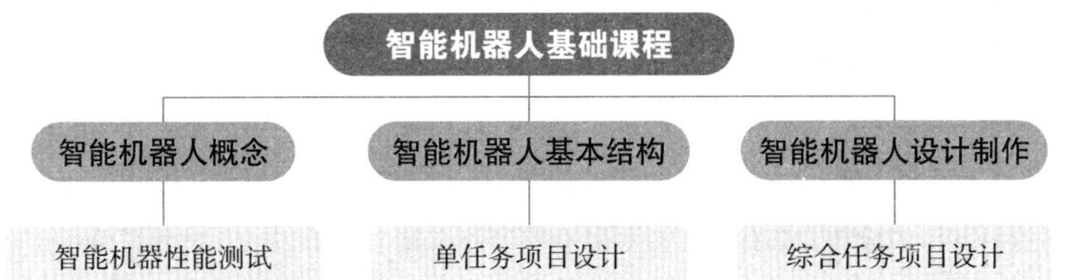

五、学科课程实施与评价

普通高中阶段的技术课程属于通识教育范畴，是以提高学生的技术素养为主旨的教育。高中学生正处于创造力发展的重要阶段，他们的想象能力、逻辑思维能力和批判精神都达到了新的水平。在学习活动中，要鼓励学生想象、怀疑和批判的精神；营造民主、活跃、进取的学习氛围；充分利用课程载体，激发学生的创造意识，培养学生的探究实践能力。

（一）学科课程实施策略

采用多样化的教学方式，如参观、调查、讲座、实践操作等不同形式；教师准备好必要的教学项目和载体，以提升学生的动手能力；教师要组织好学生课后拓展学习；课程实施是教学预设与生成的过程，教学过程应体现学生的主体地位，采用任务式、问题式、项目式等学习方式；以校、区、市级多层次的竞赛活动为牵引，进一步提升学生的创新能力；结合我校科技节、研究性学习等教学活动，进一步提升学生的技术能力。

学生的技术学习过程应是主动建构知识、不断拓展能力的过程；也是富有生机、充满探究、生动活泼的活动过程。在这个过程中，学生是学习的主体，教师是学习活动的引导者、帮助者，更是学生的亲密朋友。在课程的实施过程中，应当从学生的实际出发，精心设计和组织学生的学习实践活动；应当根据学生的身心发展规律和技术学习特点，指导学生采取自主学习、合作学习、网络学习等多种学习方式，培养学生的终身学习意识。

（二）学科课程管理评价

评价包括对课程本身的评价和对学生的评价。对课程本身的评价包括课程环节的评价，例如表现性评价（作品、研究论文、日记、实验报告、音频视频等）；行为表现（口头汇报、演示、小组讨论等）。评价方式：采取教师评价、组内互评、小组间互评的方式。对学生的评价形式还包括自评、评语、成长记录等。评价内容：采取过程评价的方式，即重点评价学习过程中学生的实践操作、实践态度、实践方法和能力，不以试卷成绩划定学生的成绩。评价结果：制定等级，而不给出具体的成绩，即优秀、良好、合格、不合格。评价方法：过程评价法、点评评价法、坐标评价法。

六、学科课程反思与提升

整个课程基本上达到了预期的效果，但是在实施过程中还是发现了一些有待于解决的问题。首先，要精选教学素材。素材的好坏会直接影响学生的学习兴趣及教学效果。其次，在本课程的教学中，我发现实践与理论的联系十分重要。如为了让学生了解电机对于机器人的重要作用，我安排了多种不同智能机器人的操作实践活动。通过实践，学生发现电机在智能机器人制作中有着多种不同的应用。第三，一定要注重学生创造能力的培养。如在课程最后的部分，我安排每组同学对已有的机器人进行改进优化。在讨论交流中，学生的创新能力得到了锻炼。最后，要注重知识的扩展。课上的时间是有限的，而机器人的相关知识是无限的，教师不可能在课上满足所有学生对机器人知识的需求。因此，课外的扩展显得尤为重要。

如今，技术与社会的关系越来越密切。本课程将进一步梳理和细化智能机器人制作的基本内容，帮助学生建立起系统性的知识架构；与此同时，应注意将技术所蕴含的丰富的人文因素，自然地融入本课程的教学之中，提升学生的文化品位和人文素养。

天津市第四十三中学

构建数学趣味课堂　促进学生思维发展

——小学趣味数学课程建设的研究

文 / 高玲艳

一、学科课程开发思路

新课程教育理念下，小学数学教学鼓励学生通过自主观察、实践、探索、验证、推理等活动培养学生的数学思维和综合能力，以满足他们的多样化学习需求。所以本着以学生为根本、全面发展和可操作性的原则设计了具有趣味性、创新性、综合性、灵活性、开放性的小学趣味数学课程，让学生通过对课程的学习了解教材以外的数学知识，体会数学知识之间、数学与其他学科之间、数学与生活之间的联系。该课程充分利用各种教学资源，包括学生已有的数学知识、数学绘本、趣味数学微课等，学生利用网络收集的数学小故事、数学发展史以及在教学过程中动态生成的新问题、新思路、新方法都是新的教学资源。在课程实施过程中充分利用各种学习方式，包括小组合作学习、自主探索、师生交流、互联网收集资料等，为学生提供充分的学习时间和多维互动的交流空间。

二、学科课程哲学

（一）学科价值观

数学是一门与现实生活和以往的知识体验有密切关系的基础学科，小学数学更是我国义务教育阶段的一门重要课程，它对学生的逻辑、空间、辩证等数学思维的培养发挥着重要的作用，并在学生的思维品质、情感、态度、价值观以及人文素养培养方面也起着至关重要的作用。本课程是对传统数学教学在内容和形式上的补充，在学习过程中充分调动学生的学习兴趣，更加有效地培养学生的数学思维，开发学生的智力，增强学生的应用意识，以适应未来社会的快速发展。

（二）学科课程理念

本课程的设计主要围绕以下几方面进行：一是注重培养学生的创新意识和创新思维，鼓励学生积极发掘生活中的素材，拓展学生数学知识领域，开阔思路和视野，为学生的未来生活奠定数学知识、数学语言和数学技能基础；二是结合学生的认知规律，在学习活动中给学生充分的想象时间、创造时间和空间，让学生在学习活动中自主建构数学知识，掌握有效的数学学习方法，培养学生的应用意识和勇于创新的精神；三是结合学科内容和学科特点，培养学生的学科品质，发展学生分析问题和解决问题能力，培养学生科学、严谨的学习态度和良好的数学学习习惯，提高学生自主学习、自我完善的能力，使学生在数学学习的各个方面得到发展。

三、学科课程目标

（一）核心知识

获得适应社会发展进步的重要数学知识和基本的数学思维、数学方法。

（二）关键能力

让学生体会数学知识之间、数学与其他学科之间、数学与生活之间的联系；学会运用数学的思维方式进行思考，培养学生收集信息、整合信息、分析信息的能力；提高学生推理能力、表达能力以及解决问题的能力。

（三）思维方法

通过数学活动训练学生的形象思维、抽象思维以及创新性思维，学生能够在喜欢数学的基础上，灵活地应用所学的数学知识、思想方法，选择有效的方法和手段，积极主动地发现问题、分析问题、探索问题，提出解决问题的思路并能有条理地表述思考过程，创造性地解决问题。

（四）学科品格

让学生在学习活动中感受数学知识的严谨性与科学性，培养学生合作、交流的意识和能力；引导学生倾听他人的意见，大胆质疑，尝试对别人的想法提出建议，让学生在合作交流的过程中解决问题，获得成功的体验，建立自信。

四、学科课程框架

（一）学科课程结构

依据课程设计理念，将本课程设计为五个模块：思维训练模块、阅读欣赏模块、设计制作模块、实践操作模块、情感体验模块。

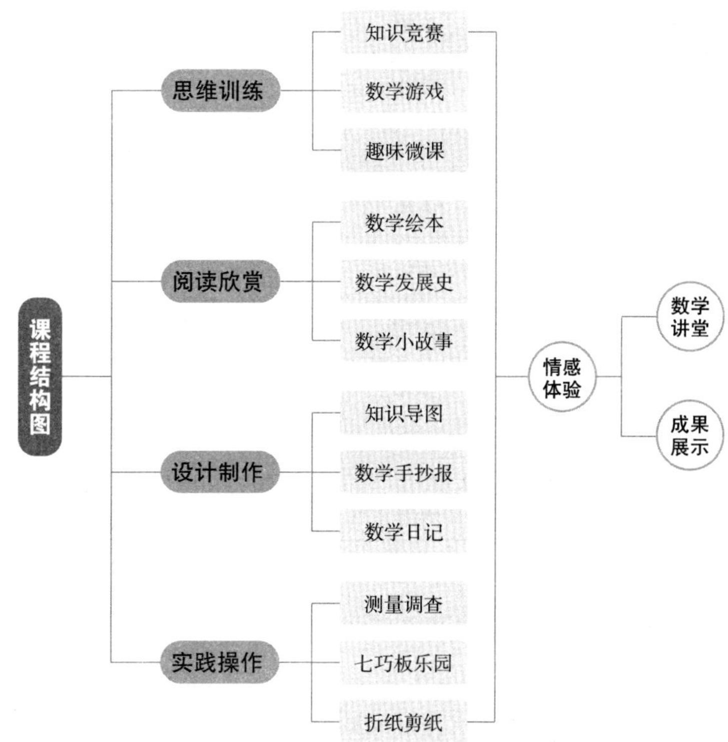

（二）学科课程设置

该课程内容是现实的、生活化的、有趣味的和富有挑战性的，这些内容有利于学生观察、探究、测量、实验和推理等能力的提高以及创新思维的培养。

课程模块	具体活动内容	课时安排	教学形式
思维训练	趣味微课	2课时	观看学习
	知识竞赛	1课时	小组合作
	数学游戏	1课时	
阅读欣赏	数学绘本	2课时	个人阅读、小组交流
	数学小故事	1课时	
	数学发展史	1课时	
设计制作	数学手抄报	2课时	个人设计、展示交流
	思维导图	2课时	个人设计、展示交流
实践操作	七巧板乐园	1课时	自主探索 小组合作 汇报成果
	纸牌乐园	1课时	
	测量调查	1课时	
情感体验	数学讲堂	2课时	个人展示 师生互评
	数学日记	1课时	

五、学科课程实施与评价

（一）学科课程实施策略

1. 课程实施方法：将其他学科教学资源与课程资源相结合。每个学科都不是独立存在的，学科与学科之间有互通的性质领域，教师要将相关联的学科内容进行整合，根据学生的实际情况和发展需要，形成更加科学的教学资源。如在绘制数学手抄报时，就会涉及美术学科，在这个过程中学生将数学知识和美术绘画相结合，这既激发了学生学习数学的兴趣，又培养了他们的审美情趣；在阅读数学故事或学习数学发展史的过程中，不仅培养了学生的阅读能力，而且能为学生将来的写作积累素材，提高写作能力，同时还从数学家身上学习到严谨的科学态度。

与教师的学科专业发展相结合。在课程实施的过程中，教师要有敏锐的洞察力，能及时发现教学中的问题，如课程内容是否符合班级学生的实际情况，学生是否对教学内容感兴趣等等。要掌握新的课程理念，掌握新的技能，要时刻保持清醒的头脑，将课程内容与其他学科内容进行合理的编排、整合，保证教学能达到最佳效果。与现代信息技术相结合。现代信息技术在课堂教学中的应用是社会发展的趋势，它能将静态的、抽象的数学知识以声音、动画、图片等生动形象的形式展示出来，给学生以动态的画面，激发学生的学习兴趣。能结合具体的教学内容设计出恰当的教学情境，保证学生能够愉快地融入到课堂教学中。

2. 课程实施过程：一是要树立正确的课程观。教师要学习课程理念，转变教学观念，形成正确的教育观，帮助学生树立正确的学习观。二是要认真落实课程目标。课程目标决定着教育教学活动的方向，决定着课程内容、手段、方法策略的选择，直接制约着学生的学习形式，是教师教和学生学的行动指南。三是要完成课程教学评价。评价是课程实施必不可少的部分，它对课程内容、课程实施进度、课程教学资源、课程实施方法、策略具有甄别检测功能，能帮助教师及时发现问题，进而提高教育教学质量。四是要及时进行课程反思。反思能不断促进教师的自我发展，使教师对课程有一个全新的认识，保证课程教育资源有效的利用；教师要不断地探究和思考，在新型的课程教学中提高教育质量，促进师生的共同成长。

（二）学科课程管理与评价

1. 课程管理：课程内容要符合学生的年龄特点以及认知规律，要考虑学生已有的数学知识和实际的生活经验，要重视学生的直接经验并处理好直接经验和间接经验之间的关系。教师在活动中要注重启发式教学，要处理好教师的主导作用与学生自主学习的关系，要根据学习内容以及教学目标恰当地组织学生独立思考、自主探索，组织好学生之间的合作交流，使教育质量达到 1 加 1 大于 2 的效果。建立目标多元、方法多样的评价体系。教师要在教学的各个环节关注学生的不同方面，要从不同角度肯定学生、鼓励学生，帮助学生树立自信，进而达到乐学数学的效果。在课程实施的过程中，教师要随时关注学生的学习效果，针对教学目标采取的教学方法是否符合学生的具体情况。

2. 课程评价：课程评价主体的多元化。学生是学习的主体，在教学过程的各个环节中，学生都是积极的参与者。要想达到教学的最佳效果，教师要综合利用教师评价、学生自评、学生互评和家长评价，对学生的学习情况和教师的教学情况进行全面的考查，使学生在评价中不断进步，自我认识，从而实现自主发展。

课程评价内容的全面性。评价内容的全面性体现在对学生基础知识和基本技能的评价，对数学思考、数学方法的评价，包括对逻辑思维能力、推理能力、运算能力、应用意识以及创新意识的评价，对学习过程的评价，对课堂活动参与度的评价。要关注学生是否具有与同伴相互合作、交流、讨论、友好相处的能力，是否能够准确表达自己的见解和观点。

课程评价方式的多样化。评价方式的多样化体现在评价方式方法的运用，可以是课堂观察，对学生的学习状态给予及时有效的监督；可以是口头测验，及时了解学生对知识和技能的掌握情况；可以是书面测验、课后谈话、课堂练习等。还可以根据具体情况利用现代信息技术，采取网络交流的方式进行评价，为教师与家长的沟通建立平台。

六、学科课程反思与提升

在课程实施的过程中，教师要学习新的课程理论，转变传统的教学观念。要坚持以学生的发展为本，不能为了完成课堂教学任务而忽视学生的个性化差异。要注重培养学生的创新意识和思维能力，尊重学生、信任学生。要恰当地呈现和利用评价结果，在保护学生个性发展的同时使学生得到不同层次的提高，促使学生和教师共同成长。

为了有效提升该课程在小学低年级中应用的质量，最大化提高课程的积极作用，教师必须要根据学生的个体差异，对课程教学资源进行重组或整合，保证每一个学生在学习活动中都能学有所得、有所收获，帮助学生树立终身学习的观念，让学生的学习回归生活，让所学知识服务生活。

天津市南开区第二中心小学

立足中营百年文化　打造特色汉字课程

——小学汉字文化课程建设的实践与认识

文／张　弛

一、学科课程开发思路

识字教学是贯穿小学阶段的教学任务。为了使低年级识字教学成果得以延伸，同时也对教材在识字方面的内容深度和广度进行补充，中营小学教师王振刚带领骨干教师研发了适用于小学中高年级的汉字系列课程——小学生快乐学汉字。研发过程中秉承三点原则：一是加强组织工作的计划性，成立研发团队，制定“纲要”，课程实践和后期的评价反馈由学校统一规划，集中优势资源；二是注重学生对课程的适应性，内容选材以《课程标准》为指导，立足小学语文教材，进行知识拓展；三是坚持课程内容的科学性，内容选材以知名出版物发表的内容为主，邀请专家名师把关。

中华文明能够持续发展，始终保持着旺盛的生命力，和汉字文化的发展有着密切联系。汉字承载了众多历史记忆，每个字都有深刻的文化内涵和悠长的演化传承，是中华文明的符号和载体。本课程的实施，有助于落实教学中的情感态度，借助传统文化丰盈学生的精神内核。

二、学科课程哲学

该课程是语文学科基础教育的补充，继承了语文学科的人文性。著名教育家李震提出：语文教育人文性指引导学生开掘汉语汉字人文价值，注重体验汉族人独特的语文感受，学习中华民族的优秀文化。课程选取优秀汉字文化，力求在浸润式教学中熏陶和感染学生，促进学生和谐发展，提升审美情趣，养成较高的思维水平。

一是坚持大语文教学观，让语文回归生活。在建设中充分发挥语文教学优势，利用微观的语文课堂教学，体现宏观的语文教育观念，让学习不再局限于课堂。为了建立校外第二课堂，我们以微课和小视频的形式在公众号中发表推送，有效地对知识进行补充和深化。二是传承导学式教学法，让学生做课堂的主人。教师在课堂上导趣、导情、导思、导法、导疑，带领学生用已知探求未知，唤起学生对文化知识的渴求，培养学生的探究能力。三是积极进行学科整合，教学方法博采众长。课程整合让教学方法更加丰富有效，学生学习的知识更加全面。

三、学科课程目标

小学生快乐学汉字课程以丰富的知识为媒介，带给学生美的体验；在快乐的氛围中充实学生的头脑，培育热爱汉字文化的情感乃至对本民族文化的认同感。结合《课程标准》制定以下目标：一是了解汉字文化知识，感受中华文化的丰厚博大，体会民族文化中蕴含的智慧；二是培植热爱祖国语言文字的情感；三是了解汉字知识，体会汉字艺术性；四是主动探索和研究汉字知识，过程中能和其他学科相结合。

四、学科课程框架

本系列课程从汉字文化出发，让学生感悟汉字之美、奇、趣。衍生出以汉字之美为主题的欣赏类课程，课堂内容包括书法发展史简介与作品赏析；以汉字之奇为主题的探究型课程，了解汉字笔画的丰富内涵；以汉字之趣为主题的活动型课程，开展形式多样的汉字游戏。

汉字之美	汉字之奇	汉字之趣
先秦书法欣赏——篆书	奇特的笔画——横	你演我猜
魏晋书法欣赏——魏碑和隶书	奇特的笔画——竖	看图猜成语
唐楷欣赏	奇特的笔画——撇	我来画汉字
行书发展纵览	奇特的笔画——捺	成语接龙
草书情志	奇特的笔画——点	字谜猜猜猜
小楷赏析	汉字传奇身世	汉字书写大赛

五、学科课程实施与评价

（一）学科课程实施策略

小学生快乐学汉字已经从校内研发扩展到全区推广阶段，实施过程中总结了诸多实践经验。一是完善评价标准。走入课堂前，学校针对该课程进一步完善了校本课程评价标准，同时也制定了具体的教学目标。二是课程理念落实。课堂充分体现设计之初的理念，以汉字之奇主题系列课程中“神奇的横”一课为例。本节课分为两个版块，先以笔画横为例，通过例字探究汉字笔画的奇妙，随后透过造字法探究汉字本身所具有的含义，与其他文字比较在表意上的奇特之处。课堂体现系列课程特点，如本节课以笔画“横”为例探究汉字“形之美”。备课过程中，我关注到“木”中的一横指“树枝”，同时发现“本”字下面一横指树根。有限的例字中加入相近的字让课程内容不再局限化。为了不影响教学计划，同时进行课堂延伸，教师借助网络推送了“木字加一横”微课。学生课下观看学习后与教师进行交流的课堂外学习方式体现了大语文教学观。不仅如此，每节课后，教师及时地把阅读书籍分享给学生，如《汉字有故事》《有意思的汉字》等。

在时时学语文，处处学语文的大语文理念下，以知识为载体，拓展视野、增长见识、丰富头脑的同时，潜移默化地培育了学生对本民族传统文化的认同。课上，学习兴趣的引导不仅存在于知识层面，活动的穿插也成为课堂学习氛围的保障。如在探究“笔”字中的横的含义所进行的实践中，用寻宝活动活跃了课堂氛围，调动了学生的积极性，让学生在活动中享受发现知识的快乐。

兴趣是学习的基础，在课堂上引导学生思考是教师的主要责任。当下汉字文化的发展正处于繁荣时期，相关图书琳琅满目。在这堂课中，选材时注意内容的启发性才能有效地进行导思。课程内容恰当是学生展开思考的前提。选材上，教师充分利用学生已有的知识作为学生探究新知的基础。

内容的连贯性和启发性能够更好地培养探究能力。回顾教材中《仓颉造字》的故事，思考如何造字，进而聚焦笔画的重要性；“册”在五年级上学期综合实践活动里介绍过是竹简书的形象，在课堂上就可以借助竹简去观察其中横代表什么；课堂上吟诵的诗歌《赞汉字》曾经是书中的阅读资料。导学式潜移默化帮助情感态度目标的落实，做到过程快乐地学，内心真正地爱。

同时，课堂积极进行学科整合。学习“海”字含义时，引入地理中水汽输送的科普小知识，有助于学生理解海是陆地上水的母亲该含义背后的自然现象。探究“夫”字上面一横的作用时，引入了历史学科中古代加冠礼的介绍，帮助学生认识到上面一横是为了“结发”。“旦”字的含义不需要讲解，与美术学科进行结合，让学生画出字里的景象，学生自然恍然大悟：原来是早晨的意思！“笔”字在讲解时结合信息技术学科进行微课制作，推送到微信群和学校资源平台上，方便孩子们理解该字的多方含义。课程整合让教学方法更加丰富有效，学生学习的知识更加全面，对全面深入学习汉字和理解汉字文化大有裨益。

（二）学科课程管理与评价

实施推广过程中注重评价，这对课程的完善和帮助课程落实的效果起到了重要作用，得到了校领导和各方面专家的大力支持。校内实施阶段，校长积极参与课程评价。针对重难点知识探究提出：如果有展示环节，应该充分展示，用具体的事物帮助孩子理解笔画中的指代。后期教师在课上准备了实物竹简、毛笔、各种图例，让学生有了更加直观的理解。南开区课程室深入课堂一线，肯定了课程建设取得的成果，同时希望兼顾丰富与科学。本系列课程以拓展视野为目标，不局限于汉字认读，引入了丰富的知识，但作为课程的开发者，保障课程的科学性是第一要务。

六、学科课程反思与提升

针对评价过程中收获的指导性建议，集体反思，确保课程不断地完善。小学生快乐学汉字课程在内容上为适应新教材的变化仍需做出调整。不仅如此，课程服务于学生的发展，而教师在这其中起着不可或缺的桥梁作用。该课程对教师的知识储备，文化底蕴、教学能力均有较高要求。为了适应授课需要，未来应注重经验上的总结和传承，加强课程建设者的梯队建设。

天津市南开区中营小学

浸润思维训练　奠基终身阅读

——整本书阅读校本课程的开发与实践

文/赵　寅

一、学科课程开发思路

现今，整本书阅读渐已成为语文教学的一种趋势。伴随着统编本语文教材的推出，“少做题，多读书，好读书，读好书，读整本的书”正被越来越多的关心语文教育的人士认可。在这个背景下，汾水道小学结合本校实际情况，开发了整本书阅读校本课程。这一课程既是小学语文课程的拓展与延伸，也是培养学生综合素养的好方法。在课程设计上，我们秉持着提高站位、放下身段、兼收并蓄的原则，把读书看作是终身学习的重要方式，在语文学习之上追求更高的课程目标。以学生为主体，选择贴近学生的教学内容，在阅读经典的同时，打开思路，收录更为丰富的阅读材料，书籍、学生、教师是课程的主要资源。思维发展贯穿始终，是本课程的亮点与特色。

二、学科课程哲学

从育人价值的角度来看，整本书阅读课程是全面涵盖中国学生发展核心素养的课程。读书作为一种获取知识的方式，涵盖人文基础与科学精神；读书时的思维过程与习惯养成过程，能够帮助学生学会学习、健康生活；读书给人以熏陶，有助于学生提升责任担当，乐于实践创新。因此，我们把整本书阅读看作是一门“知”（知识）与“情”（情感）与“意”（思维）三位一体的综合性课程。其中，“意”的层面，即思维的层面，脱胎于小学语文课程，以学会运用多种阅读方法，形成独立阅读的能力为主要目标。重视语言的积累与语感的形成，注重情感体验，提高感受和理解的能力，培养阅读的计划性与意志力，使学生在思维的构建中，自然地积累知识，积淀情感。

三、学科课程目标

我校的整本书阅读校本课程主要有三方面的目标：一是通过整本书阅读，学会在读书中学习知识、思考问题，树立起正确的世界观、人生观、价值观，全面提升核心素养。二是产生持久的读书兴趣，养成读书的习惯，了解并掌握科学的读书方法，获得思维的发展，为终身阅读奠基。三是在读书活动中学会自我表达及与人交流读书的心得体会，形成合作学习的能力。

四、学科课程框架

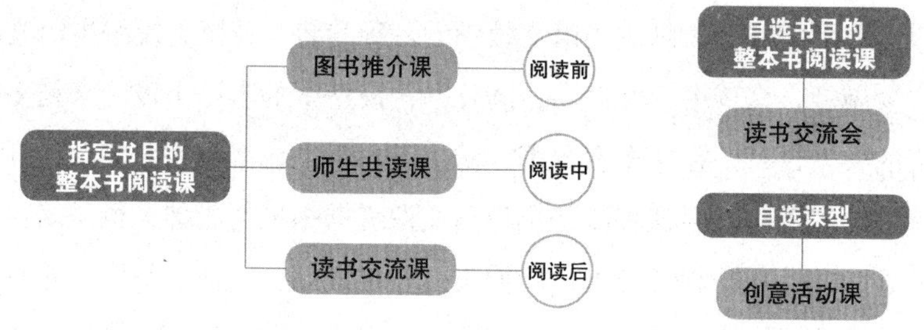

我校整本书阅读课程由五种课型组成，课型的主体是图书推介课、师生共读课、读书交流课和读书交流会，创意活动课为选做课型，师生可以在感兴趣的情况下选择排演课本剧、开展朗读会等形式多样的活动。

其中，图书推介课、师生共读课、读书交流课都针对指定书目。每个学期初，由教师指定并提供一本图书给学生。学生阅读前，师生一起上一节图书推介课；学生阅读了一段时间后，师生一起上一节师生共读课；学生完成了整本书的阅读后，教师组织学生开展读书交流课。至此，指定书目的教学结束，时间接近期末。此时，由学生自由选择一本课外阅读过的书，带到学校与同学分享，即读书交流会。读书交流会上没有指定的书目，目的在于给学生一个展示的舞台。

整本书阅读的指定书目分为虚构类与非虚构类。虚构类图书以文学类作品为主，非虚构类图书则涉猎科学与人文两个方面。在低年级，我们尽量选择篇幅短小，趣味性强，图文并茂的作品；在中年级，我们尽量选择篇幅适中，知识性强，教育性强，通俗易懂的作品；在高年级，我们尽量选择一些篇幅较长，较为经典的著作。指定书目由教师和学生共同推荐，教师经过集体备课确定最终书目。在整本书阅读课程的推进中，给书目留有调整、更新的余地。

五、学科课程实施与评价

（一）学科课程实施策略

汾水道小学整本书阅读课程的实施策略包含两个层次，一是不同课型的实施策略，二是不同年段的实施要点。

图书推介课，重在激发阅读期待和指点阅读策略。图书推介课是在学生开始阅读规定书目前开展的，设置这个课型的目的在于调动学生主动阅读的积极性，并启发学生用合适的阅读方式去阅读指定的书目。激发学生阅读期待的方式是多样的，可以采用“预告片”式，展示书中的精彩内容；可以采用“问题引领”式，启发学生从书中寻找答案；还可以采用“布置任务”式，用游戏化的方式激励学生去阅读。但不管怎样，调动起学生的阅读积极性是教学的主要目的。在学生产生了阅读的主观愿望之后，教师与学生共同讨论阅读这本书的目的和方法。比如阅读科普类的图书，应当引领学生去注意书中介绍的知识，做一些卡片、笔记等。又如阅读小说类的图书，应引领学生关注人物、情节和环境，在阅读中对人物进行评价。这样学生在阅读的过程中就能避免盲目性，有利于后续教学的顺利开展。

师生共读课作为汾水道小学整本书阅读课的特色课型，有其独特的教学策略。现今流行的整本书阅读课，不是立足于课前的推介，就是立足于读后的交流，往往忽略了“读中”这个重要的时间段。而我校的这一课程恰恰抓住了这个最关键的时间点，立足于读中，提升学生的思维品质。这一课型的教学，首先要充分了解学生在阅读中思维的共性特征，然后基于这一共性特征，找准方向予以提升。以三年级的整本书阅读《中国古代寓言故事》为例，三年级学生在自主阅读中对于故事普遍能够很好地理解，对于寓意则仅仅停留在模糊的感受上。此时教师在学生已经熟知故事的基础上，予以思维方法上的提升，引领学生学会从故事当中读出道理。这就实现了师生共读课独特的教学作用。

读书交流课重在读书过程的反思和读书收获的提炼。我校的读书交流课，不仅仅重视读书的结果，也关注读书的过程。对于不同年段的学生，不同类型的读物，我们会设计不同类型的过程记录方式，如打卡、批注、阅读单等，让学生关注读书的过程，在关注过程的基础上交流读书的收获。这样立足于过程，而不仅仅关注结果，就强化了学生思维的训练。学生不但要说出自己的收获是什么，还要说出这个收获是如何得来的，这体现了阅读品质的实质提升。

读书交流会，是给学生一个展示的舞台，激发他们读书的热情。前面几种课程的教学都是针对指定书目的，其中教师都居于主导地位。而在读书交流会中，教师的教学策略是尽可能地放低身份，把舞台交给学生，让学生畅所欲言，去推荐自己喜欢的图书，从这样的课型当中获得读书的成就感。这一方面可以促进他们养成自主读书的习惯，培养读书的兴趣爱好，也营造出沙龙氛围。学生不断地与人交流，在生生互动中感受思维碰撞的乐趣。

除了在不同的课型中采用不同的教学策略，我校的整本书阅读课也十分注重在不同年段渗透不同的思维训练。具体来说，在第一学段注重读书参与度的提高，学生要监控自己是不是在认真地读书？读进去了没有？对书中的不同部分自己是如何处理的？是精读还是略读？以此来避免低年级小学生常见的“走马观花而不自知”的读书方式。进入第二学段，我们把训练的重点放在理解力和感受力的提高上，发挥想象与提出问题是这一阶段非常重要的教学内容。通过这一时段的思维训练引导学生要善于想象画面，体会人物的思想感情，并学会在阅读中不断发问，增进阅读的理解。而到了第三学段，我们又把思维训练的重点放在对长篇作品的把握上。对于长篇作品，学生要有计划地阅读，而这种计划并不是每天读几页这么简单，我们试图通过读书笔记、阅读单等方式，引导学生逐步形成一种把各个部分连在一起的思维能力，从而具备较高水平的阅读品质，为终身阅读奠定扎实的基础。

（二）学科课程管理与评价

我校整本书阅读课程通过集体备课的方式确定教学大纲，完成教学设计。利用校本课的时间完成课上的教学，通过课上的交流和阅读表单等形式，完成对学生课下阅读情况的监控。用听评课的方式，实现教师之间的交流，促进整本书阅读课程的不断改进。

在课程评价上，我们注重过程性评价、表现性评价以及学生的自我评价。其中过程性评价重在鼓励学生坚持阅读，坚持在阅读中记录与思考。表现性评价主要是学生谈出自己对读书的体会，或者通过制作表单、写读后感的方式展现阅读的成果。而学生的自我评价，则意在促进学生对阅读行为的自我管理与自我激励。多种评价方式的结合，可以有效促进课程的顺利开展。

六、学科课程反思与提升

我校整本书阅读课程自推荐以来，极大地增强了学生和教师的读书兴趣。学生的阅读量明显增加，在师生共读课与读书交流课中，很多学生讲出了自己读书的心得，实现了思维上的提升。教师在教学中也逐渐总结出了一些实用的教学策略，熟悉了教学工具。不过，在现阶段，我校的整本书阅读课程还存在着选书偏少、文学类书籍偏多、教学上缺乏经验等问题。在今后的整本书阅读课程建设中，我们将加紧研究，努力扩大课程的容量，积累教师教学经验，抓住学生读书中的闪光点，推进整本书阅读课程的持续发展。

天津市南开区汾水道小学

创点课程助力学生综合发展

——综合实践活动课程校本化探究与实践

文 / 赵　强

一、学科课程开发思路

如今的课程面临的问题是"用过去的知识，教现在的学生，却期待他们能够适应未来的生活"，而我们的课程设计原则结合了 STEAM 课程宗旨，旨在培养学生们未来解决现实生活中复杂问题的能力。

随着学生年龄增长及学科课程的深入学习，他们被要求在课上设想、猜想，但由于学科教师的限制，他们的设想被禁锢在了本学科上，随着不同学科的学习以及学科之间明确的界限，学生在运用各学科时，出现明显的学科限制。学生所学的知识，不但没有成为帮助他们解决问题的工具，反而成为了束缚和禁锢他们的枷锁。创点课程综合了多学科，融合热点及学生兴趣爱好，开展有用、有趣、有深意的特色课程，开发思维的同时培养学生多方面能力，实现学生综合发展。

二、学科课程哲学

（一）学科价值观

结合《中国学生发展核心素养》以及我校"合力教育"办学特色，围绕"六力"即人格力、学习力、健康力、自主力、交互力、全球力的核心素养，创点课程的开发旨在培养学生的思维力、联系力、实践力、创新力，最终实现学生德智体美劳全面发展。

（二）学科课程理念

国家综合实践课程在小学阶段主要追求价值体认、责任担当、问题解决、创意物化四方面的目标。在这个目标的指导下，创点课程在设计上综合学科的同时遵循学生发展规律，在小学低段侧重培养学生良好习惯、工具使用能力及对学生进行思维训练；中段培养学生问题探究能力、创意思维及生活实践应用能力；高段则侧重责任担当、价值体认、问题解决、创意物化等。

三、学科课程目标

（一）核心知识

结合学科课程及时事热点和社会发展方向，设计多元化、多角度、多学科融合的以思维为主的综合实践活动课程。

（二）关键能力

思维联系力、创新力、实践能力、专注力、解决问题能力。

（三）思维方法

由点及面，创新思维；思维统筹，学科工具；打破学科界限，活跃想象力和思维活力，灵活运用学科作为解决问题的工具。

（四）学科品格

创新思维，融合实践，培养具有核心素养、拥有 STEAM 内核且德智体美劳全面发展的新时代学生。

四、学科课程框架

创点课程主要镶嵌于创点星球综合实践生活场，课程主题的选择主要遵循国家综合实践活动课程目标，以当今社会热门话题及学生日常生活为切入点，通过精心设计的主题式活动，实现课程的多学科融合。

经过近两年的实践和整理，创点课程设置主要分为低中高三个阶段。一二年级（低段）：主要学习思维导图的绘画，同时学习使用多种工具，训练学生思维能力和动手能力。三四年级（中段）：主要学习运用思维导图进行多学科的思维发散训练，结合校本、课程、节日、民族等方面的内容，设置综合实践探究活动主题包，以主题研究形式为主，每项研究持续数周，培养学生专注力、探究力、

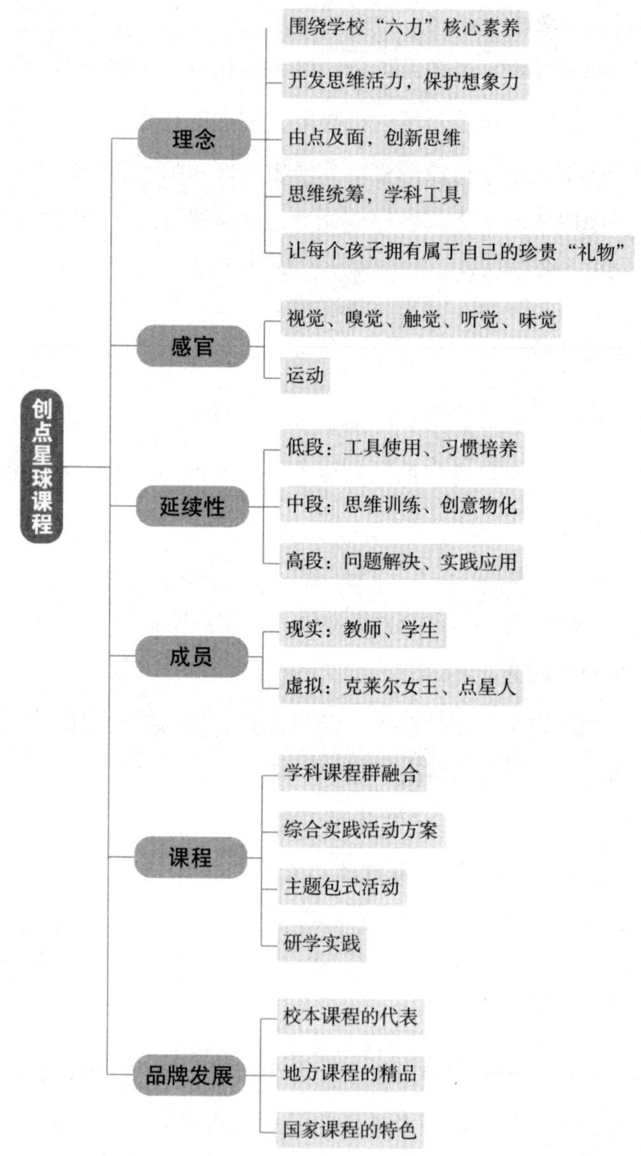

实践力、合作能力等，为高段研究性学习奠定基础。五六年级（高段）：主要进行发现和探索活动，结合社会热点问题，挖掘并进行开题式探究，由学生发现问题并开题，结组探究解决问题，实现纯自主式学习活动，为将来步入社会奠定基础。通过三个阶段的探究实践学习，学生的综合素养得到提升，培养的思维联系力惠及学生终生，这也是课程要达到的最终目标。

五、学科课程实施与评价

创点课程主要授课对象是小学阶段的全体学生，根据小学不同层段，我们分别设置并设计了适合低中高三个学段的课程实践包。低年龄段主要为一二年级，这个年龄层的学生思维可塑性大，思维的活跃性强，而且是工具使用和学习方法培养的最佳时期，主要开展简单工具使用课程以及思维导图的学习；中段主要为三四年级，学生经过两年的思维训练和习惯培养，伴随年龄的增长，已经初步拥有实践能力、发现问题能力以及动手能力，针对中段学生特点，我们针对学校现有资源，开展以研究性学习为主的主题式综合实践活动包；高段学生已经具有比较熟练的动手操作能力，且各个学科课程已经开始逐步深化知识难度，我们主要针对社会热点以及生活中出现的问题，以学生开题的形式进行选题式分组研究综合实践活动。贯穿小学整个阶段的是思维训练以及实践能力培养，最终实现全人教育。举例阐述创点课程实施与效果。

创点课程实际是一个思维为主的综合课程。用一道刚升入二年级的学生问的数学题为例。李雷和韩梅梅都有一些邮票，李雷给韩梅梅23张后，两个人的邮票张数同样多。原来李雷的邮票比韩梅梅多多少张？对于刚上二年级的学生来说，他们还没有学正负号，没有学等式两边的挪动，没有学单位1，只能通过代数进去试结果。创点课程在解决这道题时，先理解题意，提炼重点内容，这就需要运用语文理解文字意思；在解题时，用的是一年级科学的思维——天平，天平两边物体一样重就是数学中的等号，同时增加或减少重量也就是在等式两边同时加减并不会造成等式不平衡，而单纯的想象对学生来说比较难，我们就用到了美术的绘画，画一个天平，更加直观。最后通过理解并画图，我们解决了一道数学问题，用的是语文的理解，科学的思维，美术作为工具。这就是创点课程的灵魂——打破思维束缚，天平虽然是称重量的科学工具，但为了解决问题，天平仅仅是思维，“韩梅梅”可以是人，也可以是物，甚至是重量，乃至颜色等等，最终让学生通过课上所学，把所有学到的学科知识变成内化的思维工具，用清晰的思路解决现实问题。

又如教学进度有《蜘蛛》一课，我们打破进度的束缚，结合“合力教育”之全球力，介绍外国万圣节，了解外国文化的同时，引入蜘蛛的介绍，观察认识了解蜘蛛和它的习性，通过观察进行记录。绘画是学生的第二语言，引入蜘蛛和蜘蛛网的绘画和制作，制作材料也根据难度分为纸艺和彩泥。与此同时，结合万圣节的南瓜灯，引入南瓜这种植物的研究，了解植物南瓜后，为便于加深印象，折一折画一画南瓜，又与蜘蛛进行组合。此外由于该节日来源于国外，我们让学生制作的同时，也介绍用英文描述南瓜和蜘蛛，介绍并欣赏万圣节儿歌。了解国外万圣节的同时，引申中国传统节日中类似的节日，最终达到中西文化的融合。同时延伸出“点亮你的纸南瓜”，顺势学习科学中的《简单电路》，高年级解剖南瓜并用显微镜观察等，最终培养学生由点及面的思考能力和解决问题的能力。

再如简单地了解《植物花的作用》一课，介绍花的作用后，了解不同种类的常见花，那么每种花都有自己的花语，而花语是怎么来的涉及语文和历史的知识。选取常见的花如玫瑰举例，介绍玫瑰花的特点、结构后，进行观察，认识科学知识后进行记录，问学生玫瑰哪个节日用处最多？顺势介绍中外传统节日——情人节与七夕节，了解节日的由来并介绍花的英文，记忆英文单词的同时，教学生制作玫瑰花，制作之前介绍浪漫国家代表——法国，介绍法国最有特点的埃菲尔铁塔，因其结构最有特点，结合数学和科学中三角形介绍设计知识。同时，通过折纸进行加强认知，埃菲尔铁塔到三角形到折纸到绘画最后制作玫瑰，经过组装，每个学生都了解了丰富的知识，且完成了自己的作品《Look！ Rose！》。

创点课程的评价主要以理解为主，就像多元思维模型，每个人的思维模型都有所不同，如果为课程评价而评价，创点课程的意义就无用了。但创点课程也拥有类似于评价的内容，就是创点星球旗下“创点星球空间站”。空间站又称太空站、航天站，是一种在近地轨道长时间运行、可供多名航天员巡访、长期工作和生活的载人航天器。创点星球空间站实为展示册，却取名空间站，旨在使创点星球的创点课程成果像空间站一样，每一个学生都能将作品发表在此。同时，让学生能够将他们用心且独一无二的作品，最有价值的保存下来，长期运行创点星球空间站项目，也是尽力实现创点课程的愿景。创点星球空间站内容初步设想包含导案、品集，“导案”主要介绍作品制作相关信息，“品集”主要展示学生及教师共同完成的作品。与此同时为了激励学生，我们采用分享式教学，将学生的创意以“创客”形式，加入创点空间站“导案”的编写，最终让每一个参与到创点课程的学生真正成为建设“创点星”的“点星人”。

六、学科课程反思与提升

创点课程从创立到发展仅仅两年时间，从当初的一个念头到如今的活动体系，我们也发现了诸多的不足。如在设计课程时，对于每个年龄段的学生接受度并不完全了解，学生的差异性使得课程在实践过程中出现了部分超纲问题；又如课程设置并未根据年龄段分层次进行编排，这使得高段学生在接受创点课程时显得过于简单，低段学生对部分课程的体验评价为重复与枯燥，由于创点课程辐射学科过于广泛，倡导的项目式学习需要大量的前期知识储备课程，也出现了部分内容编排的逻辑不合理的情况。

通过反思，我们认识到这些问题仅仅是一部分，随着实践与探索，会面临更多问题，但是未来的创点星球将逐渐实现学生主导创点课程的编写，教师辅助这一目标，让更多的学生因创点而得到终身受用的珍贵“礼物”。

天津师范大学南开附属小学

英语游戏课程让学习不再枯燥

——小学英语趣味课程建设的实践

文 / 杜雅琳

一、学科课程开发思路

小学是学生学习英语的起始阶段，也是英语教学的基础阶段，对学生日后英语学习有着至关重要的作用。依据小学英语课程标准，基础阶段英语课程的任务应激发和培养学生的英语学习兴趣，帮助学生养成良好的学习习惯和形成有效的学习策略，发展学生自主学习能力和合作能力，涵盖基本听说读写的技能，使学生在生活中综合运用。但是英语学习难，学习内容枯燥一直是大部分学生的心声。游戏是一种活动形式，也是一种内容载体，游戏形式是学生喜闻乐见的，它能极大激发学生的参与性。游戏本身是具有任务性和规则性的，将英语教学任务与游戏形式结合符合课程规律，也符合学生身心发展特点。

二、学科课程哲学

《课程标准》指出：就工具性而言，英语课程承担着培养学生基本英语素养和发展学生思维能力的任务，即学生通过英语课程掌握基本的英语语言知识，发展基本的英语听、说、读、写技能，初步形成用英语学习其他相关科学文化知识的能力。就人文性而言，英语课程承担着提高学生综合人文素养的任务，即学生通过英语课程能够开阔视野，丰富生活经历，形成跨文化意识，培养爱国主义精神，发展创新能力，形成良好品格和树立正确的人生观与价值观。工具性与人文性统一的英语课程为学生的终身发展奠定基础。

将英语传统教学与游戏教学相结合的设计理念，主要目的在于：一是激发学生学习英语的兴趣，削减学生学习英语的畏难情绪和心理，让学生广泛地、踊跃地参与到英语的教学中来；二是培养学生对英语基本知识的学习和掌握，在游戏的过程中，提高学生对英语知识的运用能力和口语表达能力，通过实战，让学生更好地掌握英语的基本知识技能，为其他学科的学习奠定基础；三是通过精彩纷呈的游戏教学，丰富学生们的生活经历，增强阅历，树立正确的人生观与价值观。

三、学科课程目标

英语游戏课程的总体目标是培养学生学习英语的积极性和能够自主学习和探索英语的能力。通过游戏活动，学生在掌握英语课本内容的同时，能够在实际情景中灵活运用所学知识。

（一）核心知识

情景教学是语言学习中经常使用的一种教学模式，英语教师可以设置情景游戏，让学生们积极参与，学生们在参与游戏的过程中锻炼听、说、读、写的能力。传统英语教学中，听、说、读、写更多的是机械练习，学生总是感觉乏味无聊。而游戏教学情景的创设为学生的学习增添了更多的趣味性，学生的学习也由被动学习转为主动学习。

（二）关键能力

我们与人交流的时候可以使用身体语言去表达，这样会使得信息的传递更加准确有效。英语学习和汉语一样，都需要肢体语言去加深对语言的理解，并锻炼思维动作的能力。教师可以通过在游戏中加入表演，使学生得到更加实际的全方位锻炼，从而培养学生多方面思维动作的能力。加入表演游戏时需要教师能够从学生的特点出发，如面对性格内向的学生，教师要如何使学生在表演中找回自信；面对性格开朗的学生，教师要如何使学生在表演中发挥自己的潜能。

（三）思维方法

小学生普遍存在很强的好胜心，总是会希望自己可以超过对方，以此来获得满足感和成就感。针对小学生的这一特点，教师在英语教学中可以设计游戏竞赛，增强学生的竞争意识，全面提高学生的课堂参与度。有的小学生性格比较内向，活动的积极性不是很高，教师在设计游戏竞赛时要全面围绕学生的特点，让每一个学生都能够积极地参与其中，并使学生可以在游戏竞赛中得到成长。

（四）学科品质

在游戏竞赛的环节中，教师也要多给予学生鼓励，让学生找回自信心并享受竞赛带来的良好状态，只有每名学生都积极参与到竞赛中去，游戏竞赛才更加有成效。

四、学科课程框架

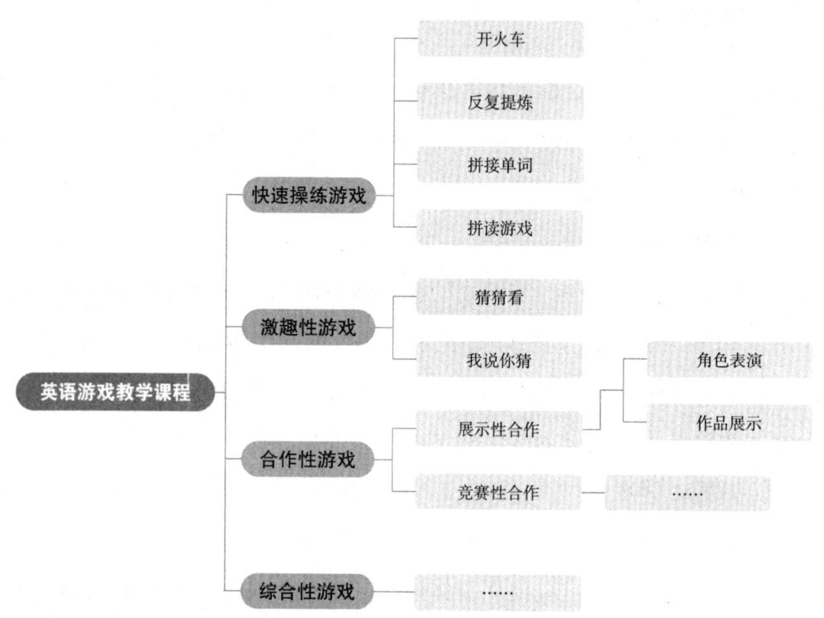

英语教学当中有很多种游戏，根据游戏的目的可以将教学游戏分为操练性游戏、激趣性游戏、合作性游戏、拓展性游戏、综合性游戏五大类。其中操练性游戏有快速和反复之分；合作性游戏也可分为展示性和竞赛性。依据小学生身心发展规律，各个年龄阶段选择不同的游戏，能够最大程度地发挥游戏效果。游戏太难，不利于课程内容的进行。游戏太简单，对学生兴趣的调动起不到应有的作用。一年级学生刚刚开始接触英语，以记忆单词和语句为主，游戏应选择操练性游戏。二年级学生在使用操练性游戏为辅的情况下，选择激趣性游戏会对英语学习有很大帮助。这时候的学生有一定的词汇积累，同时渴望能够表达自我主观意识。三四年级学生已经有很强的自我意识，同时能够完成一些复杂的英语学习任务。学生能够有效地了解规则，能够合作和竞争完成目标。五六年级学生英语知识掌握得不错，能够熟练地使用生活中的常用句，他们对于游戏规则的理解已经非常透彻。简单或单一的游戏反倒激不起他们兴趣，选择拓展性游戏和综合性游戏，能够最大程度调动他们的积极性。

围绕小学英语趣味课程目标，把握学生的需要和认知特点做到精心选材、凸显趣味，通过实践探索，从四个板块开发了英语趣味课程内容。游戏的选择应该满足英语课程教学的需要，也应该符合学生身心发展规律。游戏的种类是多样的，每个年级选择游戏时不应该单一，而应该以主流游戏为主，多种类型游戏相辅，最大程度地实现教学任务。

五、学科课程实施与评价

（一）学科课程实施策略

从教育理论和心理学理论中不难发现，教育游戏有助于学生的知识建构；也有利于学生智力的全面发展和综合素质的全面提高。在实践的过程中，结合教学进度与内容，我们不断地将小学英语趣味课程与常规英语教学有效结合，利用英语课时间、兴趣组活动时间等，每周选取相应的趣味课程内容进行学习，在此过程中不断完善课程内容、创编课程内容。在教学过程中，主要采用了以下几种教学方式：

1. 创设情景，激发学生兴趣。在不断呼吁减负的旗帜下，培养学生兴趣有助于降低学生的疲倦感。同时符合小学生的英语学习任务，有助于激发学生学习英语的兴趣，树立学好英语的信心，发展学生的学习能力和合作能力。小学阶段，英语教师的主要目的是帮助学生搭建平台，组织学生在平台上完成学习任务。教师创建的自然的语言学习环境，让学生就像学习母语一样学习英语。在课堂中合理采用游戏，为学生创造较真实的语言环境，激发学生学习的兴趣，为学生新知识的获得提供支架和背景经验。如在“School Things 热心助人”环节中，利用 Flash 制作了一个学生丢了学具后闷闷不乐并急切地望着文具转盘的场景。学生们争先恐后，灵活运用句型大胆操练，随着学生们开口说话的欲望越来越强，重点、难点也随之轻松突破。教师有目的地创设生动、形象、真实、自然的具体情境，以激发学生的体验热情，从而帮助学生理解和获取知识和技能。创设情境开展语言实践活动，学生在参与活动的过程中，不仅锻炼了能力，掌握了方法，更受到了良好的教育。

2. 使用游戏增加合作与交流。教学是集约化、高密度和多元结构的沟通活动，在这种活动中形成了教师与学生之间、学生与学生之间、教师与学生群体之间等多种多样的人际交往关系。传统教室一般人数多达几十人，常规的教学模式是教师在教室教学，学生们在教室听讲。为了维护课堂的秩序，学生的知识交流和个体互动都不会很多。教育游戏的加入，保证了所有学生几乎都能参与，同学之间的交流与合作成为必要。合作能力是学生发展的重要能力，在英语学习中为增强学生的学习能力发挥了很大的作用。传统课堂，教师与每个学生都进行交互是很难实现的，在游戏中，每个学生都能参与，与教师也能更多地交流。教师也可以以游戏角色身份加入学生的游戏中，良好的师生关系对于教师的教学和学生的学习都是很有必要的。和谐的师生关系也是英语教师完成教学目的的支撑。

如在《快乐英语》第一册 Unit 5 Let’s chant 中，学生需要熟悉和掌握句型“I want”，教师借此在游戏中培养学生保护动物的环保意识。其中模仿秀环节，指导学生用动作和声音来表达，最后选出模仿最像的学生为小小表演家。小组合作中，巧妙运用多种材料（折纸、彩泥、贝壳、拼图等）和手法表现有创意的“可爱的动物”，然后进行展评，从形、色、花纹、动态点评（颁奖状）。最后总结拓展，让学生知道动物是人类的好朋友，动物搬进了自己的新家园，培养学生保护动物的环保意识。学生通过你演我猜，积极性被调动起来，参与率极高，更体验了合作、探究、发现的愉悦，激发了自信心，而不再会对有难度的任务产生畏惧，克服了英语学习中带来的挫折感，培养学生的综合学习能力和创新精神。

（二）学科课程管理与评价

英语趣味课程的落实，离不开评价的引导与支持。实践中通过多元评价，考查学生的学习水平，反馈学习成效，不断助推学生的学习热情，推动学生主动、持续地发展。

创设情境的课程学习，主要根据学生的课堂表现进行及时的评价，评价分师评、生评和自评，力求通过评价激励学生在反思中参与学习。

英语课程的游戏教学，力保每个学生都能参与到课堂的游戏教学中，让学生在游戏的过程中学有所得，更好地掌握英语学习。在教学中，使用奖评机制，一方面鼓励那些不敢说、畏怯的学生勇敢地表现自己，另一方面对积极踊跃且表现良好的学生给予奖励，培养学生的信心，从而激发学生学习英语的兴趣。

六、学科课程反思与提升

游戏作为小学生学习英语语言知识的一种辅助教学手段，不能只停留在课堂表面的“活、乐、玩”中，一要面向全体学生，根据学生的个人素质、性格特点、记忆能力、反应速度等，因材施教，分层要求。二是游戏要严谨有序，活而不乱。在开始游戏之前讲清规则、纪律要求、评分标准，防患未然。三是游戏要求 “精”求“变”，富有创意。教师在课上可采用“魔力耳”“数星星”“单词串”“头脑风暴”“石头剪刀布”等不同的游戏形式加以变换，来激发学生的学习兴趣，达到寓教于乐！

天津市南开区科技实验小学

在生活中学语文

——生活中的语文校本课程建设

文 / 张和莉

一、学科课程开发思路

《课程标准》指出：语文是最重要的交际工具，是人类文化的重要组成部分。工具性与人文性的统一，是语文课程的基本特点。为更好地体现语文“工具性与人文性的统一”，根据学校“书馨育人，润泽生命”的办学特色，有传承、有创新，我校以语文实践活动为切入点，特开设了生活中的语文校本课程。

我校的办学理念是“发展身心，培养明德，让每一个学生快乐成长”。历经多年形成了“书馨育人，润泽生命”的办学特色，将“终身阅读益终身”作为学生阅读发展目标。多年读书活动的坚持，为一代代勤敏学子的发展提供助力。基于学校的历史传承和办学特色，生活中的语文课程将阅读与实践有机地结合在一起。语文课程应激发和培育学生热爱祖国语文的思想感情，本课程的设置通过学生在生活中接触到的各种情境，激发学生学习的兴趣，让学生在快乐的交流中体会语文学习的趣味性。生活中的语文把日常生活与语文知识相结合，在语文学习的基础上，拓宽学生各方面的知识，培育学生的语文素养，培养学生良好的阅读习惯。

二、学科课程哲学

《课程标准》指出：语文是最重要的交际工具，是人类文化的重要组成部分。在教育部全面推广部编本教材之前，不同版本的教材也都很重视语文的实践与运用，特别重视与社会、生活相联系。生活中的语文课程将语文学科知识运用到日常生活中去，正体现了这一点。本课程选取的大量素材源自于生活中的语文运用，而这些生活中的语文运用，则充分体现了正确的人文价值观。我们将生活中的语文课程不单单看做一个个体，而是作为将课堂教学、素质拓展、德育活动、社会实践相结合的纽带，带领学生走进课本学知识，带着问题看生活，探究实践得锻炼，回归课堂促成长。该课程采用多种方式引导学生获得多种信息和独特体验，在交流中激发学生的阅读潜能，提高学生的语言表达力，培养学生良好的阅读习惯，提升学生的阅读能力。

三、学科课程目标

（一）核心知识

认识中华文化的丰厚博大，汲取民族文化智慧。关心当代文化生活，尊重多样文化，吸收人类优秀文化的营养，提高文化品位。

（二）关键能力

培养学生学会留意观察生活，初步具备搜集和处理信息的能力，激发想象力和创造潜能，在实践中学习和运用语文。

（三）思维方法

能有意识地将生活与学习有机结合，能具体明确、文从字顺地表述自己的见闻、体验和想法。

（四）学科品格

培育热爱祖国语言文字的情感，增强学习语文的自信心。培养健康的审美情趣，发展个性，培养创新精神和合作精神，逐步形成积极的人生态度和正确的价值观。

四、学科课程框架

我校使用的生活中的语文课程分学段编排，分设 1~6 年级。每个年级为一册，每册书 18~20 课，每课一个主题，每个主题 2 课时。

在开篇的“引言”后是课文的主体部分，有讲有练、有学有用，学用结合。“题目训练”呈现与本课内容相吻合、与教材知识点一致的训练题，“日积月累”呈现与本科相关的知识性、积累性、趣味性内容。

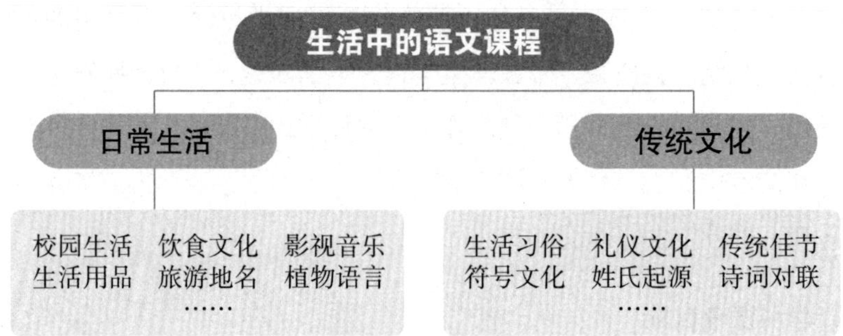

本课程是国家课程的有机结合与有效补充，辐射学生生活面，帮助学生学会观察生活、联系生活，在生活中汲取营养。课程分为日常生活和传统文化两大类，每一类又分为若干小主题。每一个小主题结合学段的不同，根据学生的年龄特点，有层次有梯度地引领学生学习，形成不同学段知识掌握与能力提升的有效衔接。如关于地名的学习，低段主要带领学生了解省市名称、认字识字为主，会归纳相同偏旁的字，会组词。中段除了学习地名中的多音字，还带领学生了解地名形成的特点。到了高段，则带领学生在了解地名由来的基础上了解古诗中的地名及其中的故事。这样，课程内容螺旋式递进，带领学生既关注传统文化，又在日常生活中了解基础知识，感受人文情怀。

五、学科课程实施与评价

（一）学科课程实施策略

1. 整合多方资源。校本课程内容涵盖面很广，有的内容与国家课程语文有联系，有的内容与其他学科知识相关联，老师们将有联系的相关学习内容联系在一起，进行学科间的有效融合，不仅巩固学生国家课程知识点的学习，又能拓宽学习视野，激发学习实践的积极性。学科间的融合，再加上老师们在互联网搜集的有关联的信息，整合在一起，使校本资源更加丰富饱满。

2. 打造人文环境。校园里某一处景观、楼道里的某句标语都和一个词有关，就是文化。校园文化是以学生为主体，校园为主要空间，校园精神为主要特征的一种群体文化。校园文化具有传承性与渗透性，它像和煦的春风一样，飘散在校园的各个角落。学校结合办学理念和办学特色，精心打造人文环境，每个楼层一个主题，这也是校本课程开发的一个方面，名言也好，绘画也罢，无不是我们生活中学习的资源，作为一种隐形课程与校本课程相辅相成。

3. 关注实践活动。由于本课程涉及学生生活面很广，我们结合学校、社区组织的多项活动，将其丰富的资源融入到校本课程之中来，形成校本课程多渠道多途径的学习。如在学习传统节日相关的知识时，结合学校组织的春节、清明节、重阳节等不同传统节日活动，引导学生亲自去找寻资料，采访身边人，了解传统节日习俗、相关的古诗词等。真正让学生参与到前期搜集资料，中期交流学习，后期总结提升。

（二）学科课程管理与评价

生活中的语文课程由教务处纳入常规课程管理，定期检查教案，随机听课，使用《课堂教学评价表》进行评价。任课教师可以以本校本课作为学校人人做课的选择科目。建立常规的校本教研机制，定期组织任教校本课的教师进行本校本课程的教研。进行范例研究，安排骨干教师从校本教材中选择篇目做研究课，推出精品课。为学生创造学习成果的展示平台，利用学校读书节的契机，安排学生参加丰富多彩的读书活动。对学生的评价重在关注学生对语文学习的兴趣，人文素养及语文实践能力的提升。

（三）学科课程保障措施

1. 建立学校课程管理机制，成立以校长、相关骨干教师为核心的课程建设领导小组。实行层级管理，层层负责，便于工作的推行。一是由教学校长保证课程的开展与实施，安排好相关人员和地点。二是由课程建设相关负责人加强对课程的指导和监控。三是由骨干教师负责课程内容的安排及实施的指导。四是由各任课教师负责课程有序地开展。

2. 建立学校课程评价制度，及时评价，做出总结。为更好地落实本校本课程，校本课程的任教教师以语文教师为主，也有部分非语文学科，但对语文有浓厚兴趣的教师参与其中，这样能够更好地体现学科之间的融合。

3. 为便于操作，教材使用分为两个版本。教师使用内容完整的讲授版本，学生使用摘取重点、以积累为主的学生版本。校本课程与多媒体技术有效结合。在学校的学习平台上，推出了生活中的语文课程电子教材，并配以教材文本，课件等资源，学生可以登录平台，辅助本课程的学习。

4. 加强校本课程与其他学科及德育活动、社会实践的整合，拓宽学生观察生活的视野，调动学生参与学习的热情，提升学生多方面的能力。

六、学科课程反思与提升

通过课程学习，学生视野开拓了，整体素养得到了多元化的提升。教师们已经有意识地形成了大语文观教学，将生活中的语文课程与其他学科相融合，但教学模式过于单一化，与其他活动或学科相结合的方式也有些单一，探究深度、广度不足。今后，要进一步加强对校本课程的研讨，不仅对校本读本的内容进行分析，还对学生知识需求和心理发展需求做以分析与评估，深入挖掘易于学生接受与发展的学习资源与活动，充分体现校本课程与国家课程、地方课程的融合与对接，进行课程群的尝试，进行多学科融合。

如何将校本课程进行有效的深入开发与利用，是我们主要的课题。今后我们还要对本门课程做进一步探究，找出更为实用的教学模式，将其中的语文综合实践活动进一步精细化，形成更便于操作的评价体系，以便于帮助和促进学生学习，提升学生核心素养。

天津市南开区勤敏小学

第五章 学科品格——课程之质

“品格”是指内在品行和外显风格。学科品格是基于知识，在理解和认同的一系列课程学习活动中逐渐形成。它的形成过程是一个逐渐演进和融合的过程。学科品格实质就是学生通过学校的系统学科教育，将学科文化的精髓内化于心、外现于行的一种自觉和自信。利用课程资源，培养学生的品格；进行跨学科融合和深度文化感悟，提升学生的品格。要引导学生尊重课程文化，能够观察、分析和比较学科文化的异同，同时能做出自己的判断。在赏析和鉴别的基础上汲取养分，形成健康的审美情趣，建立正确的价值观、道德观，并形成真善美之品格。

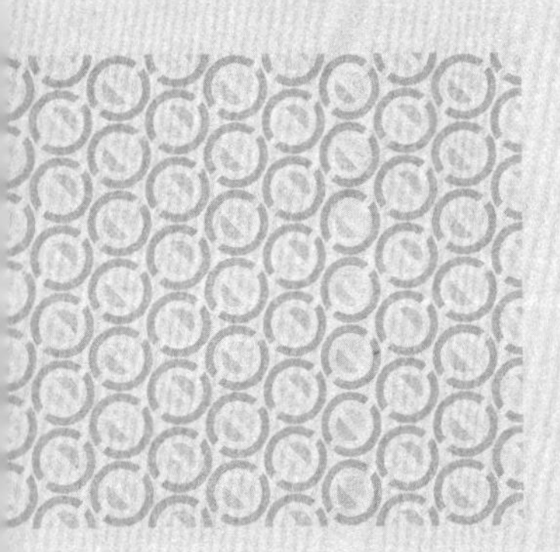

诗意修心 养德促教

——古诗词诵唱课程的实践探索

文 / 苑志培

一、学科课程开发思路

为了适应世界教育改革的发展趋势，以及建设特色学校，打造特色课程，更好地满足学生个性化发展的需求，从而达到培育学生核心素养，落实立德树人根本任务的目的。结合我校校情、学情及“艺体修心、以德促教，为每个学生的终身发展奠基”的办学理念。基于音乐、语文、历史等学科综合的关注，创造性地开发出特色校本课程——古诗词诵唱，并把该课程的开发与实施作为教育科研规划课题的内容进行研究。课程内容以中国古典诗词文化为载体，创造性地推出“诗意课堂”的教学理念，让学生在“像诗一样美好的境界”课堂教学氛围中，通过诵读、诵唱古典诗词等多种教学实践活动，来感受中国古典诗词文化独特的音律美、意境美、情感美和哲理美，培养学生认识美、体验美、感受美、欣赏美和创造美的能力，最终达到培养学生美好情操、锻造良好品格、提高审美素养的教育教学目标。

二、学科课程哲学

校本课程古诗词诵唱之所以以经典古诗词为载体，是因为中国古典诗词文化是中华民族的文化瑰宝，更是中国文化最美而深邃的部分，是必须传承下去的传统文化精髓，她不仅具有独特的音律美、意境美、情感美，还蕴含着丰富而深刻的人生哲理。中国“诗教”传统源远流长，孔子曾说过教育的进程是“兴于诗，立于礼，成于乐”的过程。课程的开发与研究主要以人本主义、建构主义及泰勒的课程与教学的基本原理作为研究的理论依据。依据上述理论，结合我校小组合作、逐层递进的教学模式，经过九年多的实践探索，古诗词诵唱课程不断发展、完善，最终以构建“诗意课堂”的教学理念和形态呈现教学，并在八年级每个班每周实施1课时的日常教学，学生通过对古诗词的诵读、诵唱等多种表现形式来感受诗情、表现诗意，不仅获得诵读、诵唱的基本知识和技能，更领略了中国诗词文化的精髓与魅力，收到了良好的教学效果。

三、学科课程目标

在教学目标方面，不断挖掘教学内容的深度广度，完善课程教学体系，突显“诗意课堂”的教学理念，努力提高教学目标高度，不断使教学目标、教学过程更加趋于合理化细腻化，教学形式更加丰富多样化，从而达成如下目标：一是探究相关诗词知识，增加文学素养，提升诵读、诵唱表现能力，合作交际能力，丰富人文内涵。二是通过多种方式在感受诗词意境的过程中，启发学生表现诗情、体验诗意，启迪智慧、修养操守，从而建立开朗、乐观、自信的性格和美好情感。三是使学生在感受诗词的音韵美、意境美，体验诗词中深邃的人生哲理的过程中，潜移默化地感受诗词情境、表现诗词内涵，建立积极向上的情感态度价值观。

四、学科课程框架

课程教学读本内容以中国诗词发展史为顺序，选取了各个时期的经典之作作为诵读、诵唱教学内容，在教学中主要以启发学生感受诗词内涵及表达诗词情感为教学核心内容。课程由六个单元构成：第一单元课程绪论分为三个章节，主要对中国“诗教”传统的渊源及意义、诗词诵读的基本常识和方法、诗词诵唱的知识和要点做了详细的介绍。第二单元古代诗歌分为三个章节，主要赏析诵唱中国最早的诗歌总集《诗经》中的代表作品、《汉乐府诗》的代表作品及两晋时期的优秀作品。第三单元唐诗风采分为三个章节，主要诵唱感受唐代不同风格名家的经典佳作，包括李白、孟郊、王之涣、崔颢等诗人的作品。第四单元宋词魅力分为四个章节，对宋词不同风格流派名家的代表作品进行诵唱，包括婉约派代表词人李清照、豪放派词人苏轼、千古词帝李煜等人的优秀作品。第五单元元曲经典为一个章节，选取了元曲的代表作品“天净沙·秋思”进行诵唱赏析。第六单元明清小说诗词为两个章节，主要赏析诵唱明清小说《三国演义》中的“临江仙·滚滚长江东逝水”和《红楼梦》中的“葬花吟”等优秀诗词作品。

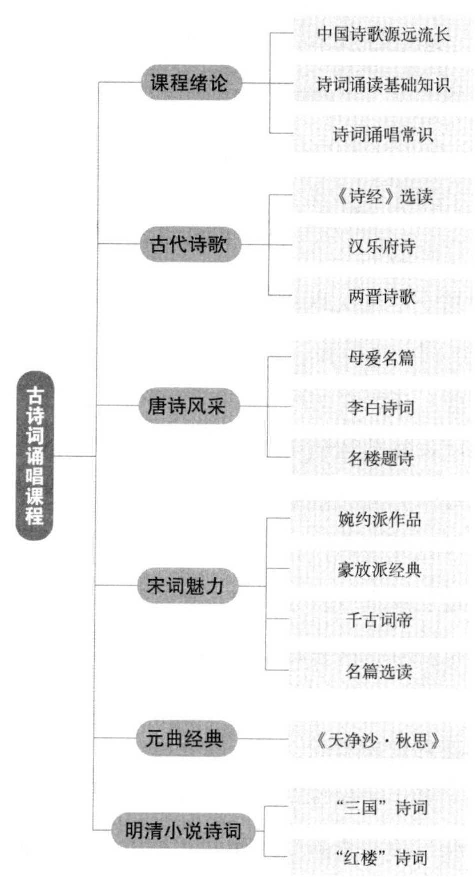

五、学科课程实施与评价

（一）学科课程实施策略

1. 在教学读本内容方面：最初编写的教学读本只是将古代诗词歌曲编辑成册，后来经过反复的教学实践以及课题组成员的不断研究开发，现在呈现的是按照中国诗词文学发展史的脉络，以主题单元的形式分章分节进行赏析诵唱。经过不断修改，先后更新编创了四个版本的课程读本，这也是课题组领导和老师们共同努力的成果。

2. 在教学形式方面：从单一的诗词朗读和诗词歌曲演唱到启发学生将诗歌、文学、音乐、历史、戏剧、表演、诵读、诵唱等艺术表现形式融为一体来综合表达诗情诗意，经过反复的实践，不断推敲改进，最终确立了构建“诗意课堂”的教学理念。这里“诗意”中的“诗”所具有的内涵不再是普通意义上的文学之“诗”，而是“像诗一样美好的境界”。教材不再是知识的集合，而是由美的内容和美的形式交融、给人以心灵慰藉、能为生命提供养分的艺术作品。学习的过程也不是知识的解剖，而是美的内化和生成过程，是欣赏和感悟美的思想情感、美的内涵情趣的过程。课堂上，学生们可以饱含深情地诵读；也可以生动而优美的诵唱；还可以根据诗意创编小品；有一个人的独角戏，也有小组合作表现；还可以穿上古典服饰穿越千年抒发诗人的肺腑情怀。几年来，“诗意课堂”的教学氛围极大地培养了学生的人文积淀、人文情怀和审美情趣。

3. 在教学模式方面：在教学实践中为了优化课堂教学结构，培养学生的自主学习能力，发展他们的创新精神和实践能力，古诗词诵唱课程的教学实施一改传统教学“填灌式”的教学方法，紧密结合了我校“合作探究、逐层递进”的教学模式，构建起以学生为认知主体，教师为教学主导，师生互动，生生互动的教学氛围。“合作探究、逐层递进”教学模式的充分运用，成为教师达成教学目标和实施教学理念，完成新型高效教学的有力手段。

（二）学科课程管理与评价

1. 课程管理。在课程管理方面，课程实施建设得到了各级领导的大力支持，工作中分工明确清晰。其中校领导负责总体的组织管理，组长负责日常教学工作的监督管理，任课教师完成日常教学工作和兴趣小组的评价指导。学校对日常教学的管理，制定了规范的教学计划以及完善的教案检查和绩效考核管理制度。为了营造教学氛围、创设教学情境，更加出色地完成教学工作，特修建了古朴典雅的古诗词诵唱专用教室，添置了多媒体、乐器、传统服饰等教学设施，使学生能够在古朴典雅的环境中，身临其境地感受传统文化的神韵，达到课堂教学的理想境界。

2. 课程评价。在日常教学评价方面，依据教学评价的客观性原则、整体性原则、指导性原则、科学性原则、发展性原则，对学生在课堂上对不同主题、不同内容、不同风格的诗词作品的情感体验和表现，采用自评、互评、教师评价等多种评价方式进行评价总结。并且将课程的教学亮点延伸到兴趣小组及各类观摩比赛活动中，为学生提供了更多的表现展示与评价的交流平台，参照评价的指标体系，形成了科学系统的评价体系。

六、学科课程反思与提升

在课程实施效果上，学生在“诗意课堂”上的情感体验和探究表现，激发了他们的积极主动精神、完善了性格、陶冶了性情，使身心更加健康快乐，凸显了艺术审美教育的潜移默化作用。古诗词诵唱课程成为我校实现“艺体修心，以德促教”办学理念的特色课程。多次在市区级教科研及各类评比赛事活动中取得良好成绩，受到多家媒体的关注与报导，产生了良好的社会声誉和影响力，为中国传统文化的传承和文化自信的建立，起到了有力的推动作用。

对于课程的反思，我们认为课程开发的困难在于课程的实施，课程实施的困难源于如何很好地落实不同教学内容的教学设计，如何使每一首诗词作品、每一节课对每一位学生的身心发展产生实质性的作用，这是我们课程研究的新高度与新方向。今后，我们将进一步挖掘教学内容的深度广度，完善课程教学体系，努力提高教学目标高度，使教学目标、教学过程更加趋于合理化、细腻化，使教学形式更加丰富多样，以期更加出色地完成教学工作。

天津市五十中学

以快乐轮滑　促学生成长

——初中轮滑课程建设的开发与思考

文 / 高天爱

一、学科课程开发思路

轮滑属于新兴体育运动，七年级学生有很强烈的学习欲望，本校轮滑校本课程遵循科学性、主动性、实践性、多样性、及循序渐进原则。我校作为全国校园足球特色校、篮球传统项目学校，学生身体素质较好，轮滑运动刚好能满足学生的这些个性特征。我校有专职体育教师 13 人，完整篮球场地 3 个，排球场地 2 个，田径场 1 个，体育馆 1 座，学校前院也有大理石地面，场地很充足。学校每年为体育教学提供资金，这些为轮滑校本课程的开展提供了根本保证。本课程具有基础性、实践性、综合性，强调健身及育人功能，注重培养学生学科核心素养，落实立德树人根本任务，在练习中注重体能、技能、比赛、文化学习，同时培养学生健康与安全意识，挑战自我、公平竞争、不怕困难、奋力拼搏等体育品德，促进学生身心全面发展。

二、学科课程哲学

本课程以培养学生学科核心素养和增进学生身心健康为主要目标，落实立德树人的根本任务，强调全面提高学生的学科核心素养，注重学科德育教育，以身体练习为主要手段，通过适宜的运动强度和密度进行体能和技能的学习，为终身体育奠定基础。本课程的理念，一是强调健康第一，落实立德树人，促进学生全面健康地发展。二是针对学生的个体差异，培养运动兴趣，强调以学生发展为中心，突出学生的主体地位，充分调动学生的积极性和主动性。三是采用多种评价方法，提高学生综合能力，为学生终身体育奠定基础。引导学生积极进行自我评价和相互评价，重视对学生能力、健康行为、体育品德的评价，注重培养自主、合作、探究学习能力，鼓励学生的创新精神，培养优良品格，形成锻炼的习惯。

三、学科课程目标

（一）核心知识

学生了解轮滑的基本知识，知道轮滑的练习方法，了解安全运动的重要性，学会自我保护的方法，提高学生对轮滑的兴趣，养成自觉锻炼的习惯。

（二）关键能力

绝大多数的学生能够完成直线滑行、葫芦滑行、弯道滑行和向后滑行，全面发展学生的灵敏、柔韧、协调等身体素质。

（三）思维方法

培养学生健康与安全意识，同时体验学习的乐趣和成功的感受，养成终身体育的锻炼意识。

（四）学科品格

学生积极参与练习，树立健康观念，塑造良好体育品德，培养勇敢顽强不怕困难及挑战自我的品质和良好团队合作意识。

四、学科课程框架

轮滑校本课程教学内容主要有轮滑的起源和发展过程、基础技术、滑行技术、停止技术、花式组合五大内容。分为两个学习阶段：七年级上学期和七年级下学期。上学期介绍轮滑的基本知识、起源和发展，护具的使用、安全教育、踏步练习、站立与平衡、向前双脚滑、八字停止法、蹲式滑行、单脚滑行技术、“T”形停止法、向前葫芦滑行、单脚蹬地双脚滑行、弯道滑行技术、向后的葫芦滑行、向后停止法，自创组合动作、小型比赛，最后进行考核：男生 100~300 米，女生 80~200 米。通过一学期的学习，引领学生认识到轮滑运动对增强体质的作用，让学生体验成功的乐趣，从而提高学生兴趣，调动学生的积极性。下学期主要任务是复习上学期的技术，把安全教育贯穿始终，通过反复的复习，学生能熟练自如地运用各种技术，滑行自如，动作优美。同时注重培养学生自我保护的安全意识，激发学生的创新意识，鼓励学生自创花式组合动作，学期末能够参加小型比赛，并完成男生 200~400 米，女生 100~200 米的考核。每学期为一个模块，计 1 学分，共 2 学分，每周一次课，任何活动不能占用校本课程的时间，保证学生按时按要求完成学习。课程框架如下：

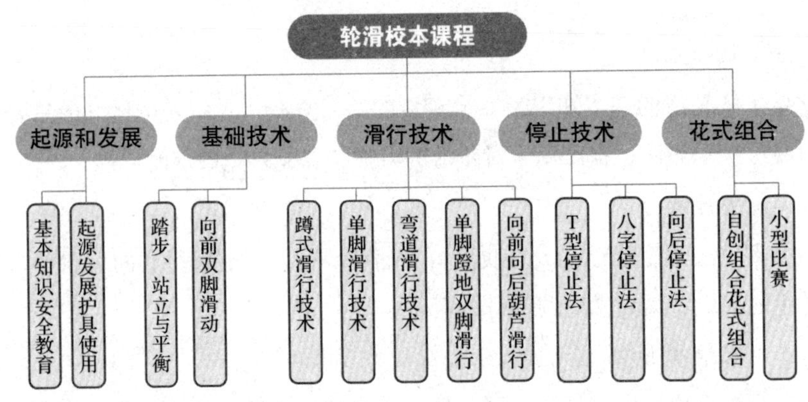

五、课程实施与评价

（一）课程实施策略

依据《课程标准》要求，全面贯彻落实立德树人的指导思想，培养学生的核心素养，以学生发展为中心，结合我校实际情况，构建兼容国家、地方和校本三级课程建设与实施的学校课程体系，推动我校校本课程沿着正确的方向发展，逐渐完善校本课程。在轮滑教学中突出学生的主体地位，教学中多用激励性语言，注重运用形成性评价的激励作用，激发和保持学生的运动兴趣，充分发挥学生的潜能。教学中做到区别对待，在保证绝大多数学生都能完成本课内容的前提下，关注学生个体差异，使每一个学生都能在积极参与活动的过程中获得成功，体验运动带来的喜悦，并逐渐养成锻炼身体的习惯，增强终身体育意识。由于这一课程我校从未开设过，在我校开展属于探索阶段，因此我校轮滑课程只安排在七年级开设。轮滑运动强调学中练、赛练结合，因此要建立完善的评价体系，强调对技术、体能、学习态度、合作精神、比赛的评价，并让学生参与评价的过程，体现学生的主体地位，提高学生的学习兴趣。具体实施如下：

1. 制定轮滑校本课程实施办法。坚持以发展学生兴趣入手、以提高学生技术技能为本，每周 1 节校本课，每节课都要复习基本技术，逐渐加深难度；教师讲解清楚、动作要规范，制作微课让学生自主学习；激发学生学习兴趣，发展学生身体素质及提高学生轮滑技术、自创动作组合能力；明确考查内容，让学生明确学习目的，促进学习；保证每人一双鞋，提高练习密度，提高教学效果；坚持课上多进行小型的教学比赛，每月一次轮滑练习小型比赛；每年学校田径运动会上进行展示活动，为创造校园轮滑文化增添色彩。教师高质量备课，课前认真准备器材，检查场地安全，定期对学生进行安全教育。

2. 制定教学分目标。第一学期在安全教育的基础上，学生能熟练完成 V 字踏步、走路、站立、滑行、双脚 S 过桩、转弯、刹车、弯道滑等技术。培养学生对轮滑的兴趣，在教学中加以游戏活动，定期开展小型比赛，体验体育运动的乐趣，培养学生顽强的意志品质和锻炼的意识。第二学期：复习上学期的技术，强调安全，在原有基础上学习高级滑行技术，了解向后的葫芦滑行及停止法，提高滑行速度，熟练掌握直行、弯道和向后滑行技术，能流畅完成 300 米滑行，能够与同学合作完成所学并能够自创动作，积极参与比赛，培养学生吃苦耐劳、刻苦训练的意志品质，让学生在快乐运动中锻炼身体，增强身体素质。

3. 开学初期进行申报，提出申请，经过领导评议预计于申报成功之后二周开始实施，课程讲义经过学校领导及上级有关部门的领导审核通过后应用到本校校本课程中。教学中教师以校本课程为教材，选择科学先进的教法指导学生积极参与练习，及时发现问题并及时纠正，鼓励创新，不断完善校本课程。

（二）学科课程管理与评价

1. 课程管理：每节课教师要按照名单检查出勤人数，详细记录课堂发生的情况，教务处检查每节课的教学情况，学生会抽查学生出勤情况，学期末进行练习成果展示。

2. 课程评价：一是对课程本身的评价，采用问卷调查的形式，调查学生对轮滑校本课程是否喜欢，学生对校本课程的教学模式、学习内容是否满意；二是对学生的评价，学生自评、小组评价、教师评价相结合。

<table>
<tr><th rowspan="2">类别</th><th rowspan="2">内容</th><th colspan="4">评价标准</th></tr>
<tr><th>优秀</th><th>良好</th><th>及格</th><th>待提高</th></tr>
<tr><td rowspan="2">学习态度
40%</td><td>出勤</td><td>自觉执行课堂常规，体育课出勤率达100%。</td><td>能执行课堂常规，体育课出勤率达90%。</td><td>能执行课堂常规，体育课出勤率达80%。</td><td>不能执行课堂常规，体育课缺勤达1/3。</td></tr>
<tr><td>课堂表现</td><td>非常积极主动参与学练，并在学练中有自己的创造。</td><td>能积极主动参与学练，但缺少自己的创意。</td><td>对课上内容学练不够主动，仅按教师要求去做。</td><td>对课上学练内容有畏难情绪，没有主动积极的意识。</td></tr>
</table>

类别	分 值	技 评 标 准
技能评价60%	90~10分	护具齐全、动作协调优美、直线滑行顺畅、转弯技术合理。
	80~89分	护具齐全、动作协调、直线滑行较顺畅、转弯技术合理。
	70~79分	护具齐全、动作协调、直线、转弯技术合理。
	60~69分	护具齐全、动作协调、直线、转弯技术一般。
	60分以下	护具不齐全、动作不协调、直线滑行不稳定、转弯技术不合理。

六、学科课程反思与提升

经过练习，学生的灵活性、协调性、柔韧性及身体素质都有较大提高，同时增强了勇敢顽强、不怕困难和挑战自我的品质，及良好团队合作意识。但是由于轮滑运动对教师的专业性要求较高，我校体育教师还应该进行更专业的培训，同时改进评价方法，以便更科学地对学生进行评价。由于该课程对场地、器材、护具有较高的要求，还需要学校投入一定的资金，为轮滑校本课程的开设提供更安全的保障。该课程在本校目前还在起步阶段，我们将继续努力，以高标准严格要求自己，打好基础，力争在市区群体活动中取得优异成绩。

天津市崇化中学

“即兴”点燃学习兴趣 “弹唱”丰富人生色彩

——高中音乐钢琴即兴伴奏课程实施与反思

文 / 吴晗旗

一、学科课程开发思路

钢琴即兴伴奏，即伴奏者将钢琴演奏技巧、键盘和声手法、作曲理论知识结合起来，在旋律条件的限制下，事先毫无准备地进行瞬间艺术再创作。考虑到中学生音乐知识储备不足，钢琴练习时间较短等实际问题，本课程将给学生一定的准备时间，在规定的时间内选择合适的和声、织体对已给的旋律进行编配，通过在钢琴上练习可以达到演奏自己为歌曲编配的伴奏。并在此基础上继续练习，达到边弹边唱的能力。通过以上练习，一方面学生可以达到为歌曲伴奏、自弹自唱的能力，一方面可以激发学生对于音乐的热爱，了解丰富的声音艺术，不同的伴奏风格产生的不同艺术效果，塑造不同的艺术形象，增强对艺术的感知能力。在感性和理性的领域外，开辟出一个新的领域，使人获得精神上的解放，培养完整的人格。

二、学科课程哲学

音乐是声音的艺术，是时间的艺术，音乐的教育本质上是一种情感的教育和审美的教育。本课程是落实培育音乐学科核心素养总体目标的继续延伸，围绕审美感知、艺术表现、文化理解的核心素养引导学生探索、感知、理解和把握音乐艺术的听觉特性、表现形式、表现手段及其独特的美感，培育和发展学生的审美感知和素养。在音乐教学中应重点关注音乐艺术的听觉性、非语义性、非具象性、表现性和情感性。本课程钢琴伴奏与自弹自唱立足点和重点都是围绕着声音与时间、情感和审美展开的，旨在形成对音乐艺术的兴趣，增强艺术的感知能力。

三、学科课程目标

（一）核心知识

掌握一定的基础乐理知识，如和弦的构成方式及排列原则，不同伴奏织体类型。

（二）关键能力

认识钢琴键盘排列及正确的演奏手型、指法，能掌握常用调的音阶演奏，掌握钢琴伴奏的基本原则，根据歌曲的风格选择合适的伴奏音型，能达到自弹自唱的能力。

（三）思维方法

扩大艺术视野，丰富知识结构，提高理解能力、欣赏能力及表现力。

（四）学科品格

通过课程培养学生即兴伴奏的创新意识、应用能力，通过坚持不懈的练习锻炼学生持之以恒的学习精神。

四、学科课程框架

即兴伴奏与弹唱的课程遵循循序渐进的教学模式，将基础乐理知识与钢琴弹奏技巧相结合，不断增加不同调式调性、不同风格的歌曲。紧紧围绕理论与实践相结合的原则，每节课内容都设置新知识的学习和为歌曲编配伴奏的环节，做到在课堂中学习、实践、反思、提高。课程共 18 课时，共分为 8 个模块，每一模块 2 课时，考试 2 课时。

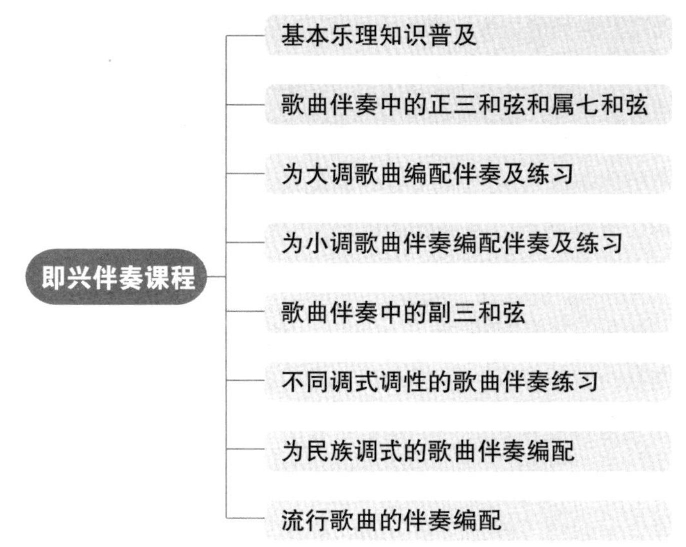

五、学科课程实施与评价

（一）学科课程实施策略

在选课前注明需要有钢琴基础，能达到一定的演奏水平或相应的等级。避免在上课中出现水平差距过大，影响统一的教学进程。在选课前考虑到电钢琴数量有限，而钢琴即兴伴奏又是一门实践性较强的课程，保证每位同学都有一架电钢琴进行练习，每一架电钢琴上配备一个耳机，保证同学们在练习的过程中不会相互打扰。按照教学思路准备好教案、教具，提前印制好需要弹奏的曲谱。

课程实施教师依据经典作品为载体，安排基本乐理知识与和声、织体选配的教学活动。按照具体的音乐作品为即兴伴奏学习制定学习方案，包括教师的讲解以及钢琴上的示范，明确学生的学习内容以及演奏规范。明确每节课的具体安排以及每一部分的训练时间和内容。在实施过程中应当关注学生的学习效果，如不能及时完成要求则应适当放缓教学进程，着重练习，反之则加快教学进程或增加练习和交流心得的时间。

1. 基本乐理知识普及。本部分主要讲解音阶与调式的概念，讲解大调音阶、小调音阶的排列方式，结合实际的音乐听辨，达到能够初步判断一个曲子是大调还是小调的目的。

2. 大调的正三和弦和属七和弦。在判断调式调性的基础上，继续学习在大调中正三和弦和属七和弦的构成，学习每一个和弦的内部结构，在钢琴上能迅速弹奏出大调的三个正三和弦以及属七和弦，了解正三和弦的使用。结合所给曲目《小松树》以及所给和弦，通过练习，能使用柱式和弦弹奏出《小松树》的伴奏。

3. 为大调歌曲编配伴奏。在为歌曲编配之前首先要熟唱歌曲的旋律，了解歌曲的段落结构，风格特点以及调式调性。完成以上学习后进行伴奏，选用正三和弦和属七和弦。学习两类常用的左手伴奏音型，一类是柱式和弦，一类是半分解和弦，并练习这两类伴奏织体。

4. 为小调歌曲编配伴奏。学习小调音阶中各音的名称与音名标记，学习小调的正三和弦和属七和弦构成。为小调歌曲《洗手绢》《歌声与微笑》编配伴奏并尝试自弹自唱。

5. 歌曲伴奏中的副三和弦。学习副三和弦的构成，了解歌曲伴奏中副三和弦的功能，及其对于和声色彩变化以及歌曲情绪的塑造作用。熟悉副三和弦的内部构造，使用不同的织体进行副三和弦的演奏。尝试为歌曲《上学歌》《小白船》编配伴奏。

6. 不同调式调性的歌曲伴奏练习。在歌曲伴奏中由于歌曲的调式调性有所不同，掌握 C 大调和 a 小调以外的伴奏也是实际应用中所必需的能力，这样才能适应歌曲演唱的需要。在不同定调的歌曲伴奏练习中，需要分别熟记每一个调的键盘位置。学习在电钢琴中如何升降调，将复杂的调式调性通过电钢琴调节到熟悉的调进行演奏，而不改变实际的音响效果。练习 F 调的音节以及正三和弦、副三和弦的构成。为 F 调歌曲《新年好》《娃哈哈》编配伴奏。

7. 民族调式的歌曲伴奏编配。民族调式中各主音名称为宫、商、角、徵、羽。首先学会判断歌曲是什么民族调式，其次学习每个调式中的不同和弦。为宫调式歌曲《卖报歌》编配伴奏。

8. 为流行歌曲编配伴奏。首先选取同学们熟知并且难度适中的歌曲进行编配学习。如《风吹麦浪》这首作品，给出相应的和声编配，让学生边弹边唱。为歌曲《菊花台》编配伴奏并自弹自唱。

（二）学科课程管理与评价

评价原则为过程与结果并重，定性与定量结合。在日常教学过程中一方面观测学生的学习过程和成效，对其在学习过程中的出勤表现、学习态度、学习成果等方面进行描述性的定性评价。另一方面，在学习阶段结束时，对学生进行学习水平量化测试。

评价方式包括课堂上实时评价，课后作业完成评价和学期末考试评价。按照评价内容划分则分为知识型评价和技能型评价。其中课堂评价是在课堂中完成应学的知识，主要是所学的基本乐理、演奏手型等评价。课后作业评价是对上节课所布置的歌曲课后进行编配并在后一堂课中演奏，作为评价的一种方式。学期末的考试则是考试当堂给定指定的曲目，在规定的时间内进行编配，之后每位学生轮流进行演奏。评价分为四个等级，A 级演奏连贯、流畅，方法正确并具有较强的表现力；B 级演奏比较流畅，方法基本正确并具有一定表现力；C 级演奏基本连贯，方法基本正确；D 级不能连惯演奏，方法明显错误。

六、学科课程反思与提升

一是在选课前注明需要有钢琴基础，能达到一定的演奏水平或相应的等级。避免在上课中出现水平差距过大，影响统一的教学进程。二是重点抓住学生音乐基础理论知识欠缺的这个问题，着重从和声基础知识、歌曲分析能力、伴奏音型运用这三个方面抓起。在教学过程中学生往往存在掌握的和声知识较少，可选配和弦数量不足的情况，和弦的序列进行混乱，歌曲风格的把握不足，导致在选配伴奏织体时不准确。三是解决学生乐理知识程度不一的问题，首先从最基础的乐理知识讲起，统一基本的教学进程，补齐短板，基础好的同学要起带头示范的作用，鼓励同学之间课后相互帮助，加强交流。四是解决学生钢琴演奏技巧问题，即便在选课时标明了需要有一定的钢琴基础，但在实际的选课过程中，还是有一些零基础的学生。这就需要教师在教学过程中特别关注，多做示范，及时纠正不正确的演奏手型、指法等，其次多鼓励他们课后进行练习。五是可以鼓励学生在课桌上练习手指的高抬及快速击键的动作，加强手指的指力。六是注重培养学生的创造性思维。在课堂上以及布置的课后作业鼓励学生为同一首作品编配出不同的伴奏方案，把理论和实践结合起来，锻炼学生的想象力和创造性思维，让学生感受到不同的伴奏编配可以产生不同的艺术效果。

天津大学附属中学

唤醒沉睡潜能　绽放生命激情

——高中语文卓越课程的实践思考

文 / 徐贵昌　陈　辉　邓　波

一、学科课程开发思路

天津中学语文组为更好地落实新课程标准的学习任务要求和核心素养培养的要求，对教材进行二次开发和整合创新，创建了“一体两翼三级”的天津中学高中语文学科课程体系。“一体两翼三级”课程体系以国家规定的必修教材课程为主体，以市颁选修教材课程和学校综合社会实践活动课程、学校拓展课程为双翼，培养高中生卓越学习能力、卓越实践能力、卓越精神品质三级能力的课程生态体系。为进一步深化学校课改进程，语文学科开发建设了具有天津中学特色的卓越课程体系。卓越课程体系着眼于学生个性的和可持续的发展，尽可能满足不同层次学生的需要。

二、学科课程哲学

《课程标准》要求：引导学生在真实的语言运用情境中，通过自主的语言实践活动，积累言语经验。同时，发展思辨能力，提升思维品质，培育社会主义核心价值观，培养高尚的审美情趣，积累丰厚的文化底蕴。为落实新课程标准要求，高质、高效开展语文卓越课程的建设，多年来，天津中学高中语文组充分利用学校的拓展活动课程和综合社会实践活动课程的平台，逐步健全完善了“一体两翼三级”课程体系，尤其是卓越课程体系的建设。语文学科“一体两翼三级”

校本课程体系的核心理念是：以合作探究学习促进学业发展、以综合实践活动促进生命成长、以精神提升促进生命腾飞。高中语文学科卓越课程体系是要在高中阶段，通过多组生命体验课程，将学生培养成为具有德行、审美、情感、智慧和能力的人的课程体系。

三、学科课程目标

（一）核心知识

学生通过阅读与鉴赏、表达与交流、梳理与探究等语文学习活动，在语言建构与运用、思维发展与提升、审美鉴赏与创造、文化传承与理解几个方面都获得进一步的发展；坚定文化自信，自觉弘扬社会主义核心价值观，树立积极向上的人生理想，为全面发展和终身发展奠定基础。

（二）关键能力

培养学生语言建构与运用、思维发展与提升、审美鉴赏与创造、文化传承与理解几方面的核心素养能力。卓越课程培养目标：让学生在卓越课程学习和体验中发展和提升卓越学习能力、卓越实践能力、卓越精神品质。

（三）思维方法

学生语言思维能力、动手实践能力得到进一步发展和提升；学生的身心和谐发展，真善美的情感得到全面的培育。

（四）学科品质

在中华灿烂文化熏陶中健康快乐地成长。卓越课程必须服务于培养“幸福、坚强、完整的人”这一终极目标。

四、学科课程框架

（一）学科课程结构

天津中学“一体双翼三级”课程体系建设的基本框架：一是主体课程（基础级课程），必修一至五内容及任务群相关要求；二是选修课程（发展级课程），天津市通用的四本选修教材及任务群相关要求；三是校本课程（卓越级课程），语文组开设的学校学科拓展课程和综合社会实践活动课程。

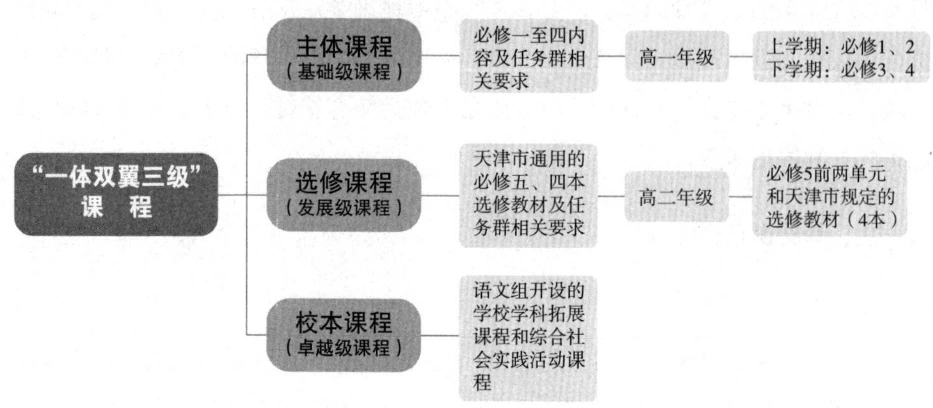

（二）学科课程设置

1. 主体课程是"一体两翼三级"课程体系的压舱石。主体课程帮助学生提高语文素养和语文能力，培养学生初步的审美能力和探究能力，形成良好的思想道德素质和科学文化素质，从而为高中生的终身学习和个性发展奠定坚实的基础。

2. 选修课程是"一体两翼三级"课程体系的助推器。选修课程侧重文学作品的阅读欣赏，注意语言知识的积累运用，重视高尚人格和人文精神的养成。领悟这些名家名篇，能够拓宽学生的视野，使学生的语文应用能力、审美能力和探究能力得到提高。

3. 卓越课程是"一体两翼三级"课程体系的涡轮机。高中生生活和生命的卓越，源自于卓越的学习能力、卓越的实践能力、卓越的精神品质。学生综合素质的提升源自于学生在学习过程中实现了知识与生活、生命深刻共鸣的实践。

每一节卓越课程都是一次润泽卓越生命的过程，是智慧的阳光普照每一个生命的过程，卓越课程要让学生生命的火种和火苗，燃烧成智慧的熊熊火光。卓越课程关注学生的生活和生命成长的历程，注重培养学生坚定的人生信念和顽强的意志品质，让学生每一天的生活充满激情。卓越课程的使命是唤醒学生沉睡的潜能，让每一个生命在高贵的精神和卓越的品质感召中丰盈。

卓越课程群的内容和核心素养培养内容：

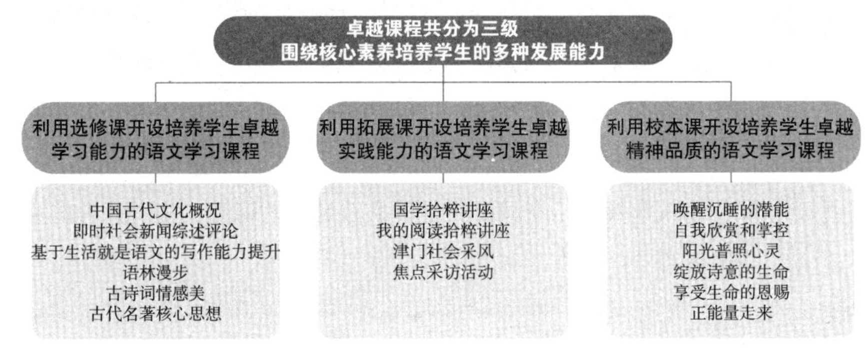

五、学科课程实施与评价

（一）学科课程实施策略

1. 天津中学领导重视学校的拓展课程和综合实践活动课程的建设，全方位地保证拓展课程和综合实践活动课程的开设。天津中学办学的突出特色是综合实践活动课程化，建校伊始学校领导老师就利用每一个寒暑假时间组织、指导学生开展综合社会实践活动。建校二十年以来，综合实践活动坚持不懈地开展。学校综合实践活动课程在2009年获得教育部颁发的国家科技进步二等奖。语文组充分利用学校的拓展课和综合实践课的平台，不断修正和完善语文学科卓越课程的框架和体系。

2. 在开展卓越课程的实践活动中，学校对卓越课程体系宏观上规定课程群的框架，课程框架需要在实践中不断更新和完善。授课教师在授课实践中，普遍征求学生意见，根据学生需求，对学校规定的课程内容和篇目进行微调，部分课程聘请著名学者或者某个领域的专家授课。

3. 学生每学期自选一次课程，三年内选修要达到六个课程。学习方式采取自主、合作、交流、探究、争鸣等方式，教师对学生学习中的问题集中解惑答疑。

4. 卓越课程学习和实践结束后，学校采取多种评价方式考评学生的学习成果，并将学生卓越课程学习论文和优秀实践活动研究成果收入“探索者足迹”成果集中。

（二）学科课程管理与评价

1. 卓越课程注重综合性。卓越课程是以综合性为主的课程，注重语文学科与学生生活实际的联系和融合。综合性一是指知识层面引导学生在学科的交叉地生成创造性思维，培养学生的创新精神，二是指精神层面丰富学生的心智，培养学生优秀品质。

2. 卓越课程注重实践性。卓越课程是以实践为主的课程，实践课程的主要形态是活动，卓越课程让学生在活和动中升华了学科素养，在丰富多彩的综合社会实践活动中生成了实践智慧。从 2007 年至 2018 年天津中学共出版了五集学生综合实践论文集《探索者足迹》，收入了语文老师辅导的学生综合实践论文 52 篇。

3. 卓越课程凸显学校人文性。卓越课程滋生于学校文化土壤，又肩负着融和发展学校文化的使命，校本课程是学校发展的脉搏体现，是学校办学情怀的映射。天津中学的校训是“为成功的人生做准备”，语文组卓越课程开设过程中一直注重“成功的人生是什么”“如何实现成功的人生”“什么样的人生才是成功人生”等校园人文性问题。其中，2013 年天津中学语文组和南开大学文学院、人民教育出版社等单位联合举办了“教有物，学有法，成功是什么”语文卓越课堂共建活动。共有六篇教师和学生的文章发表在《语文教学研究》上。

六、学科课程反思与提升

（一）学科课程反思

语文学科组“一体两翼三级”课程体系是一个课程框架，教师只有依据此框架，对校本课程群不断的进行深度的挖掘和开发，才能使之更完美地达成国家标准。在对卓越课程群的挖掘和开发过程中，我们还有很远的路要走。

1. 质量问题。卓越课程，需要卓越能力和卓越精神品质的教师讲授。教师标准的提升才能保证内容质量的提升，教师的知识不断更新才能保证内容质量的不断更新。开设好卓越课程首先要培训更多的承担卓越课程的教师。

2. 主体问题。课程的主体是学生，开设卓越课程必须从学生的角度解读课程。教师必须把视野聚焦到学生的身心发展问题上，不断筛选和打造出为学生量身定制的符合学生身心发展规律的课程资源。开设过程中要全面考虑到学生的发展性、能动性、创造性、整体性等问题。

3. 内容问题。随着社会的进步和外部环境的不断变化，每一位学生的成长无不打上时代的烙印，学生成长过程中存在的问题也会不断变化。学校的卓越课程内容也必须要变化和更新，教师也要不断更新知识，筛选出能够最好地培养学生卓越能力和卓越精神的课程内容。

（二）学科课程提升

1. 授课方法的提升。卓越课程是为了全面提升学生核心素养，授课方式要有利于学生自主学习、合作学习、探究学习、选择学习。这样，学生的语文核心素养才能全面提升。

2. 课程内容的提升。卓越课程的深度和广度需要不断更新，需要领导和专家学者的不断指点和帮助。学科组要随时反思和校正学习过程中存在的问题，拒绝课程的平庸和无效。

3. 课程质量的提升。学校的拓展课课程和综合社会实践活动课程是一个广阔的舞台，他给每一位教师提供了展示自己的机会。追求课程的高质、高效、卓越是每一位教师的职责。

卓越课程的质量提升了，教师才可以在课程实施过程中带领学生领悟、探究知识的奥秘、体验生命的美好，建立知识与世界、生活与自我的内在联系，使师生生命更加丰盈、更加卓越。

天津市天津中学

学法于心　尚法于行

——培养高中生法治意识是高中思政课的职责

文 / 王　平　郭光盛

一、学科课程开发思路

本课程在新时代坚持全面依法治国的基本方略的背景下展开。建设法治中国，法治教育必须先行。法治意识是高中思想政治学科的核心素养之一。所以，培养高中生法治意识是思想政治课的职责所在，为此我们开设了本课程。本课程以多元化、主动性和实践性为原则。我校是全国法制教育先进学校，拥有经验丰富的教师队伍，同时我们完成了“构建学校、家庭、社会法制教育网络平台”的任务。

本课程拓宽了法治学习资源，丰富完善了法治学习内容，将学生经验、生活实际、法治认知水平、学科要求等融为一体，使其更具实用性、广泛性、系统性。凸显了学科品质——培养高中生的法治素养。建立了法治教育数字化资源库，让学生在线上线下都可以学习，填补了法治教育网络化的空白。

二、学科课程哲学

法治意识是高中思想政治学科的核心素养之一。开设本课程是为了更好地培养高中生的法治意识，它不仅要求高中生懂法、守法，更重要的是用法，成为法治中国的法治公民。

本课程的开发是在高中思想政治学科必修三《政治与法治》的基础上，挖掘学生曾经涉及过的法律知识，结合学生生活实际，开发、整合各种资源。在开发中我们注重坚持正确的思想政治方向，开设以培育思想政治学科核心素养为主导的活动型学科课程。尊重学生身心发展规律，建立法治教育数字化资源库，采用多种评价方式，综合评价学生的法治素养，全面反映学生法治素养的发展状况，开启网络教学方式的先河。

三、学科课程目标

本课程主要是通过五个篇章培养学生的法律素养，提高学生法治意识，让学生做法治国家的法治公民。

（一）核心知识

要求学生提高学习法律的兴趣，了解法律在生活中的价值，掌握生活中必要的相关法律的法条，了解运用法律武器维权的基本途径，累积一定的依法办事的活动经验。

（二）关键能力

培养学生发现法律与生活之间、法律知识之间及法律与其他学科之间的内在联系的能力，不断提高法治意识，不断提升法治思维能力，自觉依法办事。

（三）思维方法

通过体验运用法律的乐趣，接受法治教育的熏陶，增强运用法律的信心，激活学习法律的内驱力，养成良好的守法习惯，不断提升法治素养。

（四）学科品质

法治意识，是人们对法律发自内心的崇尚、认可、遵守和服从。法治意识是高中思想政治学科的核心素养之一。本课程贯穿始终的就是要注重培养学生的法治意识，落实法治行为，即学法于心，尚法于行。

四、学科课程框架

本校本课程是一门进行法律基本知识观点教育的课程；是引导青少年学法、懂法、守法、护法的的课程；是培养青少年法律素养的课程。

针对我国中学生的特点，本课程分为政治篇、经济篇、人权篇、环境篇和安全篇，合计 20 章。涉及宪法、选举法、价格法、消费者权益保护法、旅游法、知识产权法、遗产法、税法、劳动法、劳动合同法、环境保护法、未成年保护法、食品卫生法以及交通法规、消防法规、禁毒等相关法律的要求。法治教育就是教育青少年明法理、懂规则、遵程序、能自律、会维权。所以，针对中学生，本课程采取形象生动、丰富多彩的法治教育形式，通过历史故事、法律文化以及具体的实践案例，讲解公民应该如何通过法律维护自身合法权益。这样就把法律宣传、案例引导、实践运用结合起来，既做到事理结合，又易于被青少年所接受。

通过学习这门课程，学生会认识到现实生活中的很多行为需要法律约束，很多权益需要法律维护。青少年作为国家的未来，在成长的过程中必须要学习相关法律，使其成长为具有法治意识的公民，从而使其内心认可法律秩序，自愿置身于法律的约束之下，成为由他律转为自律的公民，真正做到学法于心，尚法于行。

五、学科课程实施与评价

（一）学科课程实施策略

1. 课程的实施应充分调动教师、学生的积极性，使学校各方面人员充分参与，同时还需要调动学校各方面的教育、教学、硬件资源。

2. 为了有效进行课程的实施，必须建立民主开放的管理体系，健全动力机制、内部反馈和激励机制，创设广泛而通畅的沟通渠道。

3. 课程开发后实行监督、评价、奖励机制。专人负责，反馈改进、奖励评估，制度保障。

4. 加强硬件建设、巩固信息化支撑，实现教育教学信息多部门联合保障。

5. 学校高度重视课程开发与实施，给予相关教师一切服务和保障。做好学校课程的计划安排及各项准备工作；做好学生上课的指导准备工作；做好日常教学检查管理和师生考核工作；做好学校课程资料收集、归档工作。第一，课程领导小组和课程实施小组规划、指导、监督、评估课程实施的全过程。第二，课程纳入课表。利用每月的法治校本课时间进行法治实施的学习和作业反馈。

（二）学科课程管理与评价

1. 课程管理。对教师的管理：接到开课通知的教师应按课表的时间要求，指导学生进行线上学习，信息教室做好机房计算机准备。任课教师做好记录，教师在开课前，做好备课，统一进度要求，填好教学进度表，并按教学进度组织教学。教师应根据学校要求，做好所开设课程的学生考核工作，在学期结束前（或课程结束后）应将该课程的教案、书面小结上交归档，教师开设校本课程将记录在教师业务档案中，作为学校评估内容之一。对学生的管理：学生应根据学校要求认真参加线上线下学习，不得随意缺课，并参加该课程考核，学生平时表现也纳入对学生的综合评价中，成绩按优秀、合格、不合格记录归档。

2. 课程评价。高中思想政治课的核心素养是政治认同、科学精神、法治意识和公共参与。其中本课程要落实的法治意识是体现当代中国公民依法行使权利、履行义务的必备品质，是公共参与的必要前提，也是政治认同和科学精神的必然要求。归纳各个思想政治学科核心素养的独特价值，可依次归结为有信仰、有思想、有尊严、有担当。其中，有尊严，是凝结自由、平等、公正价值取向的尊严，唯有法治意识才能使人切实感受到这样的尊严。

本课程的实施，以高中思想政治课程标准为依据，以发展学生思想政治学科法治素养为目标。该教学要运用多种方式、方法，引导学生自主学习、合作学习和探究学习，强调学生的活动体验是其思想政治学科法治素养发展的主要途径。评价要将过程性评价与终结性评价相结合，着重评估学生解决情境化问题的过程和结果，反映学生所表现出来的思想政治学科法治素养发展水平。具体教学目标的制订与评价方式的选择应该聚焦于学生思想政治学科法治素养的发展。

本课程教学与评价的具体建议包括：活动型学科课程的教学设计，综合性教学形式的大力倡导，系列化社会实践活动的广泛开展。

第一，围绕议题，设计活动型学科课程的教学。活动型学科课程的实施要使活动设计成为教学设计和承载学科内容的重要形式。每课围绕所属“篇”的中心议题，展开自己的议题。一方面，要对应结构化的学科内容，力求提供序列化的活动设计，并贯穿于教学全过程；另一方面，要针对相关活动，设计可操作的测评。

第二，优化案例，采用情境创设的综合性教学形式。本课程内容涉及政治、经济、人权、环境和安全等与学生生活联系密切的相关法律，具有综合性。教学与评价既要体现内容的广泛性，又要关注问题的复杂性；既要多维度观察对象，又要多途径进行探究。应力求凭借相关情境的创设，提供综合的视点，提升综合能力。以案例为载体进行综合性教学，既要着眼于同一课程模块的内容，综合不同学科的核心素养要素，又要着眼于同一学科核心素养要素，综合不同课程模块的内容。优化案例的关键在于优化情境的功能：能有效地支持、服务学科核心素养的培育；有助于呈现并运用相关学科的核心概念和方法；能充当组织教学内容、贯穿逻辑线索的必要环节；其内在意涵具有丰富的、现实的、可扩展的解释空间；围绕议题，指导、组织富有成效的活动；显现生活中真实的情境，力求可操作、可把握。实施综合性教学评价，重点考查学生整合知识、理论联系实际、分析和解决问题的能力。进行综合性评价的过程，也是反思和评估情境创设和案例选取是否得当、是否高效的过程，可据此进一步优化情境、案例，不断提高教学效率和效果。

第三，走出教室，迈入社会实践活动的大课堂。本课程内容的教学与社会实践活动相结合，是本课程活动型学科课程的显著特点。社会实践活动包括志愿服务、社会调查、专题访谈以及参观访问等。校外社会实践活动为教学提供了更广阔的空间、更丰富的资源、更真实的情境，是实施活动型学科课程的社会大课堂。开展社会实践活动，要从学生的成长需要出发，注重通过乡土资源的开发与利用，丰富教学内容，加深学生对社会的认识与理解。

六、学科课程反思与提升

随着网络化的发展，我校法治教育特色也在不断深化，本次将法治教育通过网络平台数字化，为今后的法治教育开辟了新的天地。本课程的开发不仅有利于学生由他律转化为自律，成长为合格公民，也有利于教师的长远发展。本课程是在前两次法治校本课程的基础上进一步发展的，相对来说，课程比较完整，但是各单元的课时设置不均衡，有待进一步完善。

尽管其专业性较强，需要专业人士的指导，但是法治教育数字化、网络化是大数据时代乃至现代智能时代的大势所趋，其研究开发的前景广阔。我们希望能够与有识之士共同深入开发这一课程，将此课程不断完善，为我国法治社会培养合格公民。

天津市南开田家炳中学

趣味数学　助学生发展

——小学数学趣味课程建设的实践尝试

文 / 付　涛

一、学科课程开发思路

为了发展学生的核心素养，我校提出了品能课程体系。托起美的数学这一课程资源的研发，旨在发展学生的科学精神和理性思维，实现学生“能”的培养。我们以整体化、阶段性和个性化为课程设计原则，既重视课程的整体架构和分步实施，又注重学生的身心发展规律和个性特点等。借助学校数学教师队伍的人才资源、宜阳云彩平台和南开区云动平台的微课资源平台等优势资源，历时四年，我们研发的校本资源已初成体系。

本套教学材料以人教版数学教学内容为基础，结合学生的年龄特点和已有认知经验，遴选了古今中外的名题趣题、数学故事、数学游戏等，突出了数学好玩、数学有用、数学之美的特点，重视体现数学精神以及进行数学文化的熏陶。这套教学材料不仅包含我们精心设计的课本，而且还有配套研发的教学课件和微课，实现了每一课都能使用手机扫码看微课的目标，注重了信息技术的整合。

二、学科课程哲学

（一）学科价值观

该课程是对国家课程的校本化研究与实施，重在整合提升，通过增添、删减、拓展、活化等手段来提升教学素材水平，提供适合的教与学的方法，引导学生能学、会学、学好、学会，让枯燥的知识变得有生命。同时，此课程是对国家课程的有力补充，突出了以数学思维为主线的系列能力训练，旨在培育学生科学精神、学会学习、实践创新的核心素养。

（二）学科课程理念

此套数学课程资源包含小学数学学科中数与代数、图形与几何、统计与概率、综合实践等板块的内容。在研发设计上既力求满足学生已有的兴趣和爱好，又重视激发和培养学生新的兴趣和爱好，不仅鼓励和要求学生投入生活、亲身实践体验，在选题上还更加尊重学生的实际、学生的探究本能和兴趣，给与每个学生主体性发挥的广阔空间，从而更好地培养学生的“四基”“四能”。使学生成为学习的主人，能够学有兴趣，习有所法。通过学习本课程，我们希望学生的个性在学习活动中得以健康发展，学生的潜能在自学自育中得到充分开发。

三、学科课程目标

（一）核心知识

以人教版小学数学知识内容为基础，结合小学数学课程标准要求，使学生能够获得适应社会生活和进一步发展所必须的数学的基本知识、基本技能、基本思想、基本活动经验，并做适当拓展延伸。

（二）关键能力

提高学生发现问题和提出问题、分析问题和解决问题的能力，培养学生的数学抽象、逻辑推理、数学建模、数学运算、直观想象、数据分析等能力，增强学生创新精神和实践能力。

（三）思维方法

体会数学知识之间，数学与其他学科之间，数学与生活之间的联系，运用数学的思维方式进行思考，培养学生抽象、推理、模型等数学思想。

（四）学科品格

了解数学的价值，提高学习数学的兴趣，增强学好数学的信心，养成良好的学习习惯，具有初步的创新意识和实事求是的科学态度。

四、学科课程框架

（一）学科课程结构

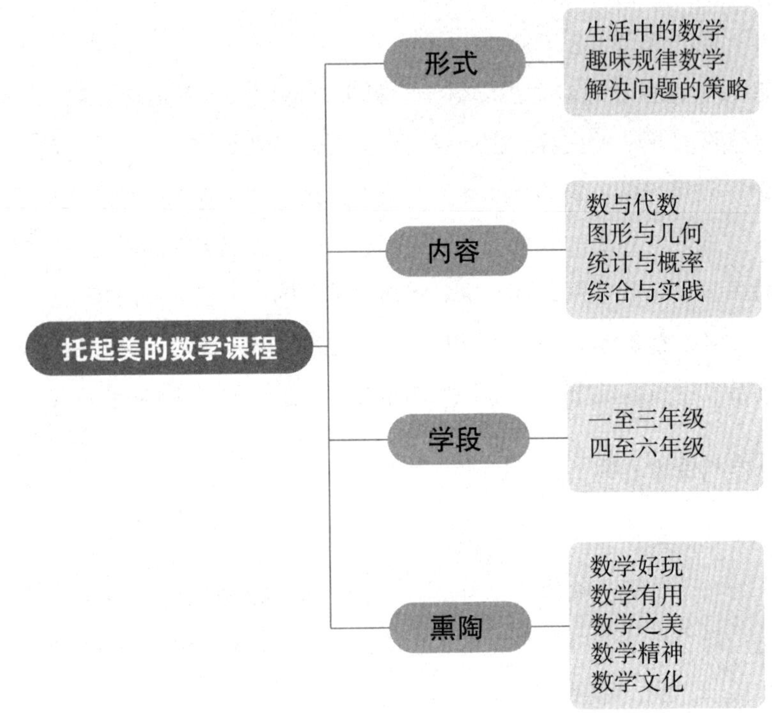

1. 从学段上分，根据儿童发展的生理和心理特征，将六年的学习时间具体划分为两个学段：第一学段（1~3 年级）和第二学段（4~6 年级）。

2. 从学习内容上分，课程安排了四个方面的内容：数与代数、图形与几何、统计与概率、综合与实践。

3. 从形式上分，课程安排了生活中的数学、趣味规律数学、解决问题的策略等课程。

生活中的数学：以体会数学与人、数学与自然的关系为切入点，使学生感受到学习数学的价值，增强学习数学和应用数学的信心，培养学生动手实践的兴趣。课程以创设情景，形成良性的学习竞争氛围为基础，使学生在一个浓郁的学习气氛中互学互助，从而实现每个人都要获得成功，每个人都要取得进步的课程目标。趣味规律数学：数学的趣味性和规律性很强，在该课程中，学生可以找到一些数学规律，充分发挥自己的创造力，提高逻辑思维能力，掌握数学思想方法，更加适应时代的需要。解决问题的策略：经历利用特殊情况探索一般规律的过程；经历分情况讨论的过程；经历将生疏的、繁杂的、未解决的问题转化为熟悉的、简单的问题，和提高解决问题的能力的过程；经历用数与形结合的方法解决问题的探索过程；经历用整体思想解决问题的探索过程；经历多种策略解决统一问题的探索过程。

4. 从对学生的熏陶感染上，课程分为数学好玩、数学有用、数学之美、数学精神及数学文化五个方面，这里遴选了古今中外的名题趣题、数学故事、数学游戏等。

（二）学科课程设置

1~6 年级课程单独成册，每个年级按学期分为上册和下册，每册内容 8~10 讲。每册不仅包含数与代数、图形与几何、统计与概率、综合与实践等板块，而且包含趣味 24 点等特色内容。

五、学科课程实施与评价

（一）学科课程实施策略

以新课程理念和学科课程标准为导向，坚持教育创新，通过对课堂实施质量评价，促使教师转变教学行为，指导学生改变学习方式，提升教学质量和水平。同时，规范我校课程实施行为，推进素质教育的深入实施，全面落实课程方案，为全面推进素质教育奠定坚实的基础。

（二）学科课程管理与评价

1. 学校课程实施评价的目标：对不同学段的学生在知识与能力、过程与方法、情感态度与价值观等方面提出不同要求。注重学生的学习效果，追求有效的课堂教学。关注教师的教学行为和学生的学习方式，提倡采用启发式教学方法，引导学生自主学习、合作探究，培养学生的创新精神和实践能力。注重教师的专业发展。教师通过对自己的教学思想和教学行为进行反思，不断提升思想素质和专业素养，逐步形成自己的教学个性和教学风格。注重评价的可信度，做到公平、公正、公开。评价关注教师的起点，体现教师成长、发展的过程；尊重客观事实，力避主观武断；采取多元评价的方式，及时回馈评价信息，允许教师有不同意见。

2. 学校课程实施评价的内容：紧扣教学内容设定教学目标，在知识与技能、过程与方法、情感态度与价值观三个维度提出基本要求。有效地组织开展学习活动，对教学过程进行合理调控与优化，尽可能采用先进的教学手段，采用启发式的教学方法，使学生在原有的基础上有所提高。充分发挥学习主体的主观能动性，引导学生选择适合自己的学习方式，让学生在教师指导下自主学习、合作探究，营造师生互动、生生互动的教学氛围。面向全体学生，让学生动口、动脑、动手，学到知识，培养能力，陶冶情操，在一定单位时间内使教学效益最大化。

3. 学校课程实施评价的方式：新课程的实施评价是促进教师成长的发展性评价，强调教师对自己的教学行为的分析与反思，与对学生学习效果的重视。在评价的过程中，要充分考虑教师的综合素质，关注教师个体的差异。通过教师的自评以及同事、教学管理者、学生、家长共同参与的多元评价，来多方式多渠道地收集体现教师理论素养和教学水平的实证和数据，对教师进行全面评价，促进教师素质的自我提升和完善。一是自评。教师对自己的教学行为和教学效果进行反思：教学设计是否适合学生的学习实际；教师是否科学、有序地组织和指导学生开展学习活动；学生的学习状态和学习效果等。同时教师的自评应注意教学个性（风格）的自我评价与反思。二是互评。听课教师对执教教师的课堂教学进行评价。互评主要从教学目标、教学行为、学习方式及教学效果四个方面进行评价。三是他评。教学管理者、学生、家长对教师的教学行为进行评价。他评主要从教学能否激发学习兴趣、学生有哪些收获、教学是否有利于学生的发展几个方面入手，并给教师提出改进教学的意见和建议等。

4. 学校课程实施评价结果及运用：新课程实施评价的结果以等级方式呈现，分为四个等级。新课程实施评价是一种发展性的评价，它重视被评价者的起点与发展过程，重视被评价者的差异及发展的多样性，并根据评价的结果进行回馈，提出具体的、有针对性的改进建议。从这一理念出发，评价中应鼓励教师在反思自己的教学行为、听取各方意见的基础上，不断改进教学方法，提高自己的教学能力。评价的结果主要用来进行纵向比较，让教师看到自己的发展变化和成长进步的轨迹。评价结果除了提供给教师本人参考外，也作为教师业绩评价的重要依据之一。

六、学科课程反思与提升

随着课程的深入研究，2018 年我校数学团队历时月余通过两次增、删、调等修订该教学材料，使其能更好地实现预期目标。如今，教学材料、配套课件、配套微课二维码、配套教案等已全部完成，为教师的教和学生的学提供了系统的素材。由于师资分布的不均衡，数学校本课程尚不能保证完全由数学教师任教，随着配套课程的完善，一定程度上为非专业教师任教提供了抓手，但仍不能保证每一节课均能达到优秀的教学质量。

随着研究的深入和实践的检验，我们会不断修订，让教学材料变为“活”的材料，让时间过滤出最适合的教学内容。如今，第四届数学文化节圆满落幕，其中增加了不少亮点，如数学与魔术剧本的开发、数学课本剧的开发等，这些将来均可以作为“活”的教学材料。

天津市南开区宜宾里小学

水之灵动　诗润心田

——小学语文经典诵读课程的研究与实践

文／胡卫红

一、学科课程开发思路

中国是一个诗的国度，始于《诗经》，教师应引导学生感悟它深刻的内涵、高远的意境、丰富的哲理。诵读古诗文，更有利于陶冶学生的情操，增强学生的修养，丰富学生的思想。小学一二年级是锻炼背诵的最佳时段，应有意识地让学生学习、诵读一些古诗文。为了创建良好的校园文化，营造浓郁的读书氛围，结合学校“水文化”的课程建设，特开发了经典诵读课程。课程的开发遵循了科学性、民族性、时代性的原则，依托语文教材及《课程标准》中推荐的75篇优秀篇目，有选择地拓展课外资源，结合学生学段及年龄特点，在校园内形成浓厚的优秀传统文化的传承氛围，让学生在校园学习的开始阶段能受到中国优秀传统文化的熏染，享受读诗的快乐，丰富文化内涵。

二、学科课程哲学

《课程标准》中指出：让学生认识中华文化的丰厚博大，汲取民族文化智慧，吸收人类优秀文化的营养，提高文化品位。而且在小学三个学段的阅读教学目标中均有“诵读优秀诗文”的要求。具体到小学第一阶段，课标提出了背诵优秀诗文50篇（段）的要求。在诵读中不仅仅让学生会背古诗，更要品悟古诗的意思、内涵，体味诗的意境，体会诗中之美，初步感知中华传统文化的精髓。此课程的设置让学生具有健康的审美价值取向，具有艺术表达和创意表现的兴趣和意识，能在生活中拓展和升华美。

三、学科课程目标

（一）核心知识

学会古诗诵读的基本方法，激发学生学习古诗、诵读古诗的兴趣；初步了解古诗的作者、内容、意境及情感；背诵古诗，积累名句。

（二）关键能力

引导学生感受古诗的形式美、韵律美和情境美，培养学生爱国主义热情，提高人文素养。认识中华文化的丰厚博大，吸收民族文化智慧。

（三）思维方法

加强语言积累，提高文化品位和审美情趣，逐步形成积极的人生态度和正确的价值观，使孩子们体会到民族文化的亲和力。

（四）学科品格

提高学生的文化素养，引导学生从古诗中获得美的熏陶，提高感受美和创造美的能力。

四、学科课程框架

（一）学科课程结构

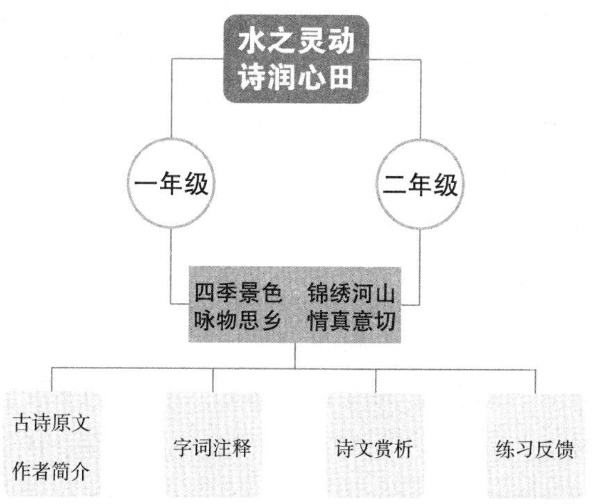

（二）学科课程设置

课程资料分为四册，一年级上下两册，二年级上下两册，共选编64首古诗。依据学生的年龄和心智特点编排了学习资料，主题：四季景色、锦绣河山、咏物思乡、情真意切，理解难度逐渐加深。内容分为四部分：诗文、重点字注释、古诗赏析和一个精心设计的小反馈。

四季景色：《绝句》（两个黄鹂鸣翠柳）《绝句》《春夜喜雨》《江畔独步寻花》《春晓》《江南春》《游园不值》《惠崇春江晚景》《春日》《乡村四月》《村居》《四时田园杂兴》《三衢道中》《山行》《枫桥夜泊》《马诗》。

锦绣河山：《望庐山瀑布》《望天门山》《渔歌子》《独坐敬亭山》《望洞庭》《浪淘沙》《饮湖上初晴后雨》《晓出净慈寺送林子方》《早发白帝城》《鹿柴》《敕勒歌》《六月二十七日望湖楼醉书》《书湖阴先生壁》《登鹳雀楼》《江雪》《题西林壁》。

咏物思乡：《咏鹅》《咏柳》《赋得古原草送别》《蜂》《风》《静夜思》《九月九日忆山东兄弟》《早春呈水部张十八员外》《忆江南》《秋思》《泊船瓜洲》《小池》《梅花》《墨梅》《石灰吟》《竹石》。

情真意切：《别董大》《出塞》《芙蓉楼送辛渐》《江上渔者》《凉州词》《悯农》（春种一粒粟）《悯农》（锄禾日当午）《秋夜将晓出篱门迎凉有感》《示儿》《黄鹤楼送孟浩然之广陵》《送元二使安西》《题临安邸》《夏日绝句》《己亥杂诗》《游子吟》《赠汪伦》.

课程的实施贵在坚持，一二年级的校本课程每周进行古诗诵读欣赏，坚持固定的诵读时间，每学年进行古诗诵读、表演以及以占诗为书写内容的书法比赛，以此促进学生的学习兴趣。

五、学科课程实施与评价

（一）学科课程实施策略

1.树立正确的课程观。其一，凝聚力量，多方协作。学校层面要充分重视课程的实施，教学主管统筹全局，制定课程方案、编写课程教材、组织教师培训、协调课程的具体实施。同时还要进行目标管理、过程管理、评价管理，并通过全程监督以保证此校本课程的高质量实施。形成校本课程教师团队，团队教师以喜欢古诗文且对古诗文有一定鉴赏能力的语文老师担任，加强教师间的研讨交流，结合教学进行课程的研究与开发。充分发挥家长的保障作用，取得家长的帮助与支持，家校携手促进孩子的各方面知识与能力的发展。

其二，合理策划，精心组织。授课教师要深入学习、理解课程体系、教学目标及教学内容，充分了解学情，鼓励大胆创新教学方法，保证好此校本课程的顺利落地。每节课借助多媒体辅助学生了解诗意，感悟诗情，品味诗言。以“领诵、齐诵、独诵、配乐诵”等形式让学生熟读成诵。授课中要采取教师指导和学生自学相结合、讨论和独立思考相结合、理论和实践相结合的方式来引导学生的古诗诵读活动。学校督促授课教师端正授课态度，认真授课，专时专用，不可敷衍，并对授课教师进行定期评价。

2. 认真落实课程目标。一是授课教师应该针对前期已指定的课程教学目标，结合校本课程资源，依据学生年龄特点、接受能力等做出科学合理的个人教学计划；在课程实施过程中发现问题及时交流、探讨、反思，制定好应对策略。二是任课教师认真研读教材，精心备课，努力上好每一节课，并及时对学生的学习情况做出科学合理的评价。三是每学期结束后，对课程目标的完成情况进行评价、反思与总结，不断完善课程体系，丰富课程内容。

3. 灵活丰富的教学方法。小学低段学生感性远远大于理性，对于形象直观的事物更加敏感，虽然理解能力相对较弱，但是思维活跃，好奇心强，乐于交流，想象力丰富，又极具创造力。针对学生这一特点，教学时授课教师大可不必拘泥于传统的语文教学方法，而是可以大胆创新教学方法，丰富教学手段。如教师可以将古诗中描写的实物带到课堂让学生观察；绘制或手工制作诗中内容；发挥想象，用自己的话将故事讲成一个完整的故事；课上让学生表演故事中的内容；引导学生大胆想象诗人在什么情况下写的这首诗；拓展延伸故事中所涉及的历史文化知识，仿写古诗，学唱古诗歌曲；甚至可以走出教室实地观察诗中的景物等。只有丰富了教学方法，寓教于乐，学生才能有诵读古诗的兴趣，才能更好地达成课程目标。

4. 加强本课程的校本教研。集体的智慧是无穷的，定期开展校本教研，加强此校本课程授课教师间的沟通交流十分必要。集体备课、学情分析、授课中遇到问题的研讨、创新的教学思路、个人教学反思都要成为校本教研的内容。只有凝聚教师集体的智慧，此校本课程才能越来越完善，才能真正顺利实施。

（二）学科课程管理与评价

教师角度：针对学校、学生实际，按照课程目标的要求，选择比较恰当的课程资源，既能保证教学活动正常规范地进行，又能满足学生学习的需要。在教学活动中，能比较准确地把握课程的教学内容，激发学生的学习兴趣。学生是否有不断学习、不断探究、不断提高的愿望。

学生角度：能积极参与到经典古诗的诵读活动中，从中能发现美、得到美的感悟和体验。掌握诵读古诗的基本方法，在诵读中寻找知识的增长点，在吟诵中得到智力的升华和素质的提高。在古诗的引导下，让学生真正了解自己的心灵，读懂我们民族的语言，聆听真、善、美最真切的声音，在诗意盎然的温润氛围中，将民族的文明保存、承接得更加完好。

此校本课程加强过程性评价，突出评价的激励功能。采用多种途径，以学生在学习活动中的参与性、过程性和创造性（情感、态度、意志、合作、能力）为依据，搭建多种舞台让学生展示自我风采。由学生自评和学习伙伴（包括学生和教师）的他评来调动学生学习的积极性。此外，鼓励学生积极参加区校级组织的与此校本课程相关的各项活动，力求让每一位教师、每一个学生都能在校本课程的教与学中收获成长。

六、学科课程反思与提升

将古诗经典诵读作为语文课的补充和拓展，使学生受到中国优秀传统文化的熏染，享受读诗的快乐，丰富自己的文化内涵。教师也同时在教学中受到了传统文化的熏陶。

在今后的古诗经典诵读课程研发过程中，应当结合之前课程实施中出现的问题，如教材中篇目过多，学生没有新鲜感，教师教学方式单一化等，及时对课程资料的研发进行更新，注重与时俱进。也可以结合编版新教材，定期更新一些篇目，或是加入简短的文言文，或是加入朗朗上口、充满童稚的词。还可以让学生欣赏传统文化栏目，不仅吟诵，更是可以把诗词吟唱出来，以达到歌以咏志的目的。

天津市南开区五马路小学

思维探究　助梦科学

——小学趣味思维科学课程的认识与实践

文 / 胡熙爱

一、学科课程开发思路

习总书记在中国工程院第十四次院士大会上强调：中国要强盛、要复兴，就一定要大力发展科学技术，努力成为世界主要科学中心和创新高地。因此身为一名教育工作者，特别是一名科学教师，从小激发学生的科学探究兴趣，培养具有科学创造思维的人才十分重要。在小学科学课程教学中，仅限于教科书，整齐划一地教相同的内容，显然无法促进激发学生个性化发展。

结合时代发展需求和办学特色，我校利用自身所长，以思维型探究实验为指导，研究并开发了校园机器人、校园科技馆、阳光花房等具有校园特色的与科学学科紧密结合的特色课程，并结合学生年龄特点，为中高段年级分别编录了供教学使用的电子教案。趣味思维科学课程打破学科界限，注重培养学生的思维型探究意识，以贴近学生生活的各种趣味主题激发学生自主科学探究意识，打造活跃、丰富的特色科学活动课程。

二、学科课程的哲学

《课程标准》指出：科学课程不仅要使学生获得重要的基本科学概念并认识科学概念之间的联系，还要使学生获得合作交往、语言表达的能力以及科学探究的技能和方法，更要使学生有善于思考、勇于开拓、实事求是的科学态度。

将传统科学教学与趣味思维科学相结合的设计理念，主要目的有以下几点：一是结合学生身心发展特点激发学生科学探究兴趣，使学生克服对传统学习的恐惧心理，积极主动地参与科学探究学习。二是依据教学目标和内容采用不同的教学方式与策略，让学生将探究式的学习与其他方式的学习充分结合起来，以取得最佳的学习效果。三是最大程度上满足不同学生学习科学的需要，引导学生利用广泛存在于学校、家庭、自然、社会和各种网络媒体中的多种资源进行科学学习，加强科学与其他学科之间的渗透与融合，培养学生终身的探索乐趣以及良好的思维习惯，以此加强科学实践能力。

三、学科课程目标

趣味思维科学课程的总体目标是培养学生科学探究的积极性，能够自主地发现生活中的科学问题并产生探究欲望。通过思维探究培养学生在掌握一定的科学知识后，能够在实际生活中灵活运用并进一步探索研究的能力。其一，该特色课程的核心知识以校园环境为依托，涉及生命科学、物质科学、环境科学、工程技术等多个方面。其二，趣味思维科学旨在培养学生发现问题、探究实践、团队协作、解决问题、总结归纳等综合实践能力。其三，该课程可以帮助学生建立科学的思维方式，引导学生使用科学、理性的思维去探究问题，激发学生逻辑思维能力的同时平衡学生语言艺术表达能力。其四，趣味思维科学通过问题探究活动培养学生讲事实、讲真理、讲逻辑、讲证据、知错就改、迎难而上、团结协作的科学品格。

四、学科课程框架

在课程建设过程中，为进一步落实《课程标准》中着重强调的探究式学习重要性的要求，该课程以校园特色为依托，基于科学、数学学科，注重教材内容与学生经验和社会生活的联系与融合，以研究性学习为方法指导，以趣味科学探究为活动主体，并结合当下 STEAM 教育教学理念，秉承着从学生的真实生活和身边问题出发的理念，现从以下四个板块开发了趣味思维科学课程内容。

不同类别领域的趣味思维探究活动满足了不同年龄学生的选择需求，满足了科学课程教学的需要，也符合学生身心发展规律。活动的种类是多样的，每个年级选择的活动类别不应该是单一的，多种类型探究活动相辅，最大程度地完成教学任务。

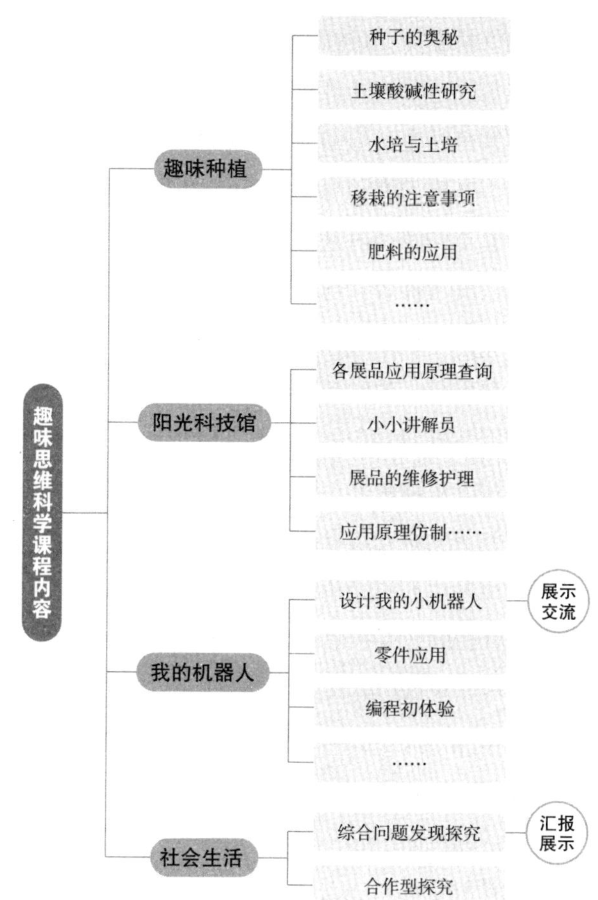

五、学科课程实施与评价

（一）学科课程实施策略

趣味思维科学课程的实施首先由校骨干教师及团队成员完成，实践中结合教学进度与内容，我们不断地将特色课程与常规科学教学有效结合，利用科学课时间、兴趣组活动时间等，每周都会选取相应的趣味思维课程内容进行学习，在此过程中不断完善课程内容、创编课程内容。结合我校特色、师生特点，课程学习主要采用如下三种方式：趣味思维科学课堂、趣味思维科学探究小队、趣味思维科学社团。

趣味思维科学课堂贯穿于常规科学课程教学之中，以培养学生良好的科学素养为核心，为学生的综合素质养成奠定良好的基础。让学生在了解丰富的科学知识的同时体验轻松愉悦的科学探究过程。趣味科学课堂的教学内容大多数取材于校园，教师组织学生在校园以及校外日常生活中发现科学问题并进行探索研究求证，这样的教学内容往往是学生身边的问题，学生学习探究起来十分感兴趣，并且此类教学内容多可以与基础类课程巧妙地融合，真正做到了培养全面发展的人才。当受课时所限，没有专门的课时进行趣味思维科学课程的学习时，可以结合教学内容、教学过程以及科学课程目标、内容、形式，将思维探究活动穿插在日常的教学中，还可以利用课后服务等时间段组织活动。

趣味思维科学小队是由骨干教师带头，年轻教师和学生中科学探究爱好者构成的探究团体。他们善于发现身边的科学探究问题，开展专题研究活动，小队成员共同拟定实施计划，商讨活动方案，每周三下午进行科学探究活动。

我们不仅开设有基础类的趣味科学探究课程，还提供了丰富的选修类课程，充分尊重学生的选择权。学生根据个人兴趣自主选择报名，以尊重学生为前提，经过各方面协调，确定社团的任课教师以及学生名单。

（二）学科课程管理与评价

趣味思维科学课程的落实，离不开评价的引导与支持。实践中通过多元评价，考查学生的学习水平，反馈学习成效，不断提高学生的学习热情，助推学生主动、持续地发展。

1. 校内师生互动的课程学习，主要根据学生的课堂表现进行及时性的评价，评价有师评、生评和自评，力求通过评价激励学生在反思中参与学习。

2. 我区每年都有青少年科技创新大赛和小发明大赛等系列科技活动，学生将日常趣味思维科学探究所得修改完善后参与活动比赛，比赛成果间接反馈了该特色课程的实施效果。与此同时我们也广泛征集师生意见和建议，不断修改、补充、完善课程内容。

3. 在开展各种比赛中完成多元化评价，其一，定期开展科学技能竞赛。包括小组赛、班内选拔赛、年级总决赛，在小组赛、班内选拔赛、年级赛。层层选拔，被选中的优胜者将获得证书。其二，开展积分奖励制。学生参与一项活动，可获得一枚印章，最终根据集章数量，获得不同的奖励。并在展示平台上将比赛中的优秀作品进行展示，让学生在比赛中获得荣誉感，从而增强自信、激发兴趣。

六、学科课程反思与提升

趣味思维科学课程建设，是课程内容不断创生的过程。它充实了传统科学课程。在其建设开发过程中要注意以下几个问题：一要面向全体学生，根据学生的个人素质、性格特点等因素，因材施教，分层要求。二是思维探究过程要严谨有序，层层深入。避免一味追求所谓科技感，而使课程脱离小学生实际能力水平范畴。三是趣味思维科学探究要求“精”求“趣”，富有创意。教师在课上可采用小组实验、合作研讨、头脑风暴、个人宣讲等不同的形式加以变换，来激发学生的学习兴趣。不仅如此，我们以向学生、家长发放调查问卷的方式查找问题，并针对存在的问题，努力地改进与提升课程质量，让小学趣味思维科学课程能够提高学生科学学习水平、助力学生的科学梦！

天津市南开区科技实验小学

聚焦拓展内容　培养思维能力　感悟数学价值

——对小学数学拓展课程的深入思考

文 / 叶　慧

一、学科课程开发思路

当今，在提升学生核心素养的背景下，我校基于“合力教育”的六力理念——自主力、学习力、交互力、人格力、健康力、全球力，开发了数学拓展课程。在数学拓展课程设计中不仅坚持思想性、科学性、趣味性、灵活性的原则，还专门为数学的拓展课程设计了校本教材与教案，开辟了教学时间，并尝试推行了个性化评价制度，旨在整合现有的课程资源，彰显学生的个性。

课程特色：一是数学文化的渗透、发掘。如部分数学知识的起源研究、数学工具的发展史等，使学生能够得到数学文化的熏陶，提高其数学素养。二是数学思想方法的渗透、提炼。尝试在小学高段对数学知识进行横向、纵向的梳理，对数学的思想方法进行提炼。三是课本内知识适当延伸。如分组法解鸡兔同笼问题、较复杂的工程问题，以培养学生的逻辑思维能力，并使学生从中感悟到数学的价值。

二、学科课程哲学

（一）学科价值观

数学拓展课程的学习内容不是对原教材内容的简单删减，也不是一个拼盘，而是在核心素养的理念下重新审视、改变单纯以学科逻辑组织课程内容的做法，强调以学习者的经验、个体和社会需要为基础，以问题为核心进行课程整合。这不仅是书本知识与实践体验的有机统整，更是在活动时空上向学生的生活领域和社会活动领域进行延伸，密切学生与生活中的数学的联系，使学生体验知识之间的联系，在此过程中建立独特的思维方式。

（二）学科课程理念

《课程标准》指出：数学课程应致力于实现义务教育阶段的培养目标，体现基础性、普及性和发展性。义务教育阶段的数学课程要面向全体，适应学生个性发展的需要，使得人人都能获得良好的数学教育，不同的人在数学上得到不同的发展。在这一理念的引领下，数学拓展课程开发了七巧板、24 点、数学家的故事等内容，还重新整合了教学资源，创造性地拓展了教材中的“你知道吗”、数学游戏、数学乐园等内容，发散学生的思维，扩大学生的知识面。其基本出发点就是促进学生全面、持续、和谐的发展，使学生在获得数学理解的同时，在思维能力、情感态度与价值观等方面也能得到进步和发展。

三、学科课程目标

（一）核心知识

数学拓展课程主要从学生的生活经验、已有的数学知识基础和天生就具有的思维能力出发，使学生能够获得一些起源于教材又高于教材的数学知识。

（二）关键能力

有综合运用数与运算、空间与图形、统计与概率等相关知识解决一些简单实际问题的成功体验，获得综合运用所学知识解决简单问题的活动经验和方法。

（三）思维方法

帮助学生综合运用已有的知识和经验，经过探索和合作交流，解决与生活经验密切联系的、具有一定挑战性和综合性的问题，体会数学的魅力，发展他们的逻辑思维能力。

（四）学科品质

使学生能带着数学眼光去观察生活中的世界，培养运用数学方法去分析周围的事物和现象的数学学习习惯，最终使学生有浓厚的学习数学的兴趣。能通过实践了解数学知识与生活经验、现实世界及其他学科的联系，体会数学的价值。

四、学科课程框架

（一）学科课程结构

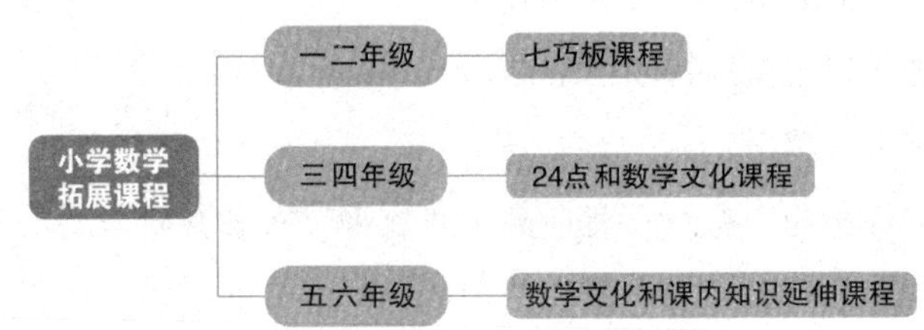

（二）学科课程设置

年级	课程内容	课程目标
一年级	七巧板	在摆拼七巧板的活动中，让学生能体会出图形的变化，从而提高学习数学的兴趣，感悟到数学好玩。从能力上来看，培养了学生动手操作的实践能力、想象力和创新精神，发展了学生的空间观念和数学思维，培养学生的合作精神。
二年级	七巧板	
三年级	24点和数学文化	自己设计的24点徽标，把数学、美术、名言融为一体，体现了学生的创新思维。通过24点游戏，培养学生的口算能力、心算能力，快速反应能力。由于一种方法不一定会得出24，所以必须学会尝试从各种角度去推理，在潜移默化中，学生在数学解题中的推理能力逐步提升。
四年级	数学文化	把数学当作知识来教，数学是真的；把数学当作文化来教，数学是美的；一旦学生感受到数学文化的滋养，就更能激发他们学习数学的热情。这样的数学教学才更加有深意。基于此，我们通过对学生进行数学文化的教学，希望能使学生意会数学的美，让数学文化浸润在学生的心田之中，感悟数学的价值。
五年级	数学文化和课内延伸	数学文化：通过感人的数学家的历史事例，以及一些数学史上的重大事件，让学生了解数学的发生和发展，感受前辈大师严谨治学、锲而不舍的探索精神；并深刻体会出数学对人类文明发展的作用。 在课内知识的延伸：采用微课等形式，帮助学生掌握数学方法和数学思想，如分组法解鸡兔同笼问题、较复杂的工程问题、用假设法解题等，培养学生的逻辑思维能力，感悟数学的价值。
六年级	数学文化和课内延伸	

五、学科课程实施与评价

（一）学科课程实施策略

1. 提倡学生在生动具体的情境中学习数学，充分利用学习、生活经验，设计生动有趣、直观形象的数学教学活动，如讲故事、做游戏、实物演示、模仿表演等，激发学生的学习兴趣，让学生在生动具体的情境中懂得和认识数学知识。

2. 引导学生独立思考与合作交流。动手实践、自主摸索、合作交流是学生学习数学的重要方法。让学生在具体的操作活动中进行独立思考，鼓励学生发表自己的意见，选择学生中有价值的问题或建议，引导学生开展讨论，以寻找问题的答案。

3. 重视培养学生利用意识和解决问题的能力。充分利用学生已有的生活经验，随时引导学生把所学的数学知识利用到生活中去，解决身边的数学问题，懂得数学在现实生活中的作用，领会学习数学的重要性，体会数学价值。

4. 学习评价要注意保护学生的学习兴趣，尊重学生的能力差别，尊重学生的学习成果。多种评价形式相结合，可以采用课堂视察、课后访谈、作业分析、操作、实践活动等多种形式，评价成果以定性描写、定量评价相联合的方式呈现。

（二）学科课程管理与评价

以发展的眼光评价学生，强化评价的发展性导向功能；过程评价与结果评价相结合，既关注学生数学知识与数学学习技能的掌握情况，又要注重学生数学学习过程中参与、交往合作和探索过程的考查；强调对学生探究能力、实践与综合应用能力的评价，重点评价学生学数学、做数学、用数学的兴趣、技能、及思维逻辑能力，注意考查学生是否善于思考、勤于提问，是否能自己创造性地学数学、用数学，是否能在教师指导下，从日常生活中发现问题、提出问题，并能运用所学知识，选择合适的方法解决问题，是否独立完成作业；注重对学生情感、态度、价值观的评价，关注学生学习数学的兴趣是否浓厚，学习动机是否强烈，是否乐于合作、交流、愿意采纳别人意见，是否大胆提问、勇于创新。

一二年级——七巧板。评价目标：能够熟练用不同块数的七巧板拼摆各种图案。一年级达到模仿拼摆程度。二年级达到自创拼摆程度。通过把物体重新组合成各种形状，发展学生的创造思维。一年级能够拼图案讲故事。二年级能够根据故事拼图案。学生乐于参与七巧板的动手操作。通过七巧板课程学会观察事物的方法。评价方式：学生自评、组内互评、组组互评、教师点评。

三四年级——24 点和数学文化。评价目标：理解 24 点游戏的规则，掌握 24 点游戏的运算技巧。操作实践算 24 点扑克游戏，巩固加强有理数的四则运算。培养合作精神和创新意识，激发学生对数学学习的兴趣。体会算法的多样化，能优化算法，渗透类比思想。引导学生在解决问题的分析、思考过程中，抽取数学模型，渗透数形结合的思想。在解决问题中，培养学生的独立思考、合作探索的能力，体会数学在生活中的广泛应用。评价方式：知识技能评价采用口头测试和书面测试两种方式进行。数学思想与解决问题的能力评价采用面试和笔试两种形式进行。情感态度价值观评价采用平时观察和面试方式进行评价，复试和笔试相结合。

五六年级——数学文化和课内知识的延伸。评价目标：基础知识与基本技能的评价：关注学生观察、操作、归纳、类比、推断等数学活动，体验数学问题的探索性和挑战性，感受数学思考过程的条理性和数学结论的确定性。数学思考和问题解决的评价：通过观察、实验、猜想、证明等数学活动过程，发展合情推理能力和初步的演绎推理能力，能有条理地、清晰地阐述自己的观点。重点评价学生在学习后是否获得基本的数学思想和方法的能力。注重情感、态度、价值观的评价。帮助学生综合运用已有的知识和经验，经过探索和合作交流，解决与生活经验密切联系的、具有一定挑战性和综合性的问题，体会数学的魅力，发展他们解决问题的能力。关注学生是否有浓厚的学习兴趣；是否形成严谨治学，锲而不舍的探索精神；是否乐于学习数学并为数学做贡献的创新精神。既关注学生学习历史中外杰出的数学家的生平和历史事例的搜集、整理过程，又关注学生在学习过程中是否积极参与小组合作的考查。评价方式：一是手抄报的评选。要求主题鲜明，版面设计规范、整洁、美观，内容充实，形式多样。二是数学日记评选。可让学生在某次课后或对自己学习的数学家历史实例进行回顾小结，或对学习心得体会描述，或联系遇到的生活现象得到的启发等。要求字迹清楚，纸面整洁。开展讲题大赛。

六、学科课程反思与提升

在课程实践的过程中，学生在做实验、探究、创作等一系列的活动中发现和解决问题、体验和感受生活，他们的认知和体验不断深化，创造性的火花不断迸发，新的活动目标和活动内容不断生成，学生的基本品格和思维能力不断提升。在课程实践过程中，我们虽然重视沟通学生数学知识和现实生活的联系，但忽略了多学科知识的融合。在今后的课程实践中，我们将加强数学学科与各个学科的统整与融合，密切数学与各个学科的联系，以不断提高学生的思维能力和数学素养，并从中感悟到数学的价值。

天津师范大学南开附属小学

建“能动”学校体育 助学生自主发展

——小学排球校本化课程的实践研究

文 / 李 会

一、学科课程开发思路

“能动”课程在于全面发展。从运动参与、运动技能、身体健康、心理健康和与社会适应出发，结合排球运动的知识，确定小学阶段排球的知识点、发展的目标，并通过有计划有调控的实施确保学生在当下得到最好的发展。

“能动”课程需要有的放矢。小学阶段学生身体素质和心智差异较大，根据每个学段划分学习目标。如水平一培养排球兴趣、熟悉球性，对排球有表象的认识；水平二增加对排球知识的理解，加强排球基本技术练习；水平三学会两人和多人配合活动，并对排球运动有一定鉴赏力。此外，选拔优秀学生组建排球队，让每个学生得到充分发展。

拟定学习方法，落实课程灵活性。学生学习过程也是教师教学过程。根据学习水平和内容的划分，将练习目标量化，使练习内容可操作，学习目标可观测。在学习过程中，教师通过学生表现和互助情况制定语言激励规范，使学生养成良好的体育态度、心理素质，确保行为举止的规范和正确。

二、学科课程哲学

体育与健康学科具有基础、实践、健身和综合的特性，体育课程排球校本化更要夯实这些特性，落实“能动”。发扬排球的娱乐性特点，形成积极的运动氛围。发扬排球竞技性特点，让学生学会适应两人或多人的排球活动。发扬排球健身性特点，提高学生的快速反应、快速移动和身体协调能力。发扬排球严密的集体性特征，培养竞争的学习意识和团队协作意识，提高学校体育教育质量，为终身体育打下基础。

组织拓展型课程教学，本着“健康第一”课程理念和“勤奋、朴质、阳光、创新”的校风，积极创建阳光的校园氛围。以学生为主体，满足不同层次学生发展要求；把握好探究型课程实施，提升学生自主学习、主动探究和实践体验的能力，形成勤学、多思、善问、求真的学风。确保基础，注重提高基础型课程的教学质量；不断拓展，根据校本化的目标，使拓展课程与校本特色教育有机整合。力求规范化、拓展化、自主化的管理，让排球运动在小学校园中能够“活起来”。

三、学科课程目标

（一）核心知识

通过技能与兴趣互促进，使学生喜欢体育，喜欢上排球，养成对排球运动的兴趣；并能够自发主动参与排球活动，体会乐趣。

（二）关键能力

通过练习与游戏，学会排球基本技术动作和简单比赛战术，掌握排球运动的一般知识、竞赛规则和裁判常识，具备一般观赏和比赛的能力。

（三）思维方法

提高学生各方面的身体素质，掌握处理一些小外伤的方法。

（四）学科品格

创建排球校园文化，丰富学生的课余生活，加强学生交流，树立积极的团队意识和顽强的进取精神。

四、学科课程框架

根据排球课程的内容类型特点并根据学生的特点，选取的内容有四类。

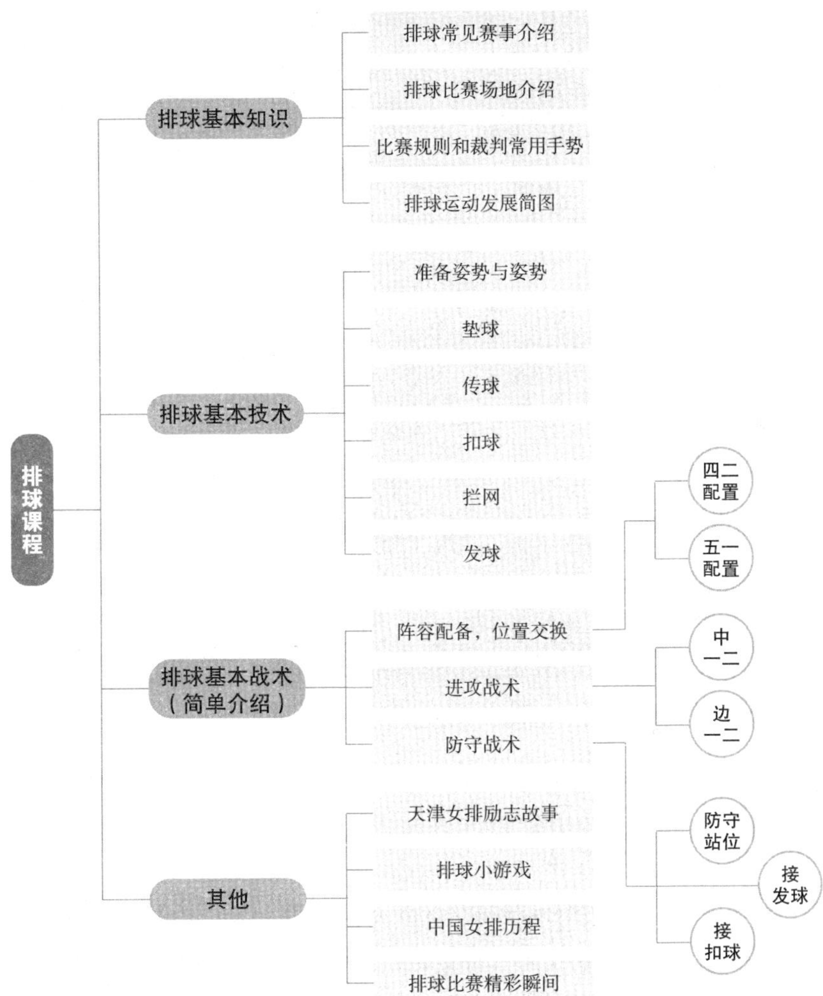

根据学生水平进行内容划分，指出练习希望目标。

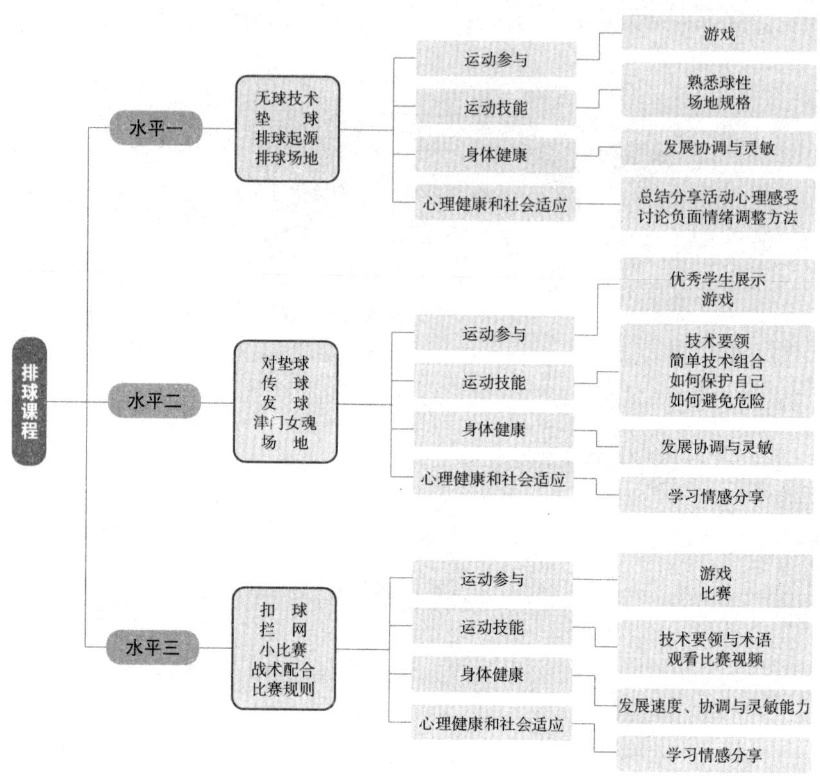

五、学科课程实施与评价

（一）学科课程实施策略

1. 划分练习水平，整理排球课程资源，确定课程目标与内容。根据学习水平和学习内容的划分，尽量将练习目标量化，让练习内容可操作，让学习目标可观测。以《排球运动教程》和义务教育《课程标准》为蓝本，制定小学六个年级每学期的学习计划，并根据学习计划整理学习内容，最后根据学生特点有针对性地改变学习内容的表现形式，如将大量文字的技术介绍转化为图片、设计练习攻关等，让孩子更为简单直接地了解排球知识。在课程结构和课时安排上，结合现有基础课程，努力做到学校校本课程和国家课程的融合，合理地安排体育课和素质拓展的课时比例。

2. 组织排球课程进入课堂，均衡教学内容，组合特色校本课程。实践是检验真理的唯一标准，以整理的课程资源为基础，通过体育组小组教研编写排球课时教案，尝试各个年级的阶段性排球教学，比如一年级遵循练习拍球—有节奏的拍球—移动拍球—抛垫球的教学进程；中年级的自垫球—抛垫球—对垫球—步伐练习等学习内容；高年级的传垫球—传扣球等均收获不错效果。在南开区体育教师教研中展示排球如何进入小学课堂，并被选入参加天津市中小学体育与健康课程教学成果系列展示活动，以及在南开区中小学素质拓展课外活动成果展示中展现我校排球特色风采，南开区第二十三届全民健身运动会开幕式上，我校排球队作为唯一一支被邀请的小学队伍进行排球展示。

3. 添加素质拓展，促进学有余力学生发展。在教学中发现学习能力好身体素质强的学生，通过仔细甄选和计划训练使我校拥有两支阵容全面、梯队衔接的男、女排球队。一是科学训练。训练过程中结合学生实际和季节特点制定训练周计划、学期计划，在技术教学上通过多样的教学方式让学生快速掌握技术动作要领，同时还能够感受到训练的有趣、感受到自我挑战与自我突破以及团队协作的重要性，从而让学生热衷于排球。通过队员写训练周记和分享比赛心得来记录自己的收获、谈谈自己的学习感受，体育教师根据学生所写内容给予建设性的反馈。一个全面的队伍不只是技术，强大的凝聚力更是重要。为了让队员切实感悟排球精神，我校积极组织学生观看排球现场比赛、参观天津女排训练，通过和女排近距离接触，帮助队员树立人生楷模。二是规范队纪。一个良好的队伍少不了一个铁的纪律。制定球队行为准则与行为规范、建立球队委员会、组织训练完后按时到家微信群签到等方法来保证队伍健康茁壮成长。

4. 加大学校体育设施资金投入，为特色课程提供物质保障。为保证学校特色活动开展，我校加大人力物力投入。为完善排球练习条件，购置大批活动器材；为加强排球基础设施建设，师生协同动手艰苦奋斗；致力于学校特色活动的顺利开展。

5. 与校园文化相结合，创建排球特色文化。丰富欢快的校园氛围作为隐形课程资源对开展活动有着积极推动作用，然而形成这种资源需要各个领导阶层和各科教师的共同努力。在过去的三年中，我们在各个年级举办课余排球游戏以丰富学生们的大课间活动，以排球队员为带动，组织班级间的排球游戏比赛激发学生们练习的热情，组织学生之间和师生之间的排球赛。通过这些活动我们发现，除了能够多层次了解排球，学生参加体育活动也更有热情、学生之间和师生之间有了更积极的交流。此外，在区领导和校领导的大力支持下，我校排球课的创建有了良好物质基础和学习平台，比如天津女排来校参观等机会，能够积极刺激学生的感官世界，丰富学生对排球的理解。在每年六一儿童庆祝会上，通过组织排球队新老队员的交接仪式，以创建校园排球传统。

6. 根据学习目标和发展性要求建立多元的评价体系。有利的评价体系不仅能够让学生了解自己的情况，同时也能激励学生继续前进。课程中练习的标准和量化目标来规定学生练习方向，相互评价中提示积极评价，建立学习流动模范促使学生正确面对学习；训练中通过体能测试和技术考核把握学生学习情况，并通过训练日记和比赛心得让学生学会分享、懂得分享自己的成长。

（二）学科课程管理与评价

1. 自我评价。通过一些简单的量表让学生能做到自我检测，从学生参与的程度和态度、体验感悟的深度与广度、相互协作的情况以及资料收集整理情况、探究活动的成果等方面进行评价，自我评价在探究活动中的得失，在过程中的体会和感悟；当然不仅仅局限于这些方面。如下为水平二的基本技术检测：

类别	评价等级			测试方法和要求
	优秀	良好	及格	
垫球	60	40	20	对墙连续垫球数量及动作
传球	30	20	10	自连续传球数量及动作
发球	8/10	3/10	2/10	下手发球过网比例

2. 指导教师评价。考核形式以作业、学习体会（收获）等形式呈现。如下为水平二动作质量检测：

完成内容 / 等级	熟练动作要领
优秀	完成动作质量好，姿势正确，动作轻松、自然、协调
良好	完成动作质量较好，姿势较正确，动作轻松、自然、协调
及格	能完成动作，姿势基本正确，动作不够轻松、自然、协调
还要努力	不能完成动作，姿势不正确，动作紧张、不够轻松、协调

3. 同学互评。通过赛后心得分享，相互指出优缺点。这样，团队合作精神得到培养，相互尊重得到发扬。

4. 家长评价。家长和教师及时沟通，共同制定学生生活学习目标，家长及时给予反馈。通过阶段性的家长会，相互分享孩子的变化。

六、学科课程反思与提升

“能动”教育在于细节。排球队建立和体育课堂教学相互促进。排球队员能够在本班排球教学中起到良好的组织和示范作用，找到自己的亮点，提高自信心；其次班级体育教学是一个很好的排球队选材途径。“能动”体育在于体、智的集合。长期的排球锻炼增强了学生的体质、灵活性、抗压能力、理解能力和审美能力。良好的智力发展又能够帮助学生尽快地把握知识要点。

“能动”需要内化的动力—校园文化和活动相互促进。排球校园文化作为学生自发形成的一种排球精神，排球精神的形成则需要从平时排球锻炼中、从比赛中和精神传递中养成；而一个成功有效的排球活动则需要有浓厚的校园文化作为指引。但在排球校本化发展过程中，一些问题还是存在的。如何让排球运动在课堂和学生活动中有更深入的发展，让学生在“多能”的基础上做到“一技”的启蒙是值得思考的问题。

天津市南开区中营瑞丽小学

有趣有用的非连续性文本阅读

——走进《药品说明书》

文 / 郑秀梅

一、学科课程开发思路

《课程标准》中以“提高学生的学习兴趣，满足学生的需要，创设多样化的校本课程”为基础，着眼于学生整体素质的提高，促进学生全面、持续、和谐发展，坚持教育在立德树人中的重要作用。综合实践活动课程，是培养学生综合素养的跨学科实践性课程。它让学生从生活情境中发现问题，并将其转化为活动主题，通过探究、服务、体验、制作等方式，解决现实问题。

综合实践活动的研发背景是适应学生个性发展和社会发展的需要。当今社会发展迅猛，产生一系列新的问题，如环境问题、道德问题、国际理解问题、信息科技问题等。这些问题都具有跨学科的性质，综合实践活动为学生参与、探究、理解这些新社会问题提供了个性发展创造的空间。

课程设计的原则是尊重每一个学生的兴趣、爱好与特长，善于引导学生从生活中选取探究课题和解决现实问题，让学生有创新精神和实践能力，有社会责任感。综合实践活动具有独特的功能和价值，具有实践性、开放性、自主性、整合性、生成性、连续性的课程特色。

二、学科课程哲学

其一，坚持学生的自主选择和主动参与，发展学生的创新精神和实践能力。要以学生的直接经验或体验为基础，将学生的需要、动机和兴趣置于核心地位，充分发挥学生的主动性和积极性，鼓励学生自主选择活动主题，在活动中发展创新精神和提高实践能力。

其二，面向学生完整的生活领域，为学生提供开放的个性发展空间。要引领学生走向现实的社会生活，促进学生与生活的联系，为学生的个性发展提供开放的空间。

其三，注重学生的亲身体验和积极实践，促进学习方式的变革。强调学生乐于探究、勤于动手和勇于实践，注重学生在实践性学习活动过程中的感受和体验，让学生亲身经历实践过程，实现学习方式的变革。

三、学科课程目标

（一）核心知识

综合实践活动的总目标是密切学生与生活的联系，推进学生对自然、社会及自我联系的认识与体验，培养学生创新能力、实践能力及良好个性品质。

（二）关键能力

以学生为核心，围绕三条主线进行：学生与自然的关系、学生与他人及社会的关系、学生与自我的关系。

（三）思维方法

引导学生学会有意识地按需阅读，用浏览、跳读等方法捕捉关键信息。学会基本生活生存能力，提高自理自立能力，学会自救自护。《药品说明书》（说明书文本）仅是“非连续性文本”的其中一种类型。

（四）学科品格

帮助学生树立系统观、实证观和批判观等学科思维，使学生在认知和行为过程中提高其学习能力和知识水平。

四、学科课程框架

（一）学科课程结构

综合实践活动的结构范围及课程设置包括以下几方面：

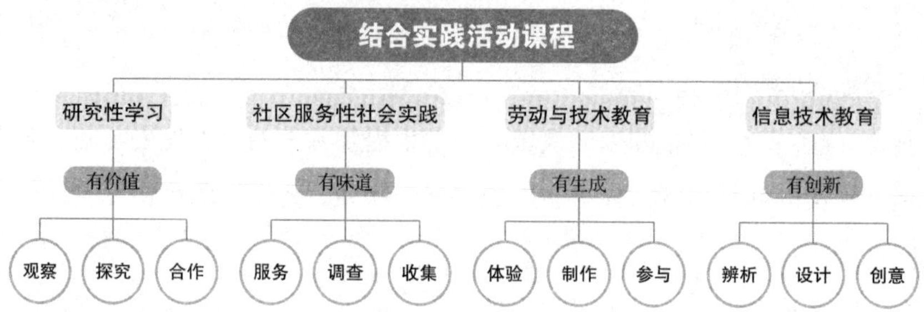

（二）学科课程设置

1. 研究性学习。学生基于自身兴趣，在教师指导下，从自然、社会及生活中考察、质疑，选择专题，应用知识分析、处理、解决现实问题。通过实践活动，增强探究创新意识，形成一种积极的自主合作探究的学习方式。

2. 社区服务与社会实践。学生走出教室，参与社区服务、寻访、宣传和社会体验活动，在教师引领下获取直接经验，增强社会责任感，提升道德意识和综合实践能力，完善人格。

3. 劳动与技术教育。学生以劳动体验，操作性学习为学习领域，强调学生动手与动脑相结合，了解必要的通用技术和职业分工，在人与人的互动体验中，形成初步的技术意识和技术实践能力。

4. 信息技术教育。帮助学生适应信息时代需要的信息素养，培养学生对浩如烟海的信息的反思辨别能力，形成健康向上的信息伦理意识。引导学生通过网络学习平台，做出正能量的个人创意设计，培养潜能创新人才。

五、学科课程实施与评价

（一）学科课程实施策略

课程活动对象：五年级学生。

课程活动准备：搜集身边常用的《药品说明书》。

课程活动主题：有趣有用的非连续性文本阅读——走进《药品说明书》。

课程活动实施：

1. 激情导入，预设课题。创设情境，调动兴趣。紧密联系生活，以预设质疑的方式进入主题，激起思维的火花。从儿童用药安全问题出发，引出“身边的药品说明书”这个议题，为下个环节做好铺垫，提高课堂趣味性。巧用观察法激发学生阅读兴趣，发挥学生主体性，落实“情”融合。

看到课题你会预测哪些问题？“非连续性文本”是相对于以句子和段落组成的“连续性文本”而言的又一种实用性阅读材料。是围绕一个主题把相关的文字材料、图片、表格、数据、号码等相关材料组合在一起的文本。

在我们的生活中非连续性文本无处不在。说明书、车票、地图……为了区别于我们平时读的连续性文字组成的文章，就叫它“非连续性文本”，这样的文本既有趣又有用。

读懂《药品说明书》的重要性。保障基本生活生存能力，提高自理自立能力，基本学会自救自护。看一则新闻——《儿童用药安全已成为社会问题》。

2. 以趣引用，实践探究。面向全体，师生互动。通过此环节紧紧扣住学生的心，关注学生的参与度，激发阅读欲望，可以检测学生的阅读方法和对上一版块文本的理解程度，落实“知”融合。教师课件展示几款常见的《药品说明书》，请学生阅读《药品说明书》，分析与平常阅读的文章异同。

3. 整合训练，提高能力。尊重个性，关注致用。学生通过考察、搜集、质疑、探究了解说明书的文体结构，学会有意识按需阅读，运用浏览、筛选、提炼等方法去捕捉关键信息，在实战演练交流中学会思维、整合、解决生活中的问题，有效落实“意”融合。

4. 习得方法，提升素养。学以致用，提升素养。在学习最后对已学知识进行拓展和延伸，重视各学科间整合，用评价的方法对学生课上学习表现、思维发展等进行总结，彰显特色，体现有价值、有味道，有生成地落实“行”融合。

（二）学科课程管理与评价

1. 重视过程评价。综合实践活动中的评价具有特殊性，评价能促进学生的发展。评价时不应过于看重学生所学知识的多少及作品优劣，应多关注学生参与活动的态度、解决问题的能力和学生的创造性，多关注学习的过程与方法、交流与合作，多关注动手实践能力及获得的经验与教训。

2. 多元结合评价。采用多种方式的评价，重视过程的评价和过程中的评价，重视将自评、互评、口头、书面、展示等结合，也可将教师评、学生评、家长评相结合。重在让学生施展个性才能，享受健康民主、积极进取、勇于创新的氛围。评价中要充分体现开放性、自主性、能动性、整合性、连续性，使评价成为学生学会实践反思、明辨是非、发现自我、欣赏他人的过程。

六、学科课程反思与提升

通过这种说明性文本的结构分析及多篇常用的阅读演练，学生们对怎样阅读说明性的非连续性文本有了初步了解并掌握了一定方法。学生们能从结合实际生活出发，有意识地按需阅读，运用浏览、跳读等方法捕捉关键信息。课堂呈现出以学生为主体的氛围。 教学重在阅读和引导学生深刻思考、生动说明、热烈讨论，拓宽语言文字学习渠道与形式，激发学生阅读的兴趣，提高语言综合运用的能力。非连续性文本阅读是连续性文本阅读的辅助手段或方式方法，是语言文字的多角度阅读。需要与课内连续性文本阅读结合，才能相得益彰。开展丰富多彩的课内外阅读活动，让学生利用语言文字进行交流沟通，进行有价值地探究、考察、体验、创意，在互动中发展，提升核心素养，提高综合能力。

天津市南开区西营门外小学

读经典古诗文 浸润金色童年

——小学经典古诗文诵读课程建设的应用研究

文／王 静

一、学科课程开发思路

根据《南开教育发展十三五规划》《南开区课程建设实施方案》《中营小学、永基小学三年发展规划》中关于课程建设的实施目标，我校确立了“勤朴敏健 强基铸魂”课程。“强基”就是要打牢学生发展的基础、打牢义务教育的基础；“铸魂”就是要落实“立德树人”的根本任务，培育社会主义核心价值观。我们课程的宗旨：培养高素养的现代社会公民。我校现有48名教师，一部分为青年教师，青年教师接受新事物能力强，具有开拓创新精神。且这些青年教师所学专业丰富，各有所长，为学校校本课程开发奠定了坚实的师资基础。为此，我校开发了走进经典古诗文课程，在实施过程中增加学生识字量，提高学生记忆力，培养阅读兴趣，提升学生语文素养。

二、学科课程哲学

现代教育要培养学生的核心素养，其中语文素养是一种以语文能力为核心的综合素养，包括必要的语文知识，丰富的语言积累，熟练的语言技能，良好的学习习惯，深厚的文化素养，高雅的言谈举止。经典古诗文是中国五千年的悠久文化中一颗璀璨的明珠，它不仅映射着中国文化的文学之美，而且蕴含着中华民族的胸怀、风骨、智慧、情趣。《课程标准》要求学生背诵古今优秀诗文，其中

1~6年级75篇，包括《江南》《长歌行》《敕勒歌》《咏柳》《回乡偶书》《凉州词》《登鹳雀楼》《春晓》等。小学阶段是记忆力最佳的时期，背诵过的东西能伴随一生，能为终身的文化底蕴打下坚实的基础，学生的语文素养也会随之慢慢提高。

三、学科课程目标

（一）核心知识

通过诵读经典古诗文，激发学生对我国传统文化的了解和热爱。

（二）关键能力

在古诗文诵读活动中，帮助学生积累古诗词，体会古诗词的韵律美，语言美、意境美，并培养学生良好的诵读习惯，为语文知识的学习打下良好的基础。

（三）思维方法

激发学生在学习积累古诗词后，能在在一定情境中能够运用古诗词的兴趣，为交际、写作打下基础。

（四）学科品格

在诵读过程中，培养学生良好的道德情操。

四、学科课程框架

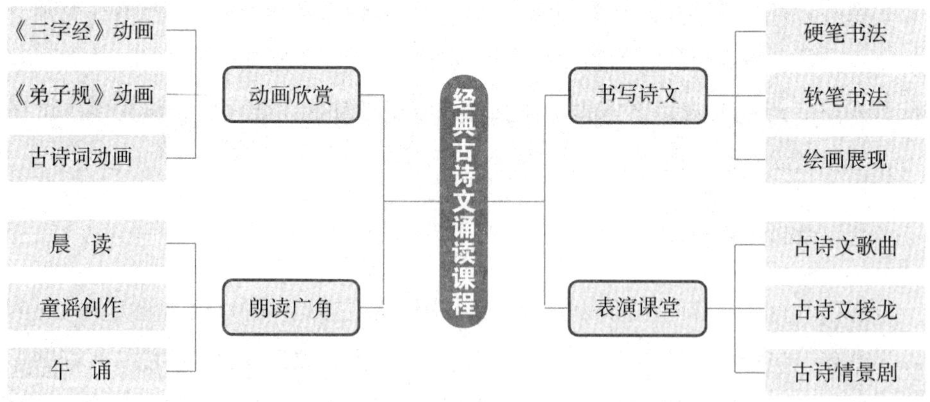

我校经典古诗文诵读课程，依据学生的年龄特点、认知能力，设置了动画欣赏、朗读广角、书写诗文、表演课堂这四种呈现形势。

动画欣赏：适用于低年级学生，让他们利用晨读、课间来观看《三字经》《弟子规》和古诗词动画，让学生在快乐的情境中学习古诗文。

朗读广角：适用于中高年级学生，让他们在晨读、午诵时间欣赏、诵读古诗文，甚至可以自己创作童谣、诗歌。

书写诗文：学生在课程的学习中，互相渗透，循序渐进，融会贯通。如一二年级学生可以在诵读古文经典的基础上抄写简单的文章；三四年级学生可以在诵读的基础上硬笔书写古文经典；五六年级学生在诵读的基础上软笔书写古文经典。这样既加深对古诗文理解，又练习书法写作，一举两得，使语文诵读与书法练习结合在一起。

表演课堂：各个年级段都可以搜集古诗文演唱的曲目，利用晨读和中午广播的时间收听，悠扬委婉的乐曲陶冶学生的情操，久之学生自己也会吟唱。学校每学期组织古诗文吟唱活动，让师生共同感受着古诗文的魅力。

通过这些丰富多彩的古诗文诵读活动，首先，学生的记忆力得到提升，很多学生把古诗文读上几遍就能背诵下来；其次，学生的专注力得到提高，心中一心一意背诵，摒除心中杂念，学习效率得到提到；第三，学生的文学修养得到了提高：爱读书的学生多了，读书韵味十足的学生多了，随口说出名言警句的学生多了；第四，学生从经典诗文中汲取了大量的精神营养，道德水平也提高了。

五、学科课程实施与评价

（一）学科课程实施策略

对于学校校本课程的评价，我校遵循“四重四性”原则。“四重”即重过程、重应用、重亲身体验、重全员参与；“四性”是指过程性、激励性、丰富性和多样性。

评价程序的过程性。将评价贯穿于校本课程开发与实施的全过程，重点评价教师参与课程开发与实施的积极性，评价学生的参与体会效果。

评价方式的激励性。结合学生的活动过程及研究结果进行评价，鼓励学生发挥特长，施展才能，创设有利于学生可持续发展的学习组织与学习环境。

评价内容的丰富性。根据学生在校本课程中参与程度、学习态度、实践体验、方法和技能的掌握进行全面评价。

评价手段的多样性。评价采取教师评价与学生自评、互评相结合，书面材料评价与学生口头评价、活动展示评价相结合，定性评价与定量评价相结合等方法。

（二）学科课程管理与评价

1. 对教师的评价。通过听课，查阅资料，调查访问等形式，对教师进行考核，并记入教师业务档案。教师做到“四有”：有计划、有进度、有教案，有对学生的考勤评价记录。教师应该按学校的要求，完成周期内规定的教学任务，达到校本课程规定的课时数与教学目标。教师应有资料意识，整理学生学习档案、妥善保管学生成果资料袋。任课教师要认真写好教学反思，及时总结经验。

2. 对学生的评价。学习过程的评价：校本课程不采用书面考试或考查方法，但要做好考勤评价记录。教师根据学生参与学习、实践、探究的态度及在学习过程中的学习成效进行评价，采用正面评价形式。学习成果的评价：根据各个学段年龄特点，由教师搜集适合学生年龄特点的传统文化经典之作，组织学生朗读，每周各班都要举行“经典上下句对接”游戏，和“背诵古诗篇目比多”游戏，激发学生学习的热情，对学生进行潜移默化的熏陶。

六、学科课程反思与提升

校本课程要突出增强与社会进步、科技发展、学生经验的联系，拓展视野，引导创新与实践的内容，同时让学生自己动手动脑组织内容，使之更贴近学生需求，需要教师来把关。让校本课程成为“适应社会需要的多样化和让学生拓展视野、培养具有创新和实践能力等全面而有个性的发展”的课程。

内容编写上，要注重学生接受特点，减少抽象的理念，增加对学生的实际运用和操作能力的培养。

同时，要健全课程评价制度， 评价不仅要关注学生的学业成绩，还要发现和发展学生多方面的潜能，要强调教师对自己教学行为的反思和总结，学生对教师教学情况的反馈，建立以教师自评为主，教师、学生、家长共同参与的评价机制。

天津市南开区永基小学